国家"双一流"建设学科

辽宁大学应用经济学系列丛书

教材系列

总主编◎林木西

金融信托概论

Introduction to Financial Trust

王 伟 李冬霞 王 硕 编著

中国财经出版传媒集团

经济科学出版社

Economic Science Press

图书在版编目（CIP）数据

金融信托概论/王伟，李冬霞，王硕编著.—北京：
经济科学出版社，2020.9
（辽宁大学应用经济学系列丛书.教材系列）
ISBN 978 - 7 - 5218 - 1957 - 1

Ⅰ.①金… Ⅱ.①王…②李…③王… Ⅲ.①金融
信托 - 高等学校 - 教材 Ⅳ.①F830.8

中国版本图书馆 CIP 数据核字（2020）第 193082 号

责任编辑：郎　晶
责任校对：靳玉环
责任印制：李　鹏　范　艳

金融信托概论
王　伟　李冬霞　王　硕　编著
经济科学出版社出版、发行　新华书店经销
社址：北京市海淀区阜成路甲 28 号　邮编：100142
总编部电话：010 - 88191217　发行部电话：010 - 88191522
网址：www. esp. com. cn
电子邮箱：esp@ esp. com. cn
天猫网店：经济科学出版社旗舰店
网址：http：//jjkxcbs. tmall. com
北京密兴印刷有限公司印装
787 × 1092　16 开　14.25 印张　300000 字
2021 年 2 月第 1 版　2021 年 2 月第 1 次印刷
ISBN 978 - 7 - 5218 - 1957 - 1　定价：58.00 元
（图书出现印装问题，本社负责调换。电话：010 - 88191510）
（版权所有　侵权必究　打击盗版　举报热线：010 - 88191661
QQ：2242791300　营销中心电话：010 - 88191537
电子邮箱：dbts@ esp. com. cn）

总　序

　　本丛书为国家"双一流"建设学科"辽宁大学应用经济学"系列丛书，也是我主编的第三套系列丛书。前两套系列丛书出版后，总体看效果还可以：第一套是《国民经济学系列丛书》（2005年至今已出版13部），2011年被列入"十二五"国家重点出版物出版规划项目；第二套是《东北老工业基地全面振兴系列丛书》（共10部），在列入"十二五"国家重点出版物出版规划项目的同时，还被确定为2011年"十二五"规划400种精品项目（社科与人文科学155种），围绕这两套系列丛书取得了一系列成果，获得了一些奖项。

　　主编系列丛书从某种意义上说是"打造概念"。比如说第一套系列丛书也是全国第一套国民经济学系列丛书，主要为辽宁大学国民经济学国家重点学科"树立形象"；第二套则是在辽宁大学连续主持国家社会科学基金"八五"至"十一五"重大（点）项目，围绕东北（辽宁）老工业基地调整改造和全面振兴进行系统研究和滚动研究的基础上持续进行探索的结果，为促进我校区域经济学学科建设、服务地方经济社会发展做出贡献。在这一过程中，既出成果也带队伍、建平台、组团队，使得我校应用经济学学科建设不断跃上新台阶。

　　主编这套系列丛书旨在使辽宁大学应用经济学学科建设有一个更大的发展。辽宁大学应用经济学学科的历史说长不长、说短不短。早在1958年建校伊始，便设立了经济系、财政系、计统系等9个系，其中经济系由原东北财经学院的工业经济、农业经济、贸易经济三系合成，财政系和计统系即原东北财经学院的财信系、计统系。1959年院系调整，将经济系留在沈阳的辽宁大学，将财政系、计统系迁到大连组建辽宁财经学院（即现东北财经大学前身），将工业经济、农业经济、贸易经济三个专业的学生培养到毕业为止。由此形成了辽宁大学重点发展理论经济学（主要是政治经济学）、辽宁财经学院重点发展应用经济学的大体格局。实际上，后来辽宁大学也发展了应用经济学，东北财经大学也发展了理论经济学，发展得都不错。1978年，辽宁大学恢复招收工业经济本科生，1980年受人民银行总行委托、经教育部批准开始招收国际金融本科生，1984年辽宁大学在全国第一批成立了经济管理学院，增设计划统计、会计、保险、投资经济、国际贸易等本科专业。到20世纪90年代中期，辽宁大学已有西方经济学、世界经济、国民经济计划与管理、国际金融、工业经济5个二级学科博士点，当时在全国同类院校似不多见。1998年，建立国家重点教学基地"辽宁大学国家经济学基础人才培养基地"。2000年，获批建设第二批教育部人文社会科学重点研究基地"辽宁大学比较经济体制研究中心"（2010年经教育部社会科学司批准更名为"转型国家经济政治研究中心"）；同年，在理论经济学一级学科博士点评审中名列全国第一。2003年，在应用经济学一级学科博士点评审中并列全国第一。2010年，新增金融、应用统计、税务、国际商务、保险等全国首批应用经济学类专业学位硕士点；2011年，获全国第一批统计学一级学科博士点，从而实现经济学、统计学一级学科博士点"大满贯"。

在二级学科重点学科建设方面，1984年，外国经济思想史（即后来的西方经济学）和政治经济学被评为省级重点学科；1995年，西方经济学被评为省级重点学科，国民经济管理被确定为省级重点扶持学科；1997年，西方经济学、国际经济学、国民经济管理被评为省级重点学科和重点扶持学科；2002年、2007年国民经济学、世界经济连续两届被评为国家重点学科；2007年，金融学被评为国家重点学科。

在应用经济学一级学科重点学科建设方面，2017年9月被教育部、财政部、国家发展和改革委员会确定为国家"双一流"建设学科，成为东北地区唯一一个经济学科国家"双一流"建设学科。这是我校继1997年成为"211工程"重点建设高校20年之后学科建设的又一次重大跨越，也是辽宁大学经济学科三代人共同努力的结果。此前，2008年被评为第一批一级学科省级重点学科，2009年被确定为辽宁省"提升高等学校核心竞争力特色学科建设工程"高水平重点学科，2014年被确定为辽宁省一流特色学科第一层次学科，2016年被辽宁省人民政府确定为省一流学科。

在"211工程"建设方面，在"九五"立项的重点学科建设项目是"国民经济学与城市发展"和"世界经济与金融"，"十五"立项的重点学科建设项目是"辽宁城市经济"，"211工程"三期立项的重点学科建设项目是"东北老工业基地全面振兴"和"金融可持续协调发展理论与政策"，基本上是围绕国家重点学科和省级重点学科而展开的。

经过多年的积淀与发展，辽宁大学应用经济学、理论经济学、统计学"三箭齐发"，国民经济学、世界经济、金融学国家重点学科"率先突破"，由"万人计划"领军人才、长江学者特聘教授领衔，中青年学术骨干梯次跟进，形成了一大批高水平的学术成果，培养出一批又一批优秀人才，多次获得国家级教学和科研奖励，在服务东北老工业基地全面振兴等方面做出了积极贡献。

编写这套《辽宁大学应用经济学系列丛书》主要有三个目的：

一是促进应用经济学一流学科全面发展。以往辽宁大学应用经济学主要依托国民经济学和金融学国家重点学科和省级重点学科进行建设，取得了重要进展。这个"特色发展"的总体思路无疑是正确的。进入"十三五"时期，根据"双一流"建设需要，本学科确定了"区域经济学、产业经济学与东北振兴""世界经济、国际贸易学与东北亚合作""国民经济学与地方政府创新""金融学、财政学与区域发展""政治经济学与理论创新"五个学科方向。其目标是到 2020 年，努力将本学科建设成为立足于东北经济社会发展、为东北振兴和东北亚区域合作做出应有贡献的一流学科。因此，本套丛书旨在为实现这一目标提供更大的平台支持。

二是加快培养中青年骨干教师茁壮成长。目前，本学科已形成包括长江学者特聘教授、国家高层次人才特殊支持计划领军人才、全国先进工作者、"万人计划"教学名师、"万人计划"哲学社会科学领军人才、国务院学位委员会学科评议组成员、全国专业学位研究生教育指导委员会委员、文化名家暨"四个一批"人才、国家"百千万"人才工程入选者、国家级教学名师、全国模范教师、全国优秀教师、教育部新世纪优秀人才、教育部高等学校教学指导委员会主任委员和委员、国家社会科学基金重大项目首席专家等在内的学科团队。本丛书设学术、青年学者、教材、智库四个子系列，重点出版中青年教师的学术著作，带动他们尽快脱颖而出，力争早日担纲学科建设。

三是在新时代东北全面振兴、全方位振兴中做出更大贡献。面对新形势、新任务、新考验，我们力争提供更多具有原创性的科研成果、具有较大影响的教学改革成果、具有更高决策咨询价值的智库成果。丛书的部分成果为中国智库索引来源智库"辽宁大学东北振兴研究中心"和"辽宁省东北地区面向东北亚区域开放协同创新中心"及省级重点新型智库研究成果，部分成果为国家社会科学基金项目、国家自然科学基金项目、教育部人文社会科学研究项目和其他省部级重点科研项目阶段研究成果，部分成果为财政部"十三五"规划教材，这些为东北振兴提供了有力的理论支撑和智力支持。

这套系列丛书的出版，得到了辽宁大学党委书记周浩波、校长潘一山和中国财经出版传媒集团副总经理吕萍的大力支持。在丛书出版之际，谨向所有关心支持辽宁大学应用经济学建设与发展的各界朋友，向辛勤付出的学科团队成员表示衷心感谢！

林木西

2019 年 10 月

　　《金融信托概论》是适应市场经济和金融体制改革及对外开放的需要而增设的一门应用型金融学科专业课。在金融业务中，金融信托业务具有很强的灵活性和适应性，具有鲜明的特色，发挥着不可替代的作用。1979 年 10 月 4 日，中国国际信托投资公司正式成立，信托的合法地位重新恢复。2001 年 4 月 28 日，《中华人民共和国信托法》颁布，信托业务进入规范发展。2007 年 3 月 1 日，中国银监会颁布实施新的《信托公司管理办法》和《集合资金信托计划管理办法》，促进信托机构向专业理财转型，被称为信托业的第六次清理整顿。经历此次整顿之后，信托业开始向主动财富管理转型，进入高速成长阶段。2010 年 7 月 12 日中国银监会颁布实施《信托公司净资本管理办法》，至此金融信托业务所依据的"一法三规"形成。此后，全行业信托资产规模不断创出新高，截至 2019 年第三季度末，全国 68 家信托公司受托资产余额为 22.00 万亿元，信托业保持了较快的增长速度。为帮助读者全面而准确地了解把握金融信托理论知识与实践发展，正确运用信托来服务实体经济，我们编写了这本《金融信托概论》教材。

　　本书以"一法三规"和国际惯例为依据，吸收发达国家信托业务经营和管理经验，从理论和实务两个层面阐述了金融信托运行的规律及制度规范，明确了中国特色的金融信托制度与经营模式。全书基本结构分为十章：第一章为导论，第二章阐释金融信托的基本要素，第三章为金融信托功能与作用，第四章为基础设施信托，第五章为土地流转信托，第六章为证券投资信托，第七章为中小企业信托，第八章为家族信托，第九章为慈善信托，第十章为金融信托监管。

　　本教材以"学以致用"为指引，以案例分析为切入点，力图做到以下几点：第一，保证一定的学术水平，将与金融信托相关的最新理论进展纳入本书中，使基础理论与新发展相结合；第二，内容体系完整，将金融信托知识系统地展示出来，尽可能用通俗易懂的语言阐述生涩难懂的理论；第三，重视案例分析，以鲜活的案例进一步阐释、应用理论知识，明确理论知识的应用价值；第四，以金融信托的基本业务为主线，由浅及深、循序渐进地对金融信托的整体框架进行介绍，符合教学规律和学习规律。

　　本书得以成稿，是包括教授、副教授和博士、硕士等高层次专门人才组成的团队合作并共同完成的结果。本书由王伟教授负责总体设计和全书分工编写的协调工作。

王教授对本书结构提纲的拟定、初稿的修改及润色定稿等都提出了全面的建设性意见。教材编写的团队成员及具体分工是：李冬霞（第一章、第五章、第七章）、王硕（第二章）、马飘飘（第三章）、朱培（第四章）、楚泽昊（第六章）、刘崇炀（第八章）、李莉娜（第九章）、冀卓群（第十章）。此外，陈倩倩、王培东为本书做了大量的技术与校对工作，在此一并深表谢意。在教材编写过程中，作者参考和引用了大量的文献，恕不一一列出，在此谨向文献作者致以诚挚的谢意。正是这些文献资料，为我们提供了坚实的理论基础和丰富的创造源泉。

限于作者的知识水平和教学经验，本书的不足之处在所难免，敬请广大读者批评指正。

目　录

第一章

导　　论

　　信托是随着商品货币关系的发展及金融体制的深化而发展的，经历了从民事信托到现代金融信托的漫长历史过程。现代意义上的信托，人们普遍认为起源于英国，充分发展于美国，并在日本得到了创新。

第一节　何谓金融信托

　　"信"是忠实可靠的意思，古人有言："人而无信，不知其可也"。"托"是一种委托和嘱托的意思，是一种代理行为。把"信"与"托"两字联缀成一个词，就含有"相信而托付"和"信任而委托"之义。通俗地说，因信任而托付财产，就是信托。"信"是"托"的基础和前提条件，"托"是"信"的表现形式和具体内容。信任是信托的前提，托付财产是信托的实质。

一、金融信托定义

　　信托形成于衡平法的所有权经过长时间的演进和市场实践。无论英美法系还是大陆法系都承认信托制度，认为信托是一种法律关系，其实质是一种灵活、有效的财产保护和安排机制。信托是财产所有者为了达到一定目的，通过签订合同将财产委托给信托机构全权代为经营、管理和处理的行为。金融信托是指金融机构作为受托人，按照委托人的要求或指明的特定目的，管理运用或处分货币资金、有价证券、其他财产等的金融业务。金融信托的管理行为主要包括保管行为、利用行为和改造行为。处理行为是指处理财产以收回现金的行为。

　　2001年我国出台了《中华人民共和国信托法》，信托制度在中国的生存土壤初步形成，金融信托业务主要由信托公司办理。信托法第二条对信托的概念进行了完整的定义：信托是指委托人基于对受托人的信任，将其财产权委托给受托人，由受托人按委托人的意愿以自己的名义，为受益人的利益或者特定目的进行管理或者处分的行为。简而言之，信托是一种以信任为基础，以财产为中心，以委托为方式的财产管理制度（见图1-1）。

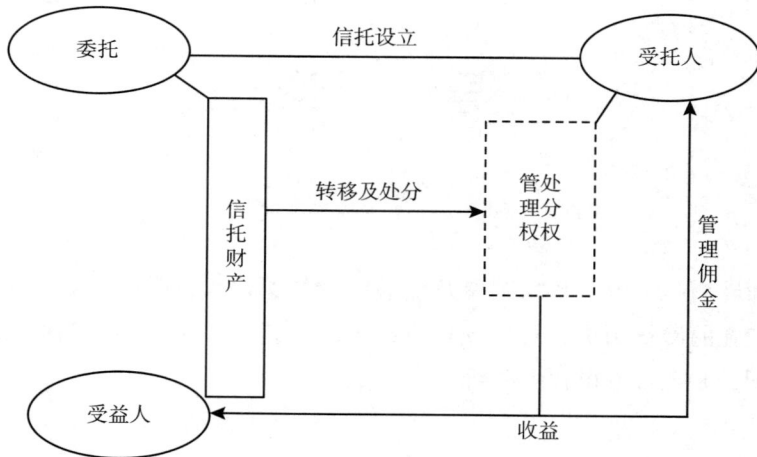

图1-1　信托结构图

日本《信托法》对信托的定义为："信托是指有财产权转让和其他处理行为，令别人遵照一定的目的进行财产管理或处理"。日本作为亚洲最早引进信托法律制度的国家，其《信托法》对信托的定义对亚洲其他大陆法系国家和地区引进信托法律制度的影响很大，韩国、中国台湾地区《信托法》对信托的定义都明显受到日本《信托法》的影响。

英美法系国家对金融信托的定义主要有两种形式。第一种认为信托是一种信任关系，其中，持有财产权的人负有为他人利益管理或处分该财产的衡平法义务。第二种认为信托是关于特定财产的一种信任关系，受托人为了他人利益而享有该特定财产的法律上的所有权，该人作为受益人则享有该特定财产的"衡平法上的所有权"。可以看出，英美法系对信托的定义进行界定，采用的是"目的导向"或"效果取向"的思维模式，即对特定法律行为的定义，通常不注重其成立要件，而是侧重其法律效果，侧重于从信托当事人享有的权利和承担的义务的角度进行界定。相反，大陆法系对信托的定义，侧重于对其成立要件的分析，例如，德国信托一般被理解为某人受委托为他人利益或客观目的而处分物或权利，受托之物或权利构成信托财产。韩国《信托法》第1条第2款规定：本法所称信托，是指设定信托人（以下称委托人）与接受信托人（以下称受托人）间，基于特别信任关系，委托人将特定财产转移或为其他处分给受托人，使受托人为一特定人（以下称受益人）的利益或为特定的目的，管理或处分该财产的法律关系。依据信托的法理可以看出，这两个国家对信托的定义都侧重于从其成立要件进行界定，主观要件为委托人需有设立信托的意思表示，即委托受托人为他人利益管理处分信托财产，客观要件为委托人须将财产权有效转移于受托人。两大法系对信托进行定义的侧重点不同，对信托的种类与功能都产生了重大影响。英美法系侧重于当事人的权利和义务，赋予信托以更大的弹性功能和更多的种类。

二、信托的本质

在市场经济和商品社会中，一个人的理财能力直接关系到他一生的事业成功和家庭幸福。美国父母希望孩子早早就懂得自立、勤奋与金钱的关系，把理财教育称为"从 3 岁开始实现的幸福人生计划"，让孩子学会赚钱、花钱、有钱、与人分享钱财。在商业界，提起美国洛克菲勒家族的财富盛名，用"家喻户晓，妇孺皆知"来形容绝不为过。洛克菲勒的财富已繁盛了六代，能一代又一代地传承与信托有千丝万缕的联系。洛克菲勒家族是世界上第一个拥有 10 亿美元财富的美国家族，尽管富甲天下，但从不在金钱上放任孩子。洛克菲勒家族认为富裕家庭的子女比普通人家的子女更容易受物质的诱惑。所以，他们对后代的要求反而比常人家更加严格。约翰·洛克菲勒三世小时候与父亲"约法三章"，提出来每周给零花钱 1 美元 50 美分，最高不得超过每周 2 美元。家庭每周核对账目，让子女记清楚每笔支出的用处，领钱时交家长审查，钱账清楚，用途正当，下月增发 10 美元，反之则减。

改革开放以后，中国人赚钱越来越多了，拼命还是没钱的那个时代已经过去。从那个年代过来的人都有节约的美德。在市场经济开始后出现了两种人，一种只会拼命省钱，另一种不仅会省钱，还会拼命挣钱，他们发现会省钱不如会挣钱。到市场经济慢慢成熟的时候，又出现了两种人，一种只会拼命挣钱，一种不仅会挣钱，还会理财。人们发现，会挣钱不如会理财，会挣钱的当个搬运工，会理财的过上好日子。理财是一种观念，是一种生活的态度。理财就是合理地管理财富，安排收支，实现资产的保值增值，达到自己的人生目标。信托可以简单概括为受人之托、代人理财。

（一）信托是一种充分信任

信托的基础是委托人对受托人的充分信任，否则信托行为就不可能产生。充分信任是指信托当事人之间的信任。对任何信用关系来说，当事人之间必须要有信任，这种信任可以是对人的信任，也可以是对物的信任。信托和其他信用关系一样，当事人之间必须相互信任，然而与其他信用关系不同的是，信托更强调当事人之间的充分信任，特别是委托人和受益人对受托人的信任。信托是一种多边关系，委托人、受托人和受益人三方当事人共同形成了信托行为的多边信用关系。信托以信任为基础，决策者缺少激励机制上的完美约束。通俗地说，当受托人是"能力不够"或者"品德不够"的人时，他就可能无意或者有意地（为自己谋利）做出错误决策，从而损害委托人和受益人利益，因此委托人在做出"信托"的决策之前，对受托人的能力和品德必须是信任的，这点同老板雇用经理的情况类似。《三国演义》中刘备"白帝城托孤"，实际上也是一种基于信任而产生的信托行为。

（二）财产所有权的转移是信托的一大特色

财产权是信托行为成立的前提，是信托关系的核心，委托人必须拥有信托财产的所有权，并将这些权力授予和转移给受托人。如果委托人没有财产的合法所有权，他就无法将财产信托出去，也无权决定这笔财产的最终归属，同时，如果委托人不把财产权授予或转移给受托人，受托人就无法开始信托，行使受托人的权利，信托也就无从谈起。

（三）他人利益是信托的目的

受托人需按委托人的意愿为受益人的利益管理和处理信托财产。他人利益是信托的目的，委托人为受益人的利益而设立信托，受托人为受益人的利益而取得信托财产，管理运用信托财产，信托财产的收益由受益人享受。在信托实务中，委托人也常常以自己为受益人而设立信托，但这并不否认信托目的的他人原则。因为信托的设立必须具备三个当事人，委托人、受托人和受益人，即使委托人充当受益人，在信托关系上也不能只确立委托人和受托人，同时必须明确受益人。受益人对信托的存续和终止具有绝对的权利。信托设立后，受益人的资格不能随意取消，未经受益人同意，委托人不能解除信托或终止信托，也不能随意变更受益人的权利，信托收益全部由受益人享受。受托人不能占有信托财产的收益，只能得到信托报酬。

（四）信托收益按实绩计算

按实绩原则计算信托损益是指在受托人按照信托契约的规定尽职尽责管理信托财产的前提下，信托财产的损益根据受托人经营的实际结果来计算，而不是由委托人或受益人事先确立一个标准。受托人按委托人的意愿和要求，对信托财产进行管理和处理，如有亏损由受益人或委托人负担，受托人在无过失情况下不承担损失风险。

第二节 金融信托的历史演进

信托制度源远流长，信托的起源可以追溯至公元前的古埃及，古埃及人用遗嘱的方式把自己的财产信托出去，转让给子女亲属。

一、金融信托的起源

信托的出现是由两个因素所推动的：一方面是财产私有权的确立，另一方面是专业分工发展到一定程度。专业分工意味着交易和市场的出现，分工越深化，市场体系也就越完善，非实物交易比重也就越高，从而市场形态也就越高级。

（一）信托雏形：古罗马的"信托遗赠"

信托是在财产私有权确立的基础之上进行社会分工的结果，但是其起源不是为了"代人理财"，而是源于一种规避法律的创新。最早的信托行为是古埃及遗嘱托孤。早在 4000 多年前，古代埃及就有人设立遗嘱，这份遗嘱由一名叫乌阿哈的人所立，遗嘱写在一张草纸上。遗嘱清晰明示：自愿将其兄给他的一切财产全部归其妻继承，并授权其妻可以将该财产任意分授给子女。遗嘱上还指定一名军官作为其子女的监护人。信托的概念则源于古罗马法典中的"信托遗赠"。设立者是为了规避《十二铜表法》，解决无继承权人的继承问题。遗产先由一个具有罗马市民资格的人来继承，然后再由他将遗产转移或者赠送给遗产真正的继承人。《罗马法》规定，在按遗嘱划分财产时，可以把遗嘱直接授予继承人，若继承人无力或无权承受时，可按信托遗赠制度，把财产委托和转移给第三者处理，使继承人受益。

（二）现代信托原型：英国的"尤斯制"（USE）

在中国的历史上是没有所谓信托概念的，信托完全是一个舶来品。信托的英文"trust"来源于基督教文化和中世纪的土地制度，真正具有财产管理制度性质的信托则发端于英国。在中世纪的英国，所有的土地都是属于国王的。所谓"普天之下，莫非王土，率土之滨，莫非王臣"。在封建制度下，土地被分封给贵族和领主。为了争夺土地和财富，领主经常要带领骑士外出征战，在征战期间，土地就没有人来料理。另外，有征战就有死亡，根据当时的法律规定，土地所有者一旦死亡，土地就要由国王收回，这是那些领主和骑士所不愿意看到的。此外，在中世纪的英国，随着大量的教士进入英国社会，贵族、骑士还有普通的民众出于对宗教的虔诚和对上帝的敬仰，希望对教会做出一定的贡献，有的人甚至希望把自己的所有财产都捐献给教会。为了灵魂超度，教徒把许多土地都捐赠给教会，教会土地可免除徭役，因此影响了封建君主的利益。为限制捐赠，亨利三世在 13 世纪初颁布了《没收法》。在人类历史上，当遇到一类难题的时候，人们往往会设计出一套制度来加以解决。在诺贝尔奖得主诺斯那里，这种制度安排就被称为诱致性制度变迁。为了避免骑士外出征战或死亡时土地被国王收回，规避沉重的赋税，解决教会的财产管理问题，英国创造出了著名的"USE"制度。即先把土地转让他人，接受转让的人为教会管理这块土地，收益归教会，其实质和直接捐赠利益相同。这种做法基于转让人和接受人之间的相互信任，所以也叫 trust，即现代信托的起源。这个制度规定，土地的所有者可以将土地的所有权转移给受托人管理，其收益归属于土地所有者事先确定的受益人。也就是说，在"USE"制度下，土地虽然转移给另外一个人，但他只能负责管理，不能占有这个财产，财产及其财产的收益都要归属第三者。这个第三者通常是领主和骑士的继承人。当骑士们离开家园去参战时，把土地上的权利授予他的朋友，让他的朋友在他回来前，为了他自己、他的夫人和孩子的使用而持有该土地。如果他战死国外，他的朋友应该为了他的长子而持有该土地。这样做是因为当时的法律规定，主张自己比一些土地闯入者对土地享有更优先的占有权的诉讼，必须由成年男子提起。而如果骑士在国外十年不回，又没有事先将他的土地转让给他的朋友，那他就无法对抗土地闯入者。如果骑士的朋友拒绝将该土地的权利交还给骑士，法院不能提供任何救济的措施。因为在法官眼里，骑士的朋友就是财产的所有权人。于是，骑士只能去请求国王纠正这种错误。因为公平而论，他的朋友必须承认骑士的权益并把财产交还给他。在那时的封建等级制度下，如果国王命令骑士的朋友将土地归还给骑士，那对于骑士维护自己的地位将是非常重要的。同样的，如果甘于贫困生活的誓言使得僧侣不能直接受让土地权益，僧侣就将土地权益转让给一个骑士，让该骑士为了僧侣的使用而持有土地。当该骑士将该土地转为己有时，僧侣会请求国王强迫该骑士返还其应得利益，并指定另一个更有同情心的骑士或主教，为了僧侣的使用而持有该土地。这时候，他们就需要在当时的法院之外，有另一个不是出于法律，而是出于良心和公平而言的法院。于是，英美法系中著名的衡平法院就诞生了。与之相对应的法院被称为普通法法院。

信托制度的另一个重要因素是税赋制度。中世纪英国的土地税赋十分沉重，人民往往不堪重负，由此创造出多种多样的税赋规避手段。在"USE"制度下，因为土地已经转移给受托人，委托人不再拥有所有权，当然不用缴税；而受托人因为只有管理权没有所有权，因此也不用缴税。那么，到底谁来缴税呢？只能是受益人。而在中世纪的英国，土地的受益人往往是教会，而按照法律规定，教会是不需要缴税的。因此，沉重的土地税赋通过"USE"制度巧妙地被规避了。对于教会来说，通过"USE"制度，既满足了信徒捐献财产的愿望，又不违背教会关于不拥有财产的规定，同时教会还享有相关财产的收益，满足了自己的生活需要。上述制度安排经历了非常漫长的历史过程。在这个过程中，始终充满了国王和民间的斗争。因为"USE"制度的出现，国王的利益受到了重大的削弱。为了保护君主利益，在16世纪初期，英国国王亨利八世颁布了《尤斯条例》，规定土地实际的受益人就是其所有者。为规避该条例，传统"USE"制度逐步退出历史舞台，现代信托法律体系逐渐形成，捐赠者本人先将土地遗赠给子女，子女再将土地转让给第三者，第三者将土地的收益交给捐赠人的子女，捐赠人的子女再将收益捐赠给教会。《尤斯条例》的主要目的在于企图阻碍当时所盛行"USE"制度，而使国王能够重新获取民间规避的税金以支付庞大的战争开销。《尤斯条例》采取的办法很简单，就是规定，一旦当事人将"法律上的所有权"转移于受托人，而规定受益人享受收益的时候，该法典就自动由受托人将"法律上的所有权"转于受益人，将受益人作为法律上的所有权人来看待。结果是受益人因为现在成为法律上的所有人而无法再规避所有权变动时所需缴纳的税金。《尤斯条例》的颁布对民间是一个沉重的打击。但是，《尤斯条例》虽然原则上不承认"USE"制度的效力，但是有三项例外，这三项例外构成了现代信托的雏形。第一项例外是动产。"USE"法典只涵盖了不动产，而动产上的"USE"制度是不受限制的。第二项例外是积极信托，也就是受托人如果对信托财产进行了积极的管理，那么就不应当受到"USE"法典的限制。第三项例外是"第二层USE"，也就是说，委托人将财产转移给受托人，规定受益人享有收益。而此受益人又变为委托人，继续对财产进行信托。而当时法律认为《尤斯条例》只能使用一次，这又是信托规避法律的明证之一。在16世纪后，这三项未被执行的例外开始被称为信托（trust），也就是现代信托业的前身。

从16世纪到19世纪，随着英国现代资本主义的发展，信托的形式发生了巨大的变化，不再主要围绕土地进行，而突出表现在股票、债券等传统归为动产的财产上。与此同时，也开始了由个人信托向法人信托转变的过程。20世纪前后，起源于英国的信托制度逐步传播到美国、德国等一些欧美国家，并被日本、韩国等大陆法系国家继承，形成了今天遍布全球的信托业。

二、信托在发达国家的发展及特点

信托关系在法律上得以确立：1873年英国颁布《司法条例》，普通法法院和大法官法院合并，衡平法与普通法两种法律制度统一，对 USE 关系的认可得到统一，信托关系终于在英国法律保护和培育之下得以确立。

（一）英国信托业的发展历程及特点

英国是现代信托业的发源地，其信托业是作为非营业信托发展起来的，即由个人充当受托人并以无偿为原则。这一阶段英国的信托业务基本以个人信托业务为主，但个人受托者由于受到生命有限的制约，信托业的发展受到影响，个人受托开始转向法人受托。1886年在苏格兰的爱丁堡市成立了"公共信托公司"，这是英国最早的法人受托组织。1888年，伦敦法律保证信托协会成立，《受托人条件》随后在1893年颁布，1896年《官选受托人法》颁布。此后，各种法人受托组织逐步成立，以营利为目的的信托公司在1899年公司法公布后才得以建立。1906年《官选受托法规》和《官选受托报酬法令》的颁布，1908年"官立信托局"的成立，标志着英国的信托业开始从个人受托转向法人受托、从无偿受托转向有偿受托。但是，信托的内容多是民事信托和公益信托，信托标的物以房屋、土地等不动产为主，这是英国传统习惯的延续。

1925年新《受托人法》、1957年《受托人报酬法》、1961年《受托人投资法》相继颁布，英国人又开始运用信托方式进行个人财产的保值与增值。虽然英国法人受托的信托业务比例不大，业务量只占全部信托的20%（80%是个人信托），但英国信托业却集中在国民威斯敏士特银行、巴克莱银行、米特兰银行和劳埃德银行这四大银行所设立的信托部（公司）。这四家银行占了英国全部法人信托资产的90%。英国法人信托高度集中在大银行所设立的信托部，银行为客户提供储蓄服务的同时提供理财服务。另外，保险公司也兼营一部分信托业务。同时，作为老牌资本主义国家和殖民大国，英国有极为广阔的海外发展空间。海外投资自1600年东印度公司成立以来就广泛流行于英国。目前，英国国内产业饱和，而伦敦仍然是世界首屈一指的金融中心。海外投资成为运用国内信托资产、追求利润最大化的有效途径之一。

（二）美国信托业的发展及特点

信托的真正兴旺是在美国，美国的信托制度及其观念是同英国一脉相承的，但也有很大的不同。

美国独立战争后，美国保险公司出于兼营其他业务需要，率先开始引入并采用英国信托制度做法。美国信托制度建立开始，就以法人组织承办各种信托业务，创造性地把信托经营作为一种事业，用公司组织形式大范围商业化运作。1822年美国"农民火灾保险与放款公司"开始兼营以动产和不动产为对象的信托业务，后改名为"农民放款信托公司"，成为最早出现的一家专业信托公司。其开创出了一个采用公司组织形式、以营利为目的、不同于以往以无偿为原则进行非营业信托的营业信托模式。19世纪上半段，随着资本主义的发展，有价证券开始大量涌现，出于融资和对社会中介代理的需求，出现了兼营保险业务和信托业务的信托公司，如"麻省医疗人寿保险公司""农民火灾保险及放款公司"等。

南北战争后信托制度深入发展，信托需求超越了原有的民事信托范围，快速完成了个人受托向法人受托的过渡和民事信托向商事信托的重心转移。第二次世界大战后，美国资本市场急速扩大，信托业获得了更好的发展环境，信托业务活动领域从经营现金、有价证券到房地产，业务范围和经营手段都时有翻新，包括公司债券信托、职工持股信托、退休和养老基金信托等新的信托业务和信托品种层出不穷，信托资产的规模迅速扩大。

为了竞争的需要，信托机构兼营银行业务的格局转变为银行兼营信托业的格局。以保险公司兼营信托开始发展到以商业银行兼营信托为主。1913年《联邦储备银行法》颁布，国民银行正式获准兼营信托业务。例如，在银行内部设立信托部、将银行改组成信托公司，银行购买信托公司股票间接操纵信托公司等。美国大部分商业银行都设立了自己的信托部门来从事信托业务，信托业务基本上由大的商业银行设立的信托部垄断。信托业财产高度集中于商业银行，专业化设立的信托公司很少。各种信托资产的收益成为大商业银行重要的收益来源。由于大银行资金实力雄厚，社会信誉良好，而且可以为公众提供综合性一揽子金融服务，竞争的结果是，社会信托财产都集中到大银行手中。

严格规范信托从业人员的行为，有关法律规定，信托业务与银行业务在银行内部必须严格按照部门职责进行分工，实行分别管理、分别核算信托投资收益实绩分红的原则。同时，美国十分重视企业的管理。从信托业务的特性出发，其为信托从业人员制定了严格的规则和注意事项：禁止从业人员向银行客户购买或出售信托资产；禁止从业人员向顾客收受礼物或参与信托账户收入的分配；禁止从业人员谈论或泄露信托业务以及有关顾客的情况；任何一个参加银行工作的人员都不能担任受托人或共同受托人，以避免同银行进行业务上的竞争。美国这种经营模式上的兼营制与业务独立分离管理方法体现了美国信托制度的独特性，反映了银行业务和专业信托业务的区别和联系。

美国信托业的开始是发展民办信托机构，很少有英国式的"官办信托局"等公营机构，并且美国从个人受托转变为法人受托，承办以营利为目的的商务信托，比信托的发源地还早。美国的个人信托业与法人信托业发展都很迅速，并随着经济形势的变化出现交替不定的现象。遇到经济发展不景气时，个人信托会迅速超过法人信托办理的业务量；如果遇到经济回升，法人信托又会超过个人信托的业务量。因此，从个人信托与法人信托业务的起伏变化，可以大致了解美国经济形势的变化情况。个人信托与法人信托并驾齐驱，以民办私营经营为主。

美国是当今信托投资制度最活跃、最发达的国家。美国的证券市场十分发达，使得有价证券信托业务十分普遍。商业银行为了规避不允许直接经营买卖证券，设立证券信托部代理证券业务。几乎各种信托机构都办理证券信托业务，既为证券发行人服务，也为证券购买人或持有人服务。特别是商务管理信托（亦称"表决权信托"），代理股东执行股东的职能，并在董事会中占有董事的地位，从而参与控制企业。1861年南北战争结束后，兴起了建设的热潮，筑铁路、开矿山的公司纷纷成立，所需的巨额资金大部分通过发行股票和公司债券来筹集。于是有价证券逐渐取代了原来以土地为主的信托对象。在信托财产结构中，有价证券是最主要的投资对象。这和美国拥有世界上最发达的证券市场有直接关系。在美国，法律不允许商业银行直接经营证券买卖和在公司中参股，因此商业银行为了规避法律上的限制，大多设立证券信托部代理证券业务。20世纪90年代以来，随着社会保障体系特别是《雇员退休收入保障法》的进一步完善，以共同基金为代表的各种商事信托业务得到了迅猛发展，信托以其极具弹性的制度设计在大规模的专业化财产管理方面提供了其他金融制度无法替代的功能。美国的共同基金一般采用信托或公司的形式，以金融资产为专门的经营对象，以资产的保值增值为根本目的，通过专门的投资管理机构，把具有相同投资目标的众多投资者的资金集中起来，通过证券组合投资原理将基金分散投资于各种金融工具，如股票、债券、期货、期权、权证、房地产以及贵金属等，使投资者按照出资比例分享收益并承担风险。直到现在，美国信托业仍是以有价证券为主要信托对象，有价证券业务开展比较普遍。

信托业地位显赫。在美国经济发展和居民日常生活中，信托业扮演着极重要的角色。在美国的金融体系中，信托机构与商业银行享有同等地位，只要符合条件，任何信托机构都可以成为联邦储备体系成员，目前大多数信托公司都加入了联邦储备系统。

从资产拥有情况来看，美国的信托资产、银行资产和保险资产三分天下，信托机构地位十分显赫。

（三）日本信托业的发展及特点

日本是最早从制度上引进信托的大陆法系国家。日本的信托源自美国，具有美国信托制度的一些特征，但又独具特色。1887～1897年，日本经济依赖纺织轻工获得了发展。出于工业化筹资的需求，日本引入了在美国广为应用的支持产业振兴的金融信托制度。日本信托制度一开始就是经营性法人信托，为工商企业服务。其创始阶段是从银行兼营信托业务开始的，第一个开展该业务的是日本兴业银行，该银行在1900年公布《日本兴业银行条例》。兴业银行采用有价证券的方式，办理公司债券的发行及有关代理业务，同时引入信托制度，促使债券在证券市场上流通。1904年成立的东京信托公司是日本第一家专业信托公司，其1906年根据日本《公司法》改组成股份组织。其后各银行纷纷效仿，专营私人财产信托业务的公司也迅猛发展，但问题也随之出现：以证券为核心内容的信托业务作为快捷的筹资方式；政府管理松散，市场准入不严格，大量信托机构盲目设立；公司内部组织不严，业务经营混乱，缺少必要的法律约束；证券业务短期营利明显，投机驱动性加强，法律法规滞后。

日本信托业业务模式的最大特点在于信托银行业务独立于其他金融机构。从业务模式上看，除了在第二次世界大战期间和战后初期曾短暂地实行过金融信托和银行业务兼营以外，其余时间日本均严格坚持实行金融分业经营体制。1922年的《信托法》明确了信托原则、信托本质、当事人间的义务，立法规定，提出信托企业不能兼营银行业务。1923年的《信托业法》明确了信托的概念和本质，健全了信托制度，信托机构退出银行业务，并实现了信托业和银行业的分离。1928年的《银行法》进一步明确了信托业务和银行业务的不同分工。日本政府这三部法律的出台，使日本的信托业走上了正轨并获得了高速发展。其间，随着环境的不断变化，信托业务也经历了数次调整。1943年《关于普通银行兼营信托业务的法律》颁布。1947年，日本试图打破分业限制以重振信托业，但面临法律限制，因此采取了将信托机构改制成信托银行的方法（1943年曾允许银行经营信托业务）。1948年《证券交易法》规定信托公司不再办理除国债、地方债和政府担保以外的证券业务，信托公司的经营陷入困境。1948年《金融机构整顿法》允许信托公司改组为信托银行股份公司，日本的信托业进入了兼营阶段。从20世纪50年代开始，各种适应潮流的新信托业务纷纷出现。日本政府于1953年对信托业重新确立分业经营的模式，并提出了长期与短期金融分离的经营方针，规定信托银行发挥长期金融职能。贷款信托业务从各种信托业务中脱颖而出，这项信托业务是信托银行具备长期融资机构职能的基础。

20世纪70年代后期，日本进入"信托时代"。信托的金融功能和财务管理功能得以充分发挥，信托业务蓬勃开展。随着中国的改革开放，日本信托业也面临着信托市场逐步开放的挑战。1986 年日本允许外资银行以成立现地法人的形式经营信托业务；1993 年允许银行和证券公司通过设立子公司或者是信托合同代理店来参与信托业务；1998 年颁布了《金融系统改革法》《与资产的流动化相关的法律》；2000 年又进行了修改《资产流动化法》和《证券投资信托及证券投资法人法》；2002 年又允许金融机构总公司亲自来从事业务；2004 年修订《信托业法》以后，允许通过新设信托公司或者新设代理店的形式来从事信托业务。日本信托机构应对之策在于，一方面，明确了自身所具有的从事信托业务的专业性，通过聘请或者邀请该领域专家来提高公司整体专业运营能力。同时，密切跟踪社会经济发展所蕴含的业务机会，及时创新产品服务；通过综合化服务增强客户粘性，日本信托银行兼营存款业务、证券过户代理、不动产买卖等业务。另一方面，加大规模化经营步伐，20 世纪 90 年代，日本信托业加快了并购步伐，如 1999 年排名第三的三井信托与排名第六的中央信托合并，2000 年 4 月三菱信托、日本信托和东京三菱银行决定实行联合经营。

日本的信托业采用的是以金钱信托为主的信托模式。日本之所以以金钱信托为主，是与日本的国情有关的。首先，日本居民的财产以货币形态为主，证券及其他资产较少，加之没有以其他财产形式交别人管理的习惯，使信托机构经营的对象只能是货币形态的金钱信托；其次，金钱信托的收益比商业银行的利息要高，对委托者很有吸引力；最后，这种以长期（3～5 年）形式存在的金钱信托，又通过贷款信托的方式运用于国家的基础产业项目，适应了日本经济发展的需要。

日本政府在信托业发展过程中的主导作用更加明显，对培育信托业非常重视。日本政府不断加强有效的信托制度供给，从最初的《信托法》《信托业法》，到后来的《贷款信托法》《资产流动化法》，再到《信托法》《信托业法》的再修订。信托业务作为一种法律关系，在大陆法系下需要依照基本的法律制度进行操作，日本信托制度既继承了英美信托制度，又有本土化，具有较大先进性。同时，日本又根据信托公司业务发展需要制定了各类业务特定法律制度，推动了信托业的商品化和快速发展。为了适应新时期信托业务的大发展，日本修订新的信托制度，赋予了日本信托公司更大的发展空间，也保证了信托机构与银行、保险等新进入竞争者保持相同的监管要求，维护了行业公平竞争和有序发展。而且，日本信托业法律制度与其他不动产、税法等都有很好的衔接，解决了大陆法系下信托业务发展的不兼容问题，有效促进了日本信托业务发展。

第三节　中国信托业的发展概况

一、中国信托业发展的历史回顾

信托是一种特殊的财产管理制度和法律行为，同时又是一种金融制度，与银行、保险、证券一起构成了现代金融体系。

（一）20 世纪初我国信托业的兴起

源自英国的信托制度，20 世纪初由日本传入我国。1913 年，日本人在大连设立了取引所信托株式会社。1914 年，美国人在上海设立了普益信托公司。此后，全国各地陆续设立了 20 多家信托公司。1917 年，上海商业储蓄银行设立保管部，开始了中国人独立经营金融性信托业的历史。1918 年，浙江兴业银行开始经营信托业务。重庆聚兴诚银行于 1919 年在上海分行成立了信托部。这便是我国现代信托业的开端。我国专业信托机构和交易所的设立很快形成狂潮，到 1921 年 7 月底，各类交易所发展到136 家。

1921 年底爆发了旧中国金融史上有名的"信交风潮"，除中央和通易两家外，其余的信托公司纷纷倒闭，旧中国的民营信托业第一次进入低潮。1928 年开始，以上海为中心的信托业开始恢复发展，至 1937 年全国共有信托公司 12 家，兼营信托业务的银行有 42 家，并在许多大城市设立了分支机构。抗日战争时期，全国又新设信托公司 40多家，银行信托部 10 余家。抗战胜利后，国民党政府对战时在上海新设金融机构进行了整顿，一些信托公司纷纷停业，全国保留信托公司共 15 家，资本总额 9150 万元法币，大银行仍继续兼营信托业务。

（二）改革开放后我国信托业的发展

党的十一届三中全会后，为了适应改革开放后多种经济成分发展和多元投资主体对资金融通的需求，创立一个对外筹资的窗口和平台被纳入领导层视野，1979 年我国第一家信托投资机构——中国国际信托投资公司宣告成立，标志着我国信托业的正式恢复。1980 年 6 月，中国人民银行先后恢复和开办了信托业务。随后，各专业银行纷纷成立信托投资公司。至此，停办了 20 多年的信托业务在我国开始复苏，并逐步发展壮大。但是，由于我国的改革开放没有任何经验可以借鉴，是在不断地摸索中前进的，因此，在这样的历史背景下恢复的我国信托业在完全没有制度准备的情况下摸索前行，经历了大起大落、由乱到治的艰辛历程。

1. 第一次整顿

1981 年底，全国各类信托机构发展到 620 多家。这些机构与银行抢资金、挤业务，其所发展的业务基本上是变相的银行业务，同时通过信托途径把短期资金用于长期贷款，严重冲击了国家对金融业务的计划管理和调控，也直接助长了固定资产投资规模的膨胀和物价水平的上涨。为此，国务院于 1982 年 4 月发出《关于整顿国内信托投资业务和加强更新改造资金管理的通知》，开始在全国范围内对信托业务进行第一次清理整顿，规定信托投资业务一律由人民银行或人民银行指定的专业银行办理，除此之外，各地区、各部门都不得办理信托投资业务，已经办理的限期清理。

2. 第二次整顿

1984 年我国经济改革的中心从农村转移到城市，国家提出进一步搞活经济的方针政策，经济增长速度明显加快。整个经济的过热，又导致了信贷失控和货币投放失控，二者相互作用，使本来就留有缺口的物资供应计划更加失去平衡能力。1985 年，人民银行再次对信托业务进行清理整顿，重点在于清理信托业务，并暂停信托贷款和信托投资业务。其后人民银行又相继出台了《中华人民共和国银行管理条例》和《金融投资机构资金管理暂行办法》。以上规定强化了信托公司混业经营的模式，使信托公司的主营业务及经营方式实际上均类同于银行的资产负债业务，与真正的信托业务背道而驰。

3. 第三次整顿

经过第二次整顿，各信托机构再一次得到了发展，但是，由于全社会普遍存在的一种"投资饥渴"，固定资产投资规模仍然持续高速膨胀，信托公司也随着经济的发展而飞速膨胀。到 1988 年底，全国信托机构数量达到上千家。为回避人民银行对信贷规模的控制，各专业银行纷纷通过各种形式和渠道向信托公司转移资金，信托公司再次成为固定资产投资失控的推波助澜者。1988 年 8 月，第三轮信托公司的清理整顿开始。这次清理整顿远比前两次整顿严厉，通过取消信托公司的利率优势、减少信托机构可利用的资金量、撤并信托机构等方式，力图将信托公司扶上正轨。实际上这次整顿还是按照第二次整顿的模式进行的，依然不能解决信托业中存在的问题。

4. 第四次整顿

1992 年，中国迎来了新一轮改革开放热潮，经济迅速回升并呈现高速增长态势，经济增长中的各类问题也故态复萌。在此过程中，信托公司与银行联手，违规拆借、违规揽存、违规放贷，并直接大规模地参与了沿海热点地区的圈地运动和房地产炒作活动，再次充当了加剧经济形势过热、扰乱金融秩序的角色。1993 年 6 月，中央决定进行宏观调控，收紧银根，整顿金融秩序。同时，对信托业的第四轮清理整顿正式开始。这次整顿的重点是针对资格问题。1995 年 5 月，国务院批准了《中国人民银行关于中国工商银行等四家银行与所属信托投资公司脱钩的意见》，要求银行的信托公司或者重组改造，或者转让，或者以关闭等形式全部脱离银行，禁止商业银行从事信托投资业务及投资于非银行机构，以彻底解决资金从银行流向信托投资公司的问题。从此，我国开始实行银行业和信托业的分业经营、分业管理。

5. 第五次整顿

1998 年 10 月，我国第二大信托公司——广东国际信托投资公司被宣布破产，直接导致信托业的第五次整顿在 1999 年初启动，这次整顿也是 20 年来我国信托业规模最大的整顿。首先，以信托业归位为立足点，形成了以《中华人民共和国信托法》《信托投资公司管理办法》《信托投资公司资金信托管理办法》为基础的信托监管法规框架，并相继出台了金融企业会计制度、信托专用账户制度等关系到信托功能能否正常运转的配套制度。在此基础上，信托公司以资金信托、财产信托和公益信托为核心业务的经营范围基本确立，为归位后的信托业发展打下制度基础。

6. 第六次整顿

2006 年 12 月份，从银监会在全国范围内下发《信托公司管理办法》《信托公司资金信托计划管理办法》及《关于信托公司过渡期有关问题的通知》（简称"新两规一通知"）三份征求意见稿开始，监管层对信托业进行大整顿。监管层对两规进行修订，要求信托行业慢慢回归主业。一是各地信托公司经营管理良莠不齐，部分兑付存在风险隐患，引发监管层担忧。二是金融行业全面开放，混业经营已成必然，促使监管层思考。金信信托因为挪用资金事发而被查处，之后是吉林泛亚违规操作而再被整顿，信托公司违规经营，引发信托产品兑付风险，同时也引起了监管层的担忧。

"新两规"以后，规范的信托业务经过最初几年的艰难摸索，自 2008 年起步入快速增长轨道。2008 年底全行业信托资产规模首次冲破万亿元大关，达到 1.22 万亿元，此后，全行业信托资产规模每年均以万亿元以上的增长不断刷新纪录。《信托公司净资本管理办法》自 2010 年 8 月 24 日起施行，2010 年底信托资产达到了 3.04 万亿元，首次超过了基金业管理的基金资产规模，全行业信托报酬收入也首次超过了固有业务收入，占全行业营业收入的比例达到了 58.76%，信托业主营信托业务的盈利模式终得确立。社会对信托业务的市场前景担忧和对转型后信托业的发展疑虑，也由此一扫而空。2011 年底全行业竟然实现了 4.81 万亿元的信托资产规模，同比增速高达 58.25%。2012 年底，全行业 65 家信托公司管理的信托资产规模和实现的利润总额再创历史新高，分别达到 7.47 万亿元和 441.4 亿元，与 2011 年底相比，增速分别高达 55.30% 和 47.84%，继续实现了数量与效益的"双丰收"，并在信托资产规模上首次超过了保险业 7.35 万亿的规模，成为仅次于银行的第二大金融部门。此后，信托资产的规模迅速增长，2017 年末全国 68 家信托公司的信托资产规模达到 26.25 万亿元，较 2016 年同比增长 29.81%。2018 年 4 月，《关于规范金融机构资产管理业务的指导意见》出台，提出了严控风险的底线思维，要减少存量风险，严防增量风险，推动信托行业破除刚性兑付，压缩通道规模，向主动管理业务转型，最终回归信托本源。新政的出台迫使信托公司降低通道业务比重，盈利能力下降，而短时间内主动管理业务规模的增长动力不足，导致信托公司的利润空间收窄，风险敞口加大。根据中国信托业协会发布的数据，截至 2018 年末，全国 68 家信托公司管理的信托资产规模为 22.70 万亿元，较 2017 年末下降 3.5 万亿元，金融强监管带来的影响明显。截至 2019 年第三季度末，全国 68 家信托公司受托资产余额为 22.00 万亿元，比 2017 年第四季度末下降了 16.19%，降幅较大。资管新规打破刚兑、去通道、上下穿透、禁止期限错配等规定，使得传统信托业务依赖的基础受到极大的影响。为了规避监管的通道业务被限制，刚兑的打破和净值化的要求使得信托产品的吸引力相对于过去有所下降。此外，一方面存量业务的整改要求使得信托行业自身业务规模有压缩的需求，另一方面信托资金端的重要来源——银行理财的整改也在进行中，使业务规模的扩张步伐放缓。

除了监管之外，信托规模的放缓还和宏观经济基本面的放缓及市场环境的变化有关。2018 年，内部宏观环境有两个重要的变化：一是去杠杆导致的信用收缩持续发酵，二是以《关于规范金融企业对地方政府和国有投融资行为有关问题的通知》出台为标志的财政严监管。这两个因素的叠加，导致短期经济基本面的压力加大，实体经济的融资需求下降。同时，信用紧缩带来的另一个结果是信用风险事件增多，在信贷市场、股票市场、债券市场均有所体现，导致了信托公司的风险偏好的降低，也是这两年信托规模出现下滑的重要因素。

由于通道业务占信托规模的 60%～70%，而且大部分资金的来源为银行资金。当前银行理财正处于整改和转型期，通道业务的诉求在不断降低。同时，去通道化也是资管新规的重要内容，这将会削弱信托规模增长的驱动力。同时，信托业自身也处于整改期和转型期，一些新业务，如资产证券化、家族信托业务等，无论是存量业务规模还是增量规模都还很小，不足以对冲传统业务规模的收缩，预计近几年信托资产规模的增长动力将继续保持疲软的状态。

二、中国信托业发展面临的主要问题

在《信托法》和《信托公司管理办法》《信托公司资金信托计划管理办法》《信托公司净资本管理办法》（简称"一法三规"）的规范指引下，信托公司凭智慧和实力不断发展，我国信托业的前景一片光明，但从配套机制的建立健全、市场秩序的规范到行业的公司治理方面，仍存在着许多问题制约我国信托业的发展。

（一）信托业外部环境制约

1. 法制建设滞后

"信托"是具有高度复杂法律关系的经济关系，需要有完备的法律体系做支撑。当前的"一法三规"构建了信托业的基本法律框架，但相关的实施细则相当匮乏。目前仅对集合资金信托出台了管理办法，其余的如财产信托、权益信托、证券信托等信托方式还没有相应的管理办法，使得有关的信托业务无法可依，在实务操作上存在困难。同时，各项法律、法规中的一些条款还有不尽合理之处。

2. 监管不到位

虽然近年来信托监管的基本框架已经确立，但仍存在很多问题。首先，信托业的监管规则并没有全面反映信托制度的特点。由于信托业在我国发展中的特殊历史背景，社会认知度和信用度很低，因此监管政策对信托公司业务经营中的信用安排非常重视，以避免信托公司的违约风险可能对客户造成的损害。在这一思想下，监管规则事实上侧重于强化信托公司的负债经营控制，而对信托原本的属性强调得不够，这使得信托公司在从事信托业务方面难以真正地以受托人的身份实现有效的信托管理。其次，监管力量不足，信托监管一直处于银行监管的附属地位。目前信托法规建设的滞后也与信托监管机构在级别和人员配备上的严重不足存在直接关系。最后，监管部门缺乏协调，信托业监管权实际上被人为地分割。从行政法规来看，目前除了银保监会通过"三规"等法规规范监管信托公司以外，还有证监会通过颁布的规范证券类业务相应的规章进行监管。各部门依照不同的法规，各自对实质上相同、名义上不同的业务进行监管，以致信托监管中时常出现"政出多门""相互打架"的情形。另外，在监管内容上，存在着重视机构审批轻视业务监管、重视合规性监管忽视风险性监管、重视机构监管缺乏制度设计、重视信托公司市场准入的法规制定忽视其市场退出的法规制定等问题。在监管手段上，还存在着重现场检查而忽略持续性的非现场检查的问题。

（二）信托公司的内部环境制约

1. 信托公司、信托业务定位不明确

目前我国的信托公司普遍选择多元化的综合型业务模式，企图建立一个多元化投融资方向、多市场涉足、多手段组合的无所不包的全能型"金融超市"。但是，各个信托公司由于自身基础和具体情况不同，所拥有的资源条件、市场条件、技术条件和地域特征各异，比较优势千差万别，选择多元化的综合型业务模式，表面上看是充分利用了信托制度的灵活性、广泛性和多样性，涵盖了资本市场、货币市场和实业市场，但实际上是"广而不专""博而不精"，反而丧失了信托业本身应该具有的高度专业化的特征。更为严重的是，该模式还衍生出一系列的负面效应，各信托公司的人力资源素质和结构根本无法与如此分散和庞杂的业务结构相匹配，伴之而来的就是公司整体业务驾驭能力、风险识别控制能力以及投资决策能力普遍低下，最终导致经营风险不断积聚。

2. 法人治理结构不完善

（1）股权集中。公司法人治理结构的核心是通过公司权力的配置，建立有效的监督和激励机制，以保护公司股东的权益，实现公司利益的最大化。但目前我国信托公司的法人治理结构不尽如人意，主要表现在公司股权的集中使决策权非常集中，其他制衡组织形同虚设。"一股独大"问题严重，信托机构在公司治理方面存在明显的缺陷，大股东操纵信托公司侵害其他利益相关者利益的事情时有发生。

（2）内部控制权集中。信托公司内部控制作为信托业公司治理的基础非常重要，如果一个公司没有良好的内部控制，再好的外部环境也难以发挥作用。我国信托公司基本上已经按照《公司法》的规定设立了新"三会"，即董事会、监事会和股东大会，虽然形式上已经建立了现代企业制度，但是在实际控制权上，信托公司的董事会代表了股东的权利，可以直接决定公司的重大决策，由于股权集中，实际上公司的决策权几乎由大股东掌握。代表其他利益相关者的监事会也由股东大会选举产生，对董事并没有任免的权力，很难对公司的财务和经营状况进行有效的监督，监事会的职责常常

流于形式。

（3）风险控制能力不足。由于历史和制度的原因，我国的信托公司与其他金融机构一样，都存在风险意识薄弱的通病。有些信托公司没有认真遵守"一法三规"的相关规定，在机构设置和人员安排过程中，明显违背有关法规中关于自营业务与信托业务要做到机构、人员和高管严格分开的规定，没有设立独立的信托部门，自有财产和信托财产同属一个部门管理和运作；甚至资金和账簿也未按规定分别设立、分别管理，职能权限较为模糊，机构设置较为混乱；少数信托公司管理混乱，违规经营，甚至对抗监管；等等。当前银行、证券、保险等行业都已建立并不断完善各自的风险评价体系，信托业尚没有结合本行业特点设计相应的定性和定量指标，缺乏完善的资金监测体系，信托机构整体风险控制能力不足。

（4）信托业的人才不足。信托业既是一个资本集约型产业又是一个智力密集型产业，被称为是"金融高技术产业"，加之中国信托发展的复杂性，非常需要大批高素质的专业性理财专家。而我国信托机构的人员素质总体水平不高，与开展信托业务的要求有较大差距。一方面，信托公司严重缺乏专业性强的中高级管理人员，很多高级管理者不但对业务不清楚，对相关法律也是含糊不清，造成了很多违规事件，不但搞垮了信托公司，也严重地损害了广大投资者的利益，更影响了信托业在公众中的形象和地位。另一方面，信托从业人员的经营意识和理财观念跟不上形势发展的变化，专业人才的短缺和流失已成为制约信托业发展的一大瓶颈。

三、中国信托业的发展趋势

（一）构建良好的外部环境

1. 完善信托业的法律体系

从 1979 年新中国第一家信托投资公司的创立到 2001 年信托基本法——《信托法》的出台，中国信托事业的发展和立法日趋进步。但同时由于我国引进信托制度时间尚短，立法经验并不成熟，加之当时经济环境和立法理念的局限，《信托法》在信托法理上仍存在一些缺陷，直接影响到信托功能的发挥和信托法制的健全发展。因此，必须从信托法理的基础着手来修正《信托法》的不足，设立既反映真正的信托特征又符合我国国情的信托制度。完善信托业的法律体系，主要从以下几个方面入手：完善信托登记制度，对信托登记手续的含义、信托登记的主体、信托登记的范围、信托登记的程序与内容等加以明确；完善信托受益所得税制，对信托纳税主体、纳税客体、税率、反避税规则等问题做出规定，避免信托双重征税；明确外汇信托业务的业务性质、办理程序和管制方法；通过立法允许信托公司发行公募信托产品；加快除集合资金信托之外的财产信托、证券信托等具体业务的立法。

2. 强化信托业监管效力

信托监管应以受托人义务为中心，强化信息监控，以监管促进自由竞争，并激励持续的自觉创新。在我国金融体制不断健全和成熟的大背景下，信托监管部门也应转变监管思维、加强制度建设、降低政策风险、提高导向功能，针对信托机构中存在的主要问题依法采取宽严适度的监管措施，为建立有序的信托市场和营造公平的竞争氛围发挥指引作用。

从国际国内金融市场的发展来看，混业经营已成为金融市场的主流。从现在看来，信托公司是我国唯一的具有混业经营特征的金融机构，业务范围涉及银行、证券和投资银行等金融领域。信托业的监管模式必须针对信托业混业经营的趋势来设计，以满足信托业内混业经营的发展要求和整体金融业混业经营的发展需求。在机构监管的基础上引入"功能监管"模式，不同业务牌照由不同部门发放，并在该业务上受其监管。逐步完成我国金融业由分业监管向混业监管的过渡，这可能是目前我国金融业监管体系的最优选择。

（二）加强信托公司自身建设

1. 完善公司内部法人治理

优化产权结构，产权结构改革势在必行。信托公司通过引进国内外合格战略投资者，实现股权多元化，不仅可以增资扩股，壮大公司实力，而且有利于引进国外先进的管理经验和技术，提高公司创新能力，使公司尽快建设成为制度健全、管理科学、经营规范、业务国际化、具有较强核心竞争力的现代信托企业。全面实施组织结构控制，明确"三会一总"（股东大会、董事会、监事会、总经理）的职能和责任；规范股东会、董事会、监事会的决策程序和议事规则，增强其决策与经营的透明度，提高其经营行为的自觉性和自律性，真正实现决策、监督和执行机构各司其职、协调运转、有效制衡的公司法人治理结构。

加强风险防范机制建设。信托公司必须强化管理意识，成立专门的风险管理部门，配备风险经理及专业人员，及时掌握和分析各项业务风险，准确做出应对措施。此外，还要建立完善的内部风险防范机构，包括科学的决策机构、严密的预警机制、严格的制约监督机构、合理的奖惩机制和有效的补偿机制等。在此基础上，信托公司还应加强财务会计控制，完善内部审计制度，并根据各公司的具体情况，进一步建立健全其他控制制度，使之更具操作性。

2. 大力培养专业人才

人才是现代企业最重要、最稀缺的资源，从某种意义上说，公司的可持续能力归根结底是人力资本。信托的专业性强、横跨学科多，需要知识结构全面、能力素质复合的高级专业人才。信托机构应加强与监管部门、科研院所在人才培养与管理方面的合作，不断提高信托从业人员的专业素质。这既包括信托理论知识和业务操作方面的素质，也包括诚信经营等信托观念方面的素质。信托公司要实现可持续发展，增强核心竞争力，必须建立起四支高素质的专业人才队伍：（1）高素质的管理队伍。一支经过专门训练、具备良好的心理素质、完美的人格品质、灵敏的市场嗅觉、综合的业务能力的职业经理队伍将是公司兴盛的重中之重。（2）高素质的理财队伍，信托公司生存的支点是委托人对信托公司的信任，因此《信托法》中将诚实、信用、谨慎、有效作为信托公司的基本义务和原则。这就要求信托公司具有一大批精通政策法规、了解市场动态、熟悉投资对象、掌握投资技巧的理财专家，使信托公司真正具备专家理财的水准和能力。（3）需要高素质的研发队伍。高素质的人才、高效能的研发团队和创新团队，已经成为信托公司成功的关键，信托公司要不惜重金广揽人才，全方位运用最前沿的金融工具创新信托业务，迅速建立一整套包括产品设计研究、市场开发研究、资本运营研究、网络信息收集研究、技术开发研究、战略决策研究、公司制度研究、企业形象研究、企业文化研究、公共关系研究等在内的研究创新体系，确保公司适应迅速变化的外部、内部环境，保持旺盛的生命力，实现可持续发展。（4）高素质的营销队伍。由于受"社会公众对信托的认识和接受程度不够"这一因素的制约，信托市场巨大的潜在需求要转化为现实需求还需要有一个过程。因此，有必要进行大力的宣传和普及。要实现公司产品与市场需求的紧密对接，必须拥有一批精干高效的营销专业人才。高水平的营销人才应具有先进的营销理念，高超的营销技巧，现代的营销手段，广泛的营销渠道，丰富的营销载体以及坚韧顽强的意志品质。与之对应的是先进的激励机制和系统的培训体系。

3. 注重品牌效应，突出自身优势

经过六次清理整顿，我国信托公司大体形成了三种类型：一是注册资金数十亿的国家级信托公司。这些公司会以其几十亿注册资本、几百亿资产的雄厚实力为后盾，发展综合业务，形成金融、投资、贸易、服务于一体，功能全面、门类齐全的"综合超市"或金融控股公司，为客户提供"一站式"服务。二是注册资金十几亿的中型信托公司，这些公司更加注重自己的特色，依靠多年在某个领域建立起的信誉，形成自己的专业特长和比较优势。这类公司会根据自己的特长和优势，为客户提供"量身定做"式的个性化服务。三是注册资金达到或略超过国家要求的小型信托公司。我国相当一部分信托公司属于这种模式，这些公司由于资本金不大，很难开展实业投资业务，将会以证券投资为主，为客户提供资金信托服务，也可能更多地从事中介、代理和投资银行等业务。

第二章

金融信托基本要素

信托以财产为中心，信托当事人的权力和义务都是围绕财产而确定的。信托一旦设立，信托财产自行封闭与外界隔绝，委托人、受托人、受益人任何一方的债权人均不能主张以信托财产偿债。

第一节 金融信托的构成要素

信托法律关系就是以信托财产为中心，由委托人、受托人、受益人三方面组成的信托财产管理法律关系，是一种特殊的民事财产法律关系。信托法律关系和其他法律关系一样，也是由主体、客体和内容所构成。信托法律关系主体是指享受信托权利和承担信托义务的当事人，即委托人、受托人和受益人。信托法律关系客体是指主体享受权利、义务所共同指向的对象，也就是信托财产。信托法律关系内容是指法律关系主体之间的权利和义务。

一、信托行为

信托行为是设立信托的法律行为，是信托当事人在相互信任的基础上，以设定信托为目的，并以一定的形式而形成的法律行为。这些形式主要有书面合同、协议章程、个人遗嘱、法院的裁决命令书，此外，也有通过宣言方式体现信托行为的。

信托书面文件签订时，受托人尤其是信托机构一般应该与委托人签订信托财产管理、运用、处分的风险申明书。信托合同是指委托人和受托人在协商基础上签订的合同；协议章程是指信托公司从事一般性业务时使用的格式既定的文件，如公司债信托的信托约定为公司债发行条例，保管信托中信托约定为受托人制定的代保管贵重金属委托书等。信托约定应当明确以下内容：信托目的；信托当事人及更替方法；信托财产的名称、范围、数量、状况等；受托人的权限和责任；信托业务的处理手续和方法；

制定信托财产的转交方法，包含信托收益的转交、信托财产的继承；信托关系的存在期限及中止事由。

　　个人遗嘱是指委托人通过立遗嘱的方式就自己死亡后的遗产所设立的信托，它是遗嘱人在其生前设立，但却在其死亡后才发生效力的信托。当委托人以立遗嘱的方式把财产交付信托时，就是所谓的遗嘱信托，也就是委托人预先以立遗嘱方式，将财产的规划内容（包括交付信托后遗产的管理、分配、运用及给付等）详订于遗嘱中。等到遗嘱生效时，再将信托财产转移给受托人，由受托人依据信托的内容，也就是委托人遗嘱所交办的事项，管理处分信托财产。一般来说，遗嘱信托应当采取书面形式。遗嘱信托文件不同于一般的遗嘱。遗嘱信托文件应包括三个方面的当事人：委托人、受托人、受益人，也就是被继承人、遗嘱执行人、继承人。遗嘱信托必须指定受托人，遗嘱执行人一般选择具有理财能力的律师、会计师、信托机构等专业人员或专业机构。遗嘱信托的受益人可以是法定继承人的一人或者数人。公民可以立遗嘱将遗产受益人指定为法定继承人以外的人。遗嘱信托在被继承人订立遗嘱后成立，并应于遗嘱人（被继承人）去世后生效。公证的遗嘱在效力上高于其他方式的遗嘱。透过遗嘱信托，由受托人确实依照遗嘱人的意愿分配遗产，并为照顾特定人而做财产规划，不但有立遗嘱防止纷争的优点，还因结合了信托的规划方式，而使该遗产及继承人更有保障，因此可以很好地解决财产传承问题，使家族永保富有和荣耀。通过遗嘱信托，可以使财产顺利地传给后代，同时，也可以通过遗嘱执行人的理财能力弥补继承人无力理财的缺陷，可以减少因遗产产生的纷争。因为遗嘱信托具有法律约束力，特别是中立的遗嘱继承人介入，使遗产的清算和分配更公平。

　　宣言信托是指委托人宣布自己为受托人的一种特殊信托形式。委托人身份具有双重性，既是委托人又是受托人。由于委托人和受托人是同一人，在这种信托关系里，事实上只有委托人与受益人两方当事人。宣言信托的设立属单方法律行为，无须要约和承诺等环节，只需委托人单方意思表示即可。因委托人本身就是受托人，设立宣言信托无须进行财产转移。

二、信托关系人

　　信托有三方当事人：委托人、受托人、受益人。但金融信托中往往还有一个重要的主体：被投资方。委托人应当是具备完全民事行为能力的自然人、法人或者依法成立的其他组织。委托人提出信托要求是整个信托行为的起点。

（一）委托人

1. 委托人的资格

委托人是设定信托时的财产所有者，《信托法》第七条规定："设立信托，必须有确定的信托财产"。没有明确的信托财产的，就不存在信托。委托人是信托的创设者，即利用信托方式达到特定目的的人，是具有完全民事行为能力的自然人、法人或者依法成立的其他组织。委托人提供信托财产，确定谁是受益人以及受益人享有的受益权，指定受托人，并有权监督受托人实施信托。委托人可以是一个人，也可以是数人，两个或两个以上的财产共有人可以作为共同委托人，以其共有财产设立信托。破产人要成为委托人，必须征得债权人同意。未成年人不能成为委托人。

2007 年 1 月，银监会颁布了《信托公司集合资金信托计划管理办法》，规定"单个信托计划的自然人人数不得超过 50 人，合格的机构投资者数量不受限制"。2009 年 2 月，监管层将这一规定修改为"单个信托计划的自然人人数不得超过 50 人，但单笔委托金额在 300 万元以上的自然人投资者和合格的机构投资者数量不受限制"。2018 年 4 月，《关于规范金融机构资产管理业务的指导意见》规定，合格投资者是指具有 2 年以上投资经历，且满足以下条件之一：家庭金融净资产不低于 300 万元，家庭金融资产不低于 500 万元，或者近 3 年本人年均收入不低于 40 万元；最近 1 年末净资产不低于 1000 万元的法人单位；金融管理部门视为合格投资者的其他情形。合格投资者投资于单只固定收益类产品的金额不低于 30 万元，投资于单只混合类产品的金额不低于 40 万元，投资于单只权益类产品、单只商品及金融衍生品类产品的金额不低于 100 万元。

2. 委托人的权利

委托人将财产转移给受托人后，不再享有对此财产的处置权，但由于委托人在信托关系中处于主动地位，对整个信托有利害关系，故法律上保留了委托人的一些权利。委托人权利在《信托法》中加以规定，同时，信托合同或契约中也可自行约定。

（1）监督权和干预权。《信托法》第二十条规定，委托人有权了解其信托财产的管理运用、处分及收支情况，并有权要求受托人作出说明。委托人有权查阅、抄录或者复制与其信托财产有关的信托账目以及处理信托事务的其他文件。当发生因设立信托时未能预见到的特别事由，致使信托财产的管理方法不利于实现信托目的或者不符合受益人的利益时，委托人有权要求受托人调整该信托财产的管理方法。在英美法系国家，信托文件往往保留了这项权利，委托人可以直接行使。大陆法系国家虽然承认这项权利，但是往往需要向法院主张该权利，由法院裁决。《信托法》第二十二条规定，受托人违反信托目的处分信托财产或者因违背管理职责、处理信托事务不当致使信托财产受到损失的，委托人有权申请人民法院撤销该处分行为，并有权要求受托人恢复信托财产的原状或者予以赔偿。自委托人知道或者应当知道撤销原因之日起一年内不行使的，归于消灭。

（2）解任权。解任分为自行解任或申请法院解任两种。受托人违反信托目的处分信托财产或者管理运用、处分信托财产有重大过失的，委托人有权依照信托文件的规定解任受托人，或者申请人民法院解任受托人。信托文件有规定的，可以自行解任，没有规定的，需要向法院申请解任。设立信托后，经委托人和受益人同意，受托人可以辞任。《信托法》对公益信托的受托人辞任另有规定的，从其规定。受托人辞任的，在新受托人选出前仍应履行管理信托事务的职责。

（3）变更受益人或处分受益权。委托人是唯一受益人的，委托人或者其继承人可以解除信托。信托文件另有规定的，从其规定。设立信托后，有下列情形之一的，委托人可以变更受益人或者处分受益人的信托受益权：受益人对委托人有重大侵权行为；受益人对其他共同受益人有重大侵权行为；经受益人同意；信托文件规定的其他情形。信托终止的，信托财产归属于信托文件规定的人；信托文件未规定的，按下列顺序确定归属。第一顺序是受益人或者其继承人，第二顺序是委托人或者其继承人。

（4）对信托事务报告的认可权。受托人有下列情形之一的，其职责终止：被依法撤销或者被宣告破产；依法解散或者法定资格丧失；辞任或者被解任；法律、行政法规规定的其他情形。受托人职责终止时，应当作出处理信托事务的报告，并向新受托人办理信托财产和信托事务的移交手续。信托事务报告经委托人或者受益人认可，原受托人就报告中所列事项解除责任，但原受托人有不正当行为的除外。

3. 委托人义务

委托人有转移信托财产和支付信托报酬的义务。单方解除信托时，委托人赔偿损失，不干涉受托人处理信托事务的义务。同时，委托人要承担信托费用，信托费用一般包括：银行费用、审计费用、律师费用和清算费用等；文件或账册制作、印刷费用；信息披露费用；除上述费用外因处理信托事务而产生的其他费用；信托财产本身必须担负的税收；按照国家有关规定可以列入的其他费用。

（二）受托人

1. 受托人的资格及义务

受托人是接受委托人委托，并按照委托人的指示对信托财产进行管理和处理的人。受托人通常应当是具有完全民事行为能力的自然人、法人，是受让信托财产并允诺代为管理处分的人，在整个信托行为中处于关键环节。无民事行为能力人、限制行为能力人、破产人不能成为受托人。在一项信托事务中，受托人可以是一个人，也可以是几个人，同一信托的受托人有两个以上的，为共同受托人。委托人的委托是基于对受托人本人的信任，这种信任不能转嫁，否则违背原始委托人的意愿。如果受托人有不得已的事由，可找人代理，但是受托人要承担责任。在共同信托中，信托财产属于"合有"，不能分块处理。那么在信托中对受托人中的任一个人的意思表示或者任一个受托人的行动都被视作共同行动，信托文件有规定者除外。比如房产信托中，其中一个人跟第三方签订的出租合同，对整个房产都有效。其中一个人负有的信托责任，比如处理信托不当应承担的责任，由受托人共同负担。

受托人在信托事务中应忠贞无私，为受益人的利益尽其职能。受托人必须恪尽职守，履行诚实、信用、谨慎、有效管理的义务，必须为受托人的最大利益，依照信托文件和法律的规定管理和处分信托事务。

（1）诚实、信用、谨慎、有效管理的义务。受托人应当遵守信托文件的规定，为受益人的最大利益处理信托事务。《民法通则》的第四条要求民事活动应当遵循诚实、信用原则。处理信托事务要同处理自己的事务一样小心谨慎、履行善良管理人的注意职责。受托人应当自己处理信托事务，受托人依法将信托事务委托他人代理的，应当对他人处理信托事务的行为承担责任。共同受托人处理信托事务对第三人所负债务，应当承担连带清偿责任。共同受托人之一违反信托目的处分信托财产或者因违背管理职责、处理信托事务不当致使信托财产受到损失的，其他受托人应当承担连带赔偿责任。受托人必须将信托财产与其固有财产分别管理、分别记账，并将不同委托人的信托财产分别管理、分别记账。受托人必须保存处理信托事务的完整记录。受托人应当每年定期将信托财产的管理运用、处分及收支情况，报告委托人和受益人。

（2）忠实服务的义务。受托人不能利用信托财产谋利。受托人除依照《信托法》规定取得报酬外，不得利用信托财产为自己谋取利益。违反规定利用信托财产为自己谋取利益的，所得利益归入信托财产。受托人不得占有信托财产，不得将信托财产转为其固有财产。受托人将信托财产转为其固有财产的，必须恢复该信托财产的原状；造成损失的，应当承担赔偿责任。不得随意内部交易信托财产，受托人不得将其固有财产与信托财产进行交易或者将不同委托人的信托财产进行相互交易，信托文件另有规定或经委托人或者受益人同意，并以公平的市场价格进行交易的除外。受托人违反规定，造成信托财产损失的，应当承担赔偿责任。同时，不能把自己置于和受益人利益冲突的地位。

（3）共同行动，承担连带责任的义务。同一信托的受托人有两个以上的，为共同受托人。共同受托人应当共同处理信托事务，但信托文件规定对某些具体事务由受托人分别处理的，从其规定。共同受托人共同处理信托事务，意见不一致时，按信托文件规定处理；信托文件未规定的，由委托人、受益人或者其利害关系人决定。共同受托人处理信托事务对第三人所负债务，应当承担连带清偿责任。第三人对共同受托人之一所做的意思表示，对其他受托人同样有效。共同受托人之一违反信托目的处分信托财产或者因违背管理职责、处理信托事务不当致使信托财产受到损失的，其他受托人应当承担连带赔偿责任。

（4）保存记录，定期报告和保密的义务。受托人必须保存处理信托事务的完整记录。受托人应每年定期将信托财产的管理运用、处分及收支情况，报告委托人和受益人。受托人对委托人、受益人以及处理信托事务的情况和资料负有依法保密的义务。

2. 受托人权利

受托人有权依照信托文件的约定取得报酬。信托文件未做事先约定的，经信托当事人协商同意，可以作出补充约定；未做事先约定和补充约定的，不得收取报酬。约定的报酬经信托当事人协商同意，可以增减其数额。受托人违反信托目的处分信托财产或因违背管理职责、处理事务不当致使信托财产受到损失的，在未恢复信托财产的原状或者未予赔偿前，不得请求给付报酬。受托人有费用和损失补偿请求权。受托人因处理信托事务所支出的费用、对第三人所负债务，以信托财产承担。受托人以其固有财产先行支付的，对信托财产享有优先受偿的权利。受托人违背管理职责或者处理信托事务不当对第三人所负债务或者自己所受到的损失，以其固有财产承担。受托人以其固有财产先行支付的，对信托财产享有优先受偿的权利。设立信托后，经委托人和受益人同意，受托人可以辞任。信托法对公益信托的受托人辞任另有规定的，从其规定。受托人辞任的，在新受托人选出前仍应履行管理信托事务的职责。

（三）受益人的资格及权利

受益人是在信托中享有信托受益权的人，可以是自然人、法人或者依法成立的其他组织。在具体的个体上，无任何要求。痴呆的老人、未出生的胎儿、狱中的囚犯甚至宠物都可以作为"受益人"。但是在主体上，受托人不能作为唯一的受益人存在。部分受益人放弃信托受益权的，被放弃的信托受益权按下列顺序确定归属：信托文件规定的人；其他受益人；委托人或者其继承人。公益信托的受益人是社会公众或者一定范围内的社会公众。受益人按照信托文件的规定享有信托利益，有权放弃其信托受益权。除法律、行政法规和信托文件有限制性规定外，信托受益权可以依法转让和继承。

受益人的受益权为财产权，可以抵押、转让和清偿债务等。受益人享有与委托人同等的权利，两者意见不一时，需要法院裁决。受益人拥有受托人更替时的监督权和信托结束时最终决算的承认权以及受益人向法院请求的因债务问题解除信托的权利。信托法中无规定的，能否得到法院支持需要具体分析。如果信托文件或目的明示或默示为禁止，比如禁止子女浪费的信托，法院不会支持该请求。当然如果委托人同意，另当别论。

三、信托目的

信托目的是指委托人通过信托行为所要达到的目的。信托目的由委托人根据需要提出，但要受国家法律、社会道德、民族习惯的约束。信托目的具有合法性，应在受托人力所能及范围内，被受益人所接受。如果违反了社会道德，如为还未存在的私生子设立信托，可以被认定为信托目的不合要求。我国《信托法》第十一条规定有下列情形之一的，信托无效：信托目的违反法律、行政法规或者损害社会公共利益；信托财产不能确定；委托人以非法财产或者本法规定不得设立信托的财产设立信托；专以诉讼或者讨债为目的设立信托；受益人或者受益人范围不能确定；法律、行政法规规定的其他情形。《信托法》第十二条规定：委托人设立信托损害其债权人利益的，债权人有权申请人民法院撤销该信托。人民法院依照前款规定撤销信托的，不影响善意受益人已经取得的信托利益。本条第一款规定的申请权，自债权人知道或者应当知道撤销原因之日起一年内不行使的，归于消灭。

信托目的多种多样，英国法学家梅特兰说过，如果有人要问英国人在法学领域取得的最伟大、最独特的成就是什么，那就是历经数百年发展起来的信托理念。这不是因为信托体现了基本的道德原则，而是因为它的灵活性，它是一种具有极大弹性和普遍性的制度。现代信托法之父哈佛大学的斯考特教授认为，信托作为处理财产之设计，其灵活性没有其他法律能匹敌，设定信托的目的就如同律师的想象力一样无限。信托的应用范围可以与人类的想象力相媲美。信托关系的内涵十分复杂，其外延又千变万化，可以说它是人类历史上最复杂和最富于变化的制度设计之一。它就像是一个万花筒，从一个小的镜头看出去，会看到你完全想象不到的一个全新的世界。

四、信托财产

（一）信托财产的定义及范围

信托财产是委托人通过信托行为转移给受托人，受托人按照一定的信托目的管理或处理的财产，也叫信托标的物。信托的成立，以信托财产的转移为前提条件，信托财产是委托人独立支配的、转让的财产。信托财产分为两部分：委托人转移给受托人的财产是信托财产；受托人因信托财产的管理而产生的财产，也属于信托财产。两者都拥有和信托财产一样的权利，在性质上是"同一"的。信托财产的这种同一性是大陆法系国家为了确定信托财产的范围而抽象出的信托财产的特性。在信托关系中，财产权是信托成立的前提，委托人必须享有对信托财产合法的所有权或支配权。我国规定法律、行政法规禁止流通的财产，不得作为信托财产；法律、行政法规限制流通的财产，依法经有关主管部门批准后，可以作为信托财产。信托财产在转让中要进行信托公告，对信托财产按规定手续进行登记注册。公告可以保证信托财产的独立性，不被委托人或者受托人的债权人强制执行，同时不会同其他财产相混淆。信托财产在空间上是有限的，即其范围受到法律限制；信托财产在时间上是有限的，即信托财产都有时效性。总之，信托财产是有价值且可以转让的财产。

（二）信托财产的属性

1. 物上代位性

信托财产的形态在信托关系存续期间可以发生改变。在信托存续期间，受托人因为管理、运用和处分信托财产从而造成原始信托财产在实物上先后转化为各种不同的形态，但无论信托财产的形态和价值如何变化，它们都是为同一信托目的而存在的，并不因此而失去信托财产的性质。在信托期间，如果转移给信托公司的资产是资金，则资金可以转化为股票、期货、期权、房地产等资产，信托结束再转化为货币资金，由于形态可以发生变化才使得信托财产更容易实现保值增值。

2. 运动的单向性

信托财产的运动是单向的财产转移运动，运动方向是委托人转移信托财产给受托人，受托人把财产转移给受益人，以受益人在信托结束时接受信托财产为终点。在委托人和受益人为同一个人的情况下，当信托结束，信托财产及收益交付给受益人时，尽管受益人就是委托人，但并不表明信托财产回流，只说明信托关系人的身份在信托财产运动的不同阶段的变换。在交付信托财产及收益时，原来的委托人地位已经处于受益人的地位，向受益人交付信托财产，仍然是信托财产的单向运动。

3. 独立性

信托财产的独立性与信托财产的所有权有关。从普通法角度看，信托一旦成立，受托人即成为信托财产法律上的拥有者，这使得原先的信托财产所有人（委托人）面临着巨大的法律风险。因此，在英美法系国家，信托财产有双重的所有权：在普通法上，信托财产的所有者是受托人，用于规避法律或者方便受托人管理信托财产。在衡平法体系中，委托人（或受益人）是信托财产的所有人。一旦受托人侵占信托财产，委托人（受益人）可以通过衡平法院取回自己的所有权。但是在大陆法系，财产的所有权往往不被认可，因此大陆法系国家移植源于英美法系的信托制度时，往往面临着法律上的冲突，因此更加需要强调信托财产的独立性，即在大陆法系，强调受托人拥有信托财产法律上的所有权，但是这种所有权是受限制的，信托财产是相对独立的，以此避免信托财产被受托人恶意侵占。信托存续期间，信托财产不能任意处置。委托人已经将财产权转让，除非出现信托文件规定的情况，否则不能干预受托人的行为；受托人具有的受限制的财产权，只能按照信托目的和信托关系文件对财产进行处置；受益人只享有收益权，也无权干涉正常的财产运作；除非出现特例，法院以及债权人不能对信托财产强制执行。

信托财产的独立性，独立于委托人、受托人与受益人的自有财产。一旦委托人将信托财产移交给受托人，这时信托财产就获得了自身的独立性，它既不属于委托人，也不属于受托人，在信托关系存续期间，也不属于受益人。信托财产相对于它的所有者来说，"独立"出来了。一旦委托人将信托财产移交给受托人，它就和委托人和受托人的固有财产区别开来，委托人和受托人的债权人均不能对其主张权利，进行追索。而在信托关系存续期间，它和受益人的固有财产也是相隔离的。同样，受益人的债权人也不能对其主张权利，进行追索。信托财产相对于委托人、受托人、受益人的固有财产是"独立"的。不但信托财产本身是独立的，基于信托财产而产生的各种收益也因为是构成信托财产的一部分而具有独立性。正因为如此，信托才具有所谓的"破产隔离"功能。

信托财产与委托人未设立信托的其他财产相区别。设立信托后，委托人死亡或者依法解散、被依法撤销、被宣告破产时，委托人是唯一受益人的，信托终止，信托财产作为其遗产或者清算财产；委托人不是唯一受益人的，信托存续，信托财产不作为其遗产或者清算财产。但作为共同受益人的委托人死亡或者依法解散、被依法撤销、被宣告破产时，其信托受益权作为其遗产或者清算财产。

信托财产与属于受托人的固有财产相区别，不得归入受托人的固有财产或者成为固有财产的一部分。受托人死亡或者依法解散、被依法撤销、被宣告破产而终止，信托财产不属于其遗产或者清算财产。信托财产要分别管理与核算；受托人管理运用、处分信托财产所产生的债权，不得与其固有财产产生的债务相抵消；受托人管理运用、处分不同委托人的信托财产所产生的债权债务，不得相互抵消；受托人不得将信托财产转为其固有财产；相互之间的交易存在限制；当事人破产时，信托财产不属于破产财产。我国《信托法》第二十八条规定，受托人不得将其固有财产与信托财产进行交易或者将不同委托人的信托财产进行相互交易，但信托文件另有规定或者经委托人或者受益人同意，并以公平的市场价格进行交易的除外。受托人违反前款规定，造成信托财产损失的，应当承担赔偿责任。我国《信托公司集合资金信托计划管理办法》规定：不得将信托资金直接或间接运用于信托公司的股东及其关联人，但信托资金全部来源于股东或其关联人的除外；不得以固有财产与信托财产进行交易；不得将不同信托财产进行相互交易；不得将同一公司管理的不同信托计划投资于同一项目。除下列情形之一外，对信托财产不得强制执行：设立信托前债权人已对该信托财产享有优先受偿的权利，并依法行使该权利的；受托人处理信托事务所产生的债务，债权人要求清偿该债务的；信托财产本身应负担的税款。

五、信托报酬

受托人承办信托业务所取得的报酬，通常是按信托财产或信托收益的一定比率计算的。信托报酬可以向受益人提取，也可以从信托财产中提取，依信托合同而定。信托报酬与信托收益是两个不同的概念。信托收益是指信托财产经过受托人管理或处理而带来的价值增值。信托报酬是指受托人承办信托业务所获得的报酬。在信托活动中，信托收益归受益人所有，受托人获得的仅是手续费。通常，信托报酬是按信托财产或信托收益的一定比例计算的，可以向受益人收取，也可从信托财产中提取。

第二节　金融信托的成立及特征

一、信托的成立与终止

（一）信托的设立

信托的成立需要以下四方面的条件：第一，当事人之间的信任。信托是一种代人理财的财产管理制度，它的确立必须以当事人之间相互信任为基础，如果委托人和受益人对受托人不信任，则信托行为难以发生。即使发生信托行为，因存在不信任，甚至带有欺骗性，在法律上仍不能确认其为有效。第二，合法的信托目的。信托的目的是信托行为成立的依据，设立信托，必须有合法的信托目的。第三，确定的信托财产。如果没有信托财产，就没有财产的转移，信托就不能成立，因此，信托的成立必须有确定的信托财产，并且该信托财产必须是委托人合法所有的财产。第四，当事人的真实意思表示。确认信托行为的成立，必须有当事人真实意思表示，现代信托中，这种意思表示在形式上一般采用书面形式。《信托法》第八条要求"设立信托，应当采取书面形式"。

有下列情形之一的，信托无效：第一，信托目的违反法律、行政法规或者损害社会公共利益；第二，信托财产不能确定；第三，委托人以非法财产或者本法规定不得设立信托的财产设立信托；第四，专以诉讼或者讨债为目的设立信托；第五，受益人或者受益人范围不能确定；第六，法律、行政法规规定的其他情形。

（二）信托的变更与终止

设立信托后，有下列情形之一的，委托人可以变更受益人或者处分受益人的信托受益权：第一，受益人对委托人有重大侵权行为；第二，受益人对其他共同受益人有重大侵权行为；第三，经受益人同意；第四，信托文件规定的其他情形。有第一、三、四种情形之一的，委托人可以解除信托。

信托不因委托人或者受托人的死亡、丧失民事行为能力、依法解散、被依法撤销或者被宣告破产而终止，也不因受托人的辞任而终止。但《信托法》或者信托文件另有规定的除外。但有下列情形之一的，信托终止：第一，信托文件规定的终止事由发生；第二，信托的存续违反信托目的；第三，信托目的已经实现或者不能实现；第四，信托当事人协商同意；第五，信托被撤销；第六，信托被解除。另外，委托人是唯一受益人的，委托人或者其继承人可以解除信托。信托文件另有规定的，从其规定。

信托终止后，信托财产归属于信托文件规定的人；信托文件未规定的，按下列顺序确定归属：首先，受益人或者其继承人；其次，委托人或者其继承人。

二、金融信托的特点

信托公司是我国专业从事金融信托的非银行金融机构。目前在我国实行金融分业经营的体制下，信托公司是唯一同时可以涉足资本市场、货币市场和产业市场的多功能金融机构，是国内最具创新空间和活力的金融机构。通过合理运用信托制度，信托公司可以满足个人、企业及银行等机构投资者个性化和多样化的理财需求，是真正以客户为中心的资产管理和投资管理专业机构。

（一）具有融通资金的性质

与银行信用、商业信用一样，信托也是一种独立的信用方式，且主要表现为长期的资金融通，总是与投资相联系。现代信托机构利用信托的各种特性，创设了各种形式的融资信托，以满足巨大的社会融资需求。传统型融资信托是信托机构通过募集信托资金，以贷款的传统融资方式加以运用，从而实现融通资金的功能。我国信托公司开展的多数信托业务属于传统融资信托，融资的领域涉及基础设施、房地产等很多的产业和行业。传统融资信托的极致要数日本的"贷款信托"。日本通过立法的方式，以受益权证券化的方式募集信托资金，用于发放贷款。资产支持融资信托是信托机构募集信托资金，通过购买融资人具有良好现金价值的基础资产，如信贷资产、上市公司限售流通股、高信用等级的应收账款和物业租金、高现金流的各类收费权，为融资人实现融资。资产支持融资信托有"买断式"和"买入返售式"两种，其极致形式就是资产证券化。资产支持信托作为一种新型的融资方式，在我国信托公司的实践中已得到普遍应用。结构化融资信托是信托公司根据投资者不同的风险偏好对信托受益权进行分层配置，按照分层配置中的优先与劣后安排进行收益分配，使具有不同风险承担能力和意愿的投资者通过投资不同层级的受益权来获取不同的收益并承担相应风险的集合资金信托业务。结构化信托本质上是为劣后受益人进行融资的一种信托业务，是我国的首创，已被广泛运用于房地产投资、证券投资和私人股权投资等领域的融资。融资服务信托本身不直接提供融资，而是信托公司利用信托的结构设计，为融资方提供融资便利和融资服务。典型的融资服务信托如为配合公司发行附担保的公司债券而设立的"公司信托"或"公司债信托"，为配合铁路公司或航空公司进行车辆、飞机等设备融资而创设的"设备信托"等。

（二）广泛的投资渠道和灵活的运用方式

信托公司作为联系货币市场、资本市场和产权市场的重要纽带，是资金运用范围最广的金融机构。信托资金既可以运用于银行存款、发放贷款、融资租赁，也可以运用于有价证券投资、基础设施项目投资和实业投资。信托可以为广大企业提供多种融资和投资服务的优势条件。信托中的股权投资业务，通过发起设立、增资、受让等不同投资手段，优化资本结构，增加企业所有者权益，可以为企业解决项目启动时资本金不足或配套资金不到位的问题。灵活的运用方式是指与银行相比，信托业务既可投资，也可贷款；既可用直接融资方式，也可用间接融资方式；既可同客户建立信托关系，也可建立代理关系；并可随经济形势的变化不断创新。

（三）安全的财产管理方式

在信托制度中，受托人管理的是有具体指向的特定财产，每一笔财产都有自己的专用账户，这些账户之间是相互独立的。各国的信托制度都对建立相互隔离的信托账户有严格的规定，以提高风险防范能力。但在其他金融制度中，金融资产并不是独立的特定财产，也不需要根据客户的指向管理财产。一旦受托人破产，因为信托财产具有独立性，受益人仍可以追回特定信托财产。因为信托财产不属于受托人所有，他只是代委托人管理，因此，受益人的清偿权要优先于受托人的其他债权人。而其他金融机构一旦破产，客户资产和金融机构自身资产并未加以区分，所有的债权人都将处于同等清偿地位。因此，除非有存款保险制度等设计，否则，债权人的权利将不能得到特殊的保护。

（四）金融信托管理具有连续性

信托是一种具有长期性和稳定性的财产管理制度。在信托关系中，信托财产的运作一般不受信托当事人经营状况和债权债务关系的影响，具有独立的法律地位。信托一经设立，委托人除事先保留撤销权外不得废止、撤销信托；受托人接受信托后，不得随意辞任；信托的存续不因受托人一方的更迭而中断。即英美信托法的一项普遍规则是"法院不会因为欠缺受托人而宣告信托无效"。这就是说，委托人没有任命受托人，或者受托人拒绝任命或者不能接受信托，或者任命的受托人在信托实施前已死亡，都不能使信托终止。

三、信托与信贷、代理的区别

（一）信托与信贷的区别

信托与银行等金融制度有本质的不同，这种不同既是历史发展的结果，同时也深刻地根源于信托关系自身的特殊性与复杂性。如果仅仅因为形式上的相似性就掩盖、混淆了本质上的差异性，既不能充分发挥信托制度的独特优势，也会损害中国金融市场的整体效率。

经济关系不同。信托涉及委托人、受托人和受益人三方当事人，银行信贷则是银行与存款人、贷款人之间的双边信用关系。在信托中，委托人和受托人以及受益人之间是信托关系，而在银行信贷中，客户和银行之间的关系是债的关系。在法律意义上，信托关系和债的关系有重大的区别。一方面，在信托关系中，既有人与人之间的关系，因而其权利义务具有对人性质，同时，信托关系围绕独立特定的信托财产而产生，因而其权利义务也具有对物性质。但在债的关系中，由于不存在独立特定的财产，因而债权人仅仅只是对债务人有请求权，其权利义务也就只具有对人性质，不具有对物性质。这是因独立特定的信托财产而产生的一个重大区别，在大陆法体系中具有重要意义。另一方面，清算方式不同。银行破产时，存、贷款作为破产清算财产统一参与清算；而信托公司终止时，信托财产不属于清算财产，由新的受托人承接继续管理，保护信托财产免受损失。由于信托制度的特殊性而产生的一些制度优势，例如破产保护等，在债的关系中不能得到体现，因此，相对于债的关系中的债权人而言，信托关系中的委托人和受益人将得到更大的收益和保护。行为主体不同。信托业务的行为主体是委托人，而银行信贷的行为主体是银行。同时，承担风险不同。信托的经营风险一般由委托人或受益人承担，而银行承担整个信贷资产的营运风险。

（二）信托与委托、代理的区别

1. 行为成立的条件不同

设立信托，必须要有确定的信托财产，如果没有可用于设立信托的合法所有的财产，信托关系便无从确立；而委托代理关系则不一定要以财产的存在为前提。

2. 当事人不同

信托的当事人是多方的，至少有委托人、受托人和受益人三方；而委托代理的当事人，仅有委托人或者被代理人和受托人或代理人双方。

3. 财产的所有权变化不同

在信托业务过程中，信托财产的所有权发生转移，从委托人转移给受托人，由受托人代为管理、处理；而代理财产的所有权始终由委托人或代理人掌握，并不发生所有权的转移。在信托关系中，委托人以自己的名义行事；而在一般委托和代理关系中，委托人（或代理人）以委托人（或代理人）的名义行事。在信托关系中，信托财产独立于受托人的自有财产和委托人的其他财产，委托人、受托人或者受益人的债权人一般不得对信托财产主张权利；但在委托代理关系中，委托人（或被代理人）的债权人可以对委托财产主张权利。

4. 权责不同

信托财产的管理和处理权属于受托人。而代理时，虽然把代理权交给了代理人，被代理人本人仍然拥有对财产的管理和处理权。信托类业务的受托人拥有为执行信托业务所必需的广泛权限，法律另有规定或委托人有所保留和限制的除外；而代理业务的代理人权限则比较小，仅以被代理人的权限为限。信托业务的受托人在执行过程中，一般不受委托人和受益人的监督，只受法律和行政上的监督；而在代理业务中，代理人则需要接受被代理人的监督。

5. 期限的稳定性不同

信托一经成立，原则上信托契约不能解除，即使委托人或受托人死亡，一般对信托的存续期限也没有影响，因而信托期限有较大稳定性；而在委托代理关系中，被代理人可随意撤销代理关系，并因代理人或被代理人任何一方的死亡而终止。因而，代理合同解除比较容易，委托代理期限的稳定性较差。

四、金融信托的制度优势

作为一种创新的财产转移与财产管理制度，与传统财产转移制度（主要是赠与、继承与买卖）和管理制度（主要是委托代理、投资公司和有限合伙等）相比，信托具有一些独特的优越性，主要表现在以下几个方面。

（一）整合性

信托是将财产转移功能与财产管理功能整合为一体的新型制度，既可以用于财产转移，又可以用于财产管理，还可以同时用于财产转移和财产管理。而传统的财产转移制度只能用于财产转移，不能用于财产管理；传统的财产管理制度则只能用于财产管理，不能用于财产转移。

（二）灵活性

由于委托人设立信托的目的是自由的，可以在信托财产的管理结构和信托利益的设置方面附加各种各样的条件，因此，信托在应用上具有空前的灵活性。而传统的财产转移制度在财产转移时通常是即时的转移，传统的财产管理制度在管理结构上则通常是法定的，因而，难以在财产转移和财产管理方面附加可以达成财产权人特定目的的各种条件，从而使其在应用上比较僵化，缺乏弹性，灵活性不够。

（三）稳定性

由于传统的财产转移制度在财产转移时通常是即时的转移，因而难以保障财产权人转移财产所要达成的目的的稳定性机制；传统的财产管理制度，除投资公司和有限合伙外，委托代理随时可以解除，因此也没有稳定的管理机制。而信托在法律上因存在连续性的设计，因此，信托设立后可以不因各种意外情况发生而终止，从而确保委托人能稳定地实现自己的信托目的。

（四）安全性

传统的财产转移制度由于实行的是即时的财产转移，因此，财产转移后，难以保障财产接受人不因自己的品行和能力方面的缺陷而使财产蒙受损失；在传统的财产管理制度中，管理各方的职责由于采取法定主义，而且法定的职责通常是原则性的，因此容易发生损害当事人利益的"内部人控制"现象。而通过设立信托，因有信托财产独立性的特殊设计以及受托人约定职责和法定职责的双重设计，而且受托人的法定职责非常具体明确，因此，信托在保障信托财产安全和受益人利益方面较之传统财产制度更具有可靠性。

正是因为信托制度的独特性与优越性，它能适应社会经济形势的变迁与社会对财产管理的需要。随着国民经济和个人财富持续增长，居民理财意识逐渐增强，中国的资产管理市场一直并将继续保持快速增长的势头。信托的独特构造及其优越性，为其在资产管理市场占有一席之地打下了良好的制度基础。

第三节　金融信托的分类

一、以信托财产的性质为标准

信托业务分为金钱信托、有价证券信托、动产信托、不动产信托和金钱债权信托。

（一）金钱信托

金钱信托也叫资金信托，它是指在设立信托时委托人转移给受托人的信托财产是金钱，即货币形态的资金，受托人给付受益人的也是货币资金，信托终了，受托人交还的信托财产仍是货币资金。在金钱信托期间，受托人为了实现信托目的，可以变换信托财产的形式，比如用货币现金购买有价证券获利，或进行其他投资，但是受托人在给付受益人信托收益时要把其他形态的信托财产还原为货币资金。金钱信托是各国信托业务中运用比较普遍的一种信托形式。如日本的金钱信托占全日本信托财产总额的90%。日本的金钱信托根据金钱运用的方式不同，又可以划分为特定金钱信托、指定金钱信托和非指定金钱信托。特定金钱信托是指在该项信托中金钱的运用方式和用途由委托人特别具体指定，受托人只能根据委托人指定的用途运用信托财产。指定金钱信托是委托人只指定金钱运用的主要方向，其运用的具体方式则由受托人决定。非指定金钱信托是指委托人对金钱的运用方式、运用范围不做任何限定，由受托人自行决定。为了保护受益人的利益，日本从法律上对非指定金钱信托的资金运用范围进行了严格限制，主要是用于购买公债和用于以公债做担保的贷款。在日本还有一种有别于以上金钱信托的信托形式，即"金钱以外的金钱信托"，这种信托形式是指委托人在信托开始时转移给受托人的信托财产是金钱，信托关系结束时，受托人交付给受益人的可以是其他形式的财产。

中国的资金信托业务按照委托人数目不同，可以分为单一资金信托与集合资金信托。单一资金信托是指受托人接受单个委托人委托，单独管理和运用信托资金的信托业务。由于客户一般为大型机构投资者，由他们决定产品，因此该类产品的手续费和佣金收入较低。其主要包括低费率的银信合作产品、单一资金信托贷款，以及收费较高、由客户指定特定投资规则的产品。集合资金信托指受托人接受两个以上（含两个）

委托人委托，共同管理和运用信托资金的信托业务。为了吸引投资者，信托公司需要开发和推广低风险、高回报的产品。因此这类产品的质量高，佣金也相对较高。从本质上说，这类产品需要信托公司自己去发掘投资者。集合资金信托按照委托的方式可以分为两种：一种是以社会公众或者社会不特定人群作为委托人，以购买标准的、可流通的证券化合同为委托方式，由受托人统一集合管理资金信托的业务；另一种是以有风险识别能力、能自我保护并有一定的风险承受能力的特定人群或机构为委托人，以签订信托合同的方式，由受托人集合管理信托资金的业务。前一种称为"公募"，后一种称为"私募"。

（二）有价证券信托

有价证券信托是指委托人将有价证券作为信托财产转移给受托人，由受托人代为管理运用。例如，委托受托人收取有价证券的股息、行使有关的权利，如股票的投票权，或以有价证券作抵押从银行获取贷款，然后再转贷出去，以获取收益。英国比较普遍的有价证券信托的两种形式是投资信托与单位信托。投资信托中的委托人通过购买投资信托公司发行的股票来转移自己的货币资金，投资信托公司用所得的资金投资其他企业的股票和债券，委托人通过股息形式获取收益。单位信托中的委托人通过购买单位信托证券来转移自己的货币资金，单位信托经营公司用所得的资金投资其他企业债券和股票，委托人获取经营自己货币资金的效益。在投资信托中，委托人与投资信托公司的关系是股东与股份公司的关系。在单位信托中，委托人与单位信托的经营公司的关系是信托关系。

（三）动产信托

所谓动产，是指可以移动的财产，如交通工具、设备、原材料等一切可以搬运、移位的财产。动产信托又称设备信托或动产设备信托，主要是以动产（主要指契约设备）的管理和处理为目的而设立的信托。即由设备的制造商及出售者作为委托人，将设备信托给信托机构，并同时将设备的所有权转移给受托人；受托人根据委托人的一定目的，对动产设备进行管理和处分，包括落实具体用户，并会同供需双方商定出售或转让信托动产的价格、付款期限等有关事宜，出租动产设备，代理委托人监督承租方按期支付租金。

动产信托的标的物通常是价格昂贵、资金需要量大的产品。动产设备信托一般根据动产的种类分为车辆信托、船舶信托、汽车信托、贵金属信托。通过动产信托，无论是对这类产品的生产者和销售者（通常是动产信托的委托者），还是其用户，都有方便之处。动产信托有助于生产大型设备的单位及时收回货款，以便加速资金周转和进行再生产；而且还有助于使用大型设备的单位筹措一部分资金即能使用上设备，这就有助于社会投资者找到可靠的投资对象，因信托机构的信誉卓著，风险较少。因此，动产信托的意义在于为设备的生产和购买企业提供了长期资金融通。

按对动产的不同处理方式，可将动产信托分成下列三种类型：管理动产信托是由信托机构对动产设备进行适当的管理，并将动产设备出租给用户使用，所获收入扣除信托费用后作为信托收益交给受益人。处理动产信托是指信托机构在接受信托的同时，以分期付款的方式将动产出售给用户。它与管理动产信托的区别在于：信托目的是出售设备及收回货款；动产设备的所有权一开始就转移给使用单位，使用单位根据买卖契约以分期付款的方式偿付货款。管理和处理动产信托是指将动产以出租的方式经营，信托终结时由使用单位购入的一种信托形式。它结合了管理动产和处理动产信托的特点，信托机构不仅负责动产设备的出租管理，而且还负责出售设备。

（四）不动产信托

不动产信托是以土地及地面固定物为信托财产的信托，是以管理和出卖土地、房屋为标的物的信托。在不动产信托关系中，作为信托标的物的土地和房屋，无论是保管目的、管理目的还是处理目的，委托人均应把它们的产权在设立信托期间转移给信托投资机构所有。不动产信托是信托机构经办的财产信托中最为复杂的一种业务。不动产信托可分为房地产信托（又称为建筑物信托）和土地信托。

房地产信托是指信托机构接受委托经营、管理和处理的财产为房地产及相关财务的信托关系。信托公司面向投资者发行房地产投资集合资金信托计划，投资者与信托公司签订信托合同并交付投资资金；信托公司按照信托文件要求，购买或参与开发房地产项目；信托公司按信托文件要求，把房地产出租给承租人，并签订租赁合同或者把房地产出售；承租人支付租金或房地产购买者支付购买金；信托公司按照信托文件要求，扣除必要的管理费用和其他税费后，向投资者支付本金和投资收益。房地产信托通过集中化专业管理和多元化投资组合，选择不同地区和不同类型的房地产项目及业务，有效降低投资风险，取得较高投资回报。中小投资者通过房地产信托在承担有限责任的同时，可以间接获得大规模房地产投资的利益。房地产信托提供了一种普通投资者进行房地产投资的理想渠道。

土地信托是土地所有者为了有效地利用土地获取收益，把土地委托给信托机构，信托机构按信托契约的规定，筹集建设资金、建造房屋、募集租户，对租户办理租赁并负责建筑物的维护、管理或出租，把这种管理、动用所得作为信托收益交给土地所有者（受益者）。土地信托可分为租赁型和分块出售型。租赁型土地信托的目的是要实现更高的地租，而出售型土地信托目的是要实现更高附加值的变现。

（五）金钱债权信托

金钱债权信托是指以各种金钱债权作为信托财产的信托业务。金钱债权是指要求他人在一定期限内支付一定金额的权力，具体表现为各种债权凭证，如银行存款凭证、票据、保险单、借据等。受托人接受委托人转移的各种债权凭证后，可以为其收取款项，管理和处理其债权，并管理和运用由此而获得的货币资金。例如西方国家信托机构办理的人寿保险信托就属于金钱债权信托，即委托人将其人寿保险单据转移给受托人，受托人负责在委托人去世后向保险公司索取保险金，并向受益人支付收益。

二、以信托事项的法律立场为标准，信托可以分为民事信托和商事信托

从信托的发展来看，起初它只是自然人之间建立在相互信任基础上的一种财产处分手段，主要属于民事信托。随着社会经济的迅速发展，以信托作为营利手段从事经营的现象大量出现，特别是信托制度引入美国以后，高效率的信托公司组织形式大范围地经营起来。

（一）民事信托

民事信托又称非营业信托，是受托人不以收取报酬为目的而承办的信托业务。其信托事项所涉及的法律依据在民事法律范围之内。日本著名的信托法专家中野正俊曾经把受托人是不是以营利为目的作为区分的标准。如果受托人接受一项信托业务不是为了营利，那它就是民事信托。更进一步，如果受托人没有收取报酬，那它就是民事信托。民事信托主要是为了对财产进行保护。有一位企业家积累了 10 亿元财产，他有 2 个孩子，财产怎么分配呢？一个办法是，直接分给两个孩子，一个人分 5 亿元。但是，这有一个很大的问题，尤其是在国外，要缴纳非常高的遗产税，有的甚至高达 1/3 到一半。虽然国内目前还没有缴纳遗产税，但是以后国内也会征收遗产税。这时候，他还有另外一个做法，把这笔财产信托给一个他信任的朋友，让朋友做受托人，让他的孩子成为受益人，这时候就不用缴纳遗产税了。这笔财产的所有权已经转移给受托人，就不再是遗产，也就不需要缴纳遗产税了。而他的孩子仍然享有了财产的收益，财产被保护了。

民事信托的主要业务形式是遗嘱信托。受托人按照遗嘱或有关法院的裁决，根据遗嘱人死亡的事实，为遗嘱人办理债券债务的收取、清偿，遗嘱物品的交付以及遗产的处理和分割等有关遗嘱的执行事宜。遗嘱信托如果交给专门的信托机构来执行，这时候，也可能会演化成商事信托。民事法律范围主要包括：民法、继承法、婚姻法、劳动法等法律。信托事项涉及的法律依据在此范围之内的为民事信托。例如涉及个人财产的管理、抵押、变卖，遗产的继承和管理等事项的信托。

（二）商事信托

商事信托又称营业信托，是受托人以收取报酬为目的而承办的信托业务。其信托事项所涉及的法律依据在商法规定的范围之内。商法（也叫商事法）主要包括公司法、

票据法、海商法、保险法等。信托事项涉及的法律依据在此范围之内的为商事信托，例如涉及公司的设立、改组、合并、兼并、解散、清算，有价证券的发行、还本付息等事项的信托为商事信托。

公司设立信托是指信托公司受委托人委托代为办理有关公司设立事项的信托。委托人一般为公司的发起人。信托公司根据公司的设立方式（发起设立或募股设立）办理有关公司设立的法律手续，报送有关文件。采取发起设立方式，信托公司只负责监督发起人的认购情况。采取募股设立方式，信托公司一般负责向社会募集股票的工作。待公司依法宣告成立时，信托关系即告结束。公司设立信托实为代理业务，信托公司为代理人，只为公司设立代为办理有关筹建事务。

公司改组合并信托是指信托公司受委托人委托，代为办理有关公司改组和合并的事项。委托人即是参与改组或合并的各公司。信托公司负责有关文书的起草工作，负责对参与改组或合并的各公司进行协调、调节，推进有关事项的完成，负责有关法律手续的办理，有时还负责对原公司的债务人和向全社会进行公告。由信托公司办理改组合并，可以使各公司避免许多不利因素的影响，使各项业务基本上照常进行，公司可省去不少琐碎的麻烦事，并可节省改组合并费用。信托公司办理的该项业务，实为代理类信托业务。

管理破产财团信托是指信托公司接受法院或破产企业（公司）债权人会议的委托，执行破产管理人所承担的各项职务的信托。债权人会议是在法院指导和监督下，表达全体债权人意志，代表债权人整体利益而参与破产程序的机构。在该种信托关系中，委托人为法院或破产企业债权人会议，受托人为信托（投资）公司，即破产管理人，受益人为破产企业债权人，信托的标的物即信托财产为破产企业的破产财团。破产财团即是破产人的财产。信托公司接受委托人委托后，破产企业的剩余财产（破产财团）就移转于信托公司（即受托人或破产管理人），信托公司对破产财团拥有财产权，由其代表债权人的利益而管理和处分，因此，管理破产财团信托是典型意义的信托类业务。该种信托的目的很明显，在于保障破产企业（公司）债权人的利益，但借助于此种信托也可以使债务人清偿的数额仅限于破产财团的数额，从而避免破产债务人遭受进一步的割肉清偿债务之苦而陷于走投无路的困苦之中，因此管理破产财团信托为社会的稳定发挥着积极的作用。

公司解散清算信托是指信托公司受信托委托人委托，代为办理有关公司的解散清算事项。这里的委托人既可以是待解散清算的公司，也可以是法院。信托公司接受委托人委托后，即代为委托人向主管部门申办解散手续。信托公司对公司进行清算，即对公司的资产、债权和债务等关系进行清理，为公司偿还债务，收取公司的对外债权，缴清公司应纳税款并对公司的剩余财产按公司章程或公司的有关规定进行处置等。清算结束后，信托公司须提出清算报告和有关财务报表送交委托人和法院。

第三章

金融信托功能与作用

金融信托的功能是信托总功能的一部分，是研究信托金融产品的出发点和理论基础，金融信托的功能兼具着信托的特有功能和金融的一般功能。

第一节　金融信托的特有功能

一、信托功能与职能定位

（一）信托功能分析范式

在现代经济构架中，金融体系是一个庞大而复杂的系统，从广义上看金融体系由货币流通、金融机构、金融市场、金融工具及对金融的监督和调控机制五大部分组成。从狭义的角度看，金融体系为分析金融市场与各经济主体之间的关系以及金融中介之间的活动两部分。信托业的发展应该立足于信托功能的实现，西方国家的"功能观点"给我们提供了全新的视角。20 世纪 90 年代初，基于功能观点的视角分析金融体系和金融中介，是相对于传统的机构观点金融分析范式的重大转换。传统的金融理论主要从金融机构的角度来着手研究金融体系，即所谓的机构金融观点（institutional perspective），该观点将现存的机构和组织结构作为既定的前提，金融体系的调整与改革一般是在这个既定的框架下进行的，即使要牺牲效率也是值得的。上述观点存在的明显缺陷是当经营环境的变化以及这些组织机构赖以存在的基础技术以较快的速度进行革新时，银行、保险及证券类机构也在迅速变化和发展，由于与其相关法律和规章制度的制定滞后于其变化，金融组织的运行将会变得无效率。针对这一缺陷，默顿和博迪（Merton and Bodie）于 1993 年提出了功能主义金融观点（functional perspective）理论。功能金融理论具有两个假定：一是金融功能比金融机构更加稳定；二是金融功能优于组织机构。与传统的"机构观点"将现存的机构和组织形式作为既定的、固化的、前提的观点有所不同，功能观点认为不同金融机构的构成及形式是不断变化的，而金融体系的基本功能变化却很微小，并且金融机构的变化形式和金融工具的创新都是围绕金融功能的变动而变动的，因此应该把研究视角定位于金融体系的基本功能上，然后根据不同的经济功能去建立能最有效实现这些功能的机构和组织。各国的金融机构大不相同，在不同时期承担不同的功能，在分析这些不同时所采用的方法是基于金融功能而非金融机构的。

信托业是金融体系的一部分，履行着一些特定的金融功能，这是在业界和学术界通行的观点。有两种方法可以论证这一观点：一是通过各国的信托业发展状况和各国整体的金融发展情况来分析。在对金融业中信托业所占地位的分析中很多文献采用这种方法。二是基于一套概念体系来进行分析，将分析分成两部分：信托的基本功能制度和金融体系的基本功能制度，从二者的共性中分析出信托业具有怎样的金融功能。这样的分析有两个优势：首先，前后使用范畴相同，将不同视角不同学理的分析联系在了一起，能够在论述信托业金融功能的同时，还分析出了信托业金融功能的特殊性。其次，可以对信托业所履行的金融功能的内涵和外延有一个清晰的理解，并使用这一范畴对信托的功能进行分析。

从信托功能的内涵意义来看，可以将金融体系功能微观视角下的分析概括为信托金融功能的内涵，原因在于金融体系的微观功能从机制原理上反映了金融体系最本质的规定，信托业所体现的金融功能必然与其所体现的金融功能相一致，在此分析下信托金融功能的内涵为转移资源的功能、管理风险的功能、集中资本和权益分割的功能、提供价格信息的功能以及提供解决激励问题的方法的功能。

如果说信托的内涵指的是信托金融的功能，那么信托功能的外延就是信托金融功能可发挥的领域，从社会经济的方式来看，集中体现在市场上金融交易的过程，从社会经济的领域来看，不仅包含传统的金融经济领域，而且延展到了关系社会进步的各个方面。信托的功能作用在经济社会发展中是一个多层次、多方面的动态发展过程，随着社会经济的进步和发展不断扩展和延伸，这种扩展和延伸体现在了信托产品的创新上。

（二）金融信托职能与机构定位

为了更好地界定金融信托职能和机构定位的含义，我们首先了解一下功能和职能这两个概念的区别和联系。所谓功能，简单地说就是功效、效用、效应、效能或作用。在由中国社会科学院词典编辑室编撰、商务印书馆出版的《现代汉语词典》中，对"功能"一词的解释是："事物或方法所发挥的有利的作用；效能。"其对"职能"一词的解释是："人、事物、机构应有的作用；功能。"其中，把"职能"的另一种含义也理解为"功能"，二者相提并论。由此，尽管功能和职能的含义有某种广义上的重合与交叉之处，但从更为确切或狭义上理解，二者还是有一定属种概念的区别的，即作为属概念的"功能"，应定义为事物从总体或基础而言的一般功效、效用、效应、效能或作用；作为种概念的"职能"，则是影响功能发挥的作用范围和职责义务，是功能的具体延伸和体现；"功能"与"职能"这两个不同概念相互之间体现的是一般与具体、内容与形式的属种概念关系。

金融信托职能体现的是政策性金融机构具体的业务职责、作用及业务范围。据此，对金融信托机构的定位，实际上是指基于金融信托功能基础上的机构性质定位和职能定位的有机统一，而非功能定位，主要体现为对不同金融信托机构的性质、业务职责及其作用范围的界定。其中，性质定位即"定性"表明了机构的金融信托属性，职能定位是对不同类型金融信托机构的业务职责及其作用范围所进行的具体划分和界定。机构定性是职能定位的前提，职能定位是机构性质的具体体现。不同的金融信托机构具有不同的职能定位，而且，随着国内外经济金融运行环境的变化、弱势群体经济条件的改善，以及不同时期国家经济和社会政策的调整变化，金融信托业务领域也会因时因地因情地随之调整改变，有进有退，金融信托机构职能也需要重新进行定位，机构职能具有相应的动态调整性特征。

金融信托的职能是金融信托业务应有的职责和独具的功能。金融信托具有多种职能，但其最基本和最主要的职能有财务管理职能、融通资金职能、协调经济关系职能。其中财务管理是金融信托最基本的职能，它是指金融信托机构接受财产所有者的委托，为其管理、处理财产或代办经济事务等。比较典型的管理行为有委托投资、委托贷款等；典型的处理行为有代为出售或转让信托财产；代办事务则主要包括代收款项、代为发行和买卖有价证券等。融通资金是指金融信托机构通过办理信托业务，为建设项目筹措资金，或对其他客户给予资金融通和调剂的职能。主要表现为货币资金的融通、融资租赁、通过受益权的流通转让而进行的货币资金融通。协调经济关系是指金融信托机构通过开展信托业务，提供信任、信息与咨询等方面的服务。金融信托业务是一种多边经济关系，金融机构作为委托人与受益人的中介，在开展信托业务过程中，要与诸多方面发生经济往来，是天然的横向经济联系的桥梁和纽带。其通过办理金融信托业务，特别是代办经济事务为经济交易各方提供信息、咨询和服务，发挥沟通和协调各方经济联系的职能。

金融信托机构从事着信托业务，充当受托人的法人机构。金融信托机构不同于其他金融机构，拥有开办信托业务、提供理财服务的资格。在其经营发展中有以下四个特点：信托机构作为受托人严格按照合同约定对信托资产进行管理，通过信托活动为受益人实现收益，不能私自挪用信托资产；发挥财务管理的职责，通过丰富多样的信托活动，为委托人进行财产管理和运用；信托机构的主要来源依靠信托报酬和佣金，不具有分享信托收益的权利；信托机构在财产管理过程中要保持信托财产的独立性，将自身财产与信托财产分离，同时将不同受托人的财产相分离。随着经济的快速发展，信托在经济中的作用日益突出，加强信托机构的管理具有十分重要的意义，有利于保障受托人和受益人的合法权益，增强信托机构的经营能力，同时有利于维护金融体系的稳定。

二、金融信托的功能构成

金融信托的功能构成是在金融功能观上建立起来的在信托范畴内的作用，金融功能观的理论在金融体系的功能上而非在金融机构上，在分析金融信托的功能时要基于金融体系的功能并与信托相结合，统一于金融总体功能之中而相得益彰，而金融总体功能的优化和健全也越来越成为经济发展的重要方面。在分析金融信托的功能构成时要兼顾金融总体功能与信托的独特功能，否则分析是不完善的。

同金融功能观点的研究意义一样，分析金融信托的特有功能，不仅有助于我们认识金融信托的独特作用和它存在的价值、必要性，而且更重要的是，面对金融信托业务的创新发展、机遇挑战，功能观点将有利于我们更好地把握其实质，从而选择和重新整合最能充分有效发挥金融信托的独特优势，包括保持信托财产独立性、分离信托财产所有权和受益权等。

就功能结构或构成要素而言，金融信托的功能包括一般性功能和特有功能。

（一）一般经济金融信托功能

1. 社会理财功能

信托本身就是一种财产管理的制度安排，信托最基本、最首要的功能是财产管理功能，以"得人之信，受人之托，履人之嘱，代人理财"为核心内容。其具体是指委托人基于对受托人的信任，将其财产权委托给受托人，受托人按委托人的意愿以自己的名义为受益人的利益或者特定目的，进行管理或者处分的行为。

信托机构是专业的理财机构，受客户的委托，代为管理客户的财产，在信托结束后按照委托人的要求将财产交付给指定的受益人。信托的财产管理职能充分体现在整个财产管理的过程中信托机构提供专业的理财服务，实现委托人无法实现的经济效果。

在信托业务中，受益人的目的是受托人经营信托财产，不能以受托人的利益经营。因此，受托人管理和处理信托财产必须服从信托目的，其活动要受到信托合同的约束，不能按照受托人的需要随意利用信托财产。信托的经营和处理所产生的收益属于受益人，受托人从中收取手续费。相应的，受托人只要在符合信托契约规定下经营和运用财产，发生损失受托人不承担责任，盈亏均由受益人承担。

目前，世界上许多国家的银行和证券业也开展理财业务，承担着社会理财的责任。但信托机构作为专业的一种理财机构，有其独特的优势，在财务管理职能方面的内容十分丰富，与各个金融也有各种各样的联系，理财的灵活性十分突出，在社会经济快速发展下，信托的财务管理职能发展空间将更加宽泛。

2. 融通资金的功能

融通资金功能是指信托业作为金融业的一个重要组成部分，本身就有调剂资金余缺的功能，并作为信用中介为一国经济建设筹集资金，调剂供求。从必要性来看，在货币信用经济条件下，社会财产的相当大部分必然以货币形态出现，因此在对信托实施财产活动的管理过程中，也必然会伴随着货币资金的融通。信托融资与信贷融资相比更有显著优势，体现在：融资对象上信托既融资又融物；在信用关系上信托体现了委托人、受托人和受益人多边关系；在融资形式上信托实现了直接融资与间接融资相结合；在信用形式上信托成为银行信用与商业信用的结合点。

随着市场经济的发展，货币流通量的增大，人们手中的剩余资金日益增加，企业在生产过程中沉淀的资金也日渐增加，这些闲置的资金仅靠我国传统的融资手段远远不能满足经济市场的需求。信托作为金融主体的一部分，可以发挥筹集资金的重要作用，为社会投资项目开辟新的融资渠道。例如，信托以其经营方式灵活的优势，吸收劳保基金、科研基金、委托基金等，有效地加以利用以满足委托人的需求，还可以通过代理发行股票、债券，代理收付等方式筹集闲置资金，发挥资金融通功能。另外，信托对于资金的运用也具有灵活多样性，信托可以根据委托人的意愿和偏好针对投资项目，灵活设计投资机构，可以长期融入资金，也可以阶段性引入资金，满足不同委托人对投资时间、投资收益、投资产品的多样性需求，更充分有效配置资源，发挥融通资金的功能。

3. 社会投资功能

社会投资职能是指信托业运用信托业务手段参与社会投资活动的功能。信托业务的开拓和延伸必然伴随着投资行为的出现，只有在信托机构享有投资权和具有适当的投资方式的条件下，其财产管理功能的发挥才具有可靠的基础，因此，信托机构开办投资业务是世界上许多国家信托机构的普遍做法。信托业的社会投资职能，可以通过信托投资业务和证券投资业务得到体现。在我国，自 1979 年信托机构恢复以来，信托投资业务一直是其最重要的一项业务，这一点，从之前我国大多数信托机构都命名为"信托投资公司"可见一斑。因此，社会投资功能可以定位为中国信托业的辅助功能之一，但一定要按照信托原理的要求来对这一功能加以运用和发挥。

信托的社会投资职能表现也十分灵活多样。在我国经济体制改革中，信托可以有力协助企业建立产权明晰的现代化企业管理制度，信托投资业务可以实现政企分开、产权分明，同时改善股权结构。对参加经济联合的企业单位，信托机构可以根据需要给予投资性贷款和资金支持，在整个企业投资中提供一揽子的金融服务，架构委托人、受托人、受益人、投资项目的多边信用关系。

4. 协调经济关系的功能

协调经济关系功能是指信托业处理和协调交易主体间经济关系和为之提供信任与

咨询事务的功能。因其不存在所有权的转移问题，所以有别于前三种功能形式。

在现代经济生活中，信息不对称问题尤为突出，交易主体的机会主义行为增加了交易费用，为了降低交易费用、弱化交易对手的机会主义行为，交易主体通常要了解与交易相关的所有信息，如政策信息、对方的交易资信、经营能力、市场行情等。信托业务是一种多边的经济关系，可以发挥信息沟通的纽带作用。信托机构通过其业务活动而充当"担保人""见证人""咨询人""中介人"，为交易主体提供经济信息和经济保障，促使经营各方建立相互信任的关系。

5. 社会公益服务的功能

金融信托的社会公益服务功能指的是信托促进社会福利以及为社会公益事业提供保障的功能。随着大多数国家逐步建立起多元化的社会保障体系，养老金制度、企业年金制度中信托的作用尤为突出。在西方发达国家，办学基金、慈善机构一般都由信托公司代理经营，随着我国经济的逐步发展，社会公益需求正逐步上升，近年来出现的扶贫基金、养老统筹基金等也可以由信托经营。

随着经济的发展和社会的进步，人们对于慈善、教育等公益事业的自主捐款越来越多。信托公司作为金融机构利用公益信托来开展公益事业，具有比较明显的优势——既有信托法律制度本身的优势，也有忠实履约的公信力优势。与基金会相较，信托主要有以下几个优势：

（1）公益财产破产隔离。使公益信托跟一般信托一样具有破产隔离的制度优势，保证公益信托的独立性与安全性。

（2）公益财产多样化。相比基金会只能接受现金和实物捐赠，公益信托可以接受包括股权、股权收益权、房产等在内的各类有价财产和财产权，有利于扩大基金会可接受的捐赠财产范围，一定程度上有利于更多社会公众灵活参与公益活动。

（3）公益资金归集渠道多样化。相比（公募）基金会募款渠道有限，公益信托产品可对接银行、券商等金融机构渠道，不失为社会公众参与公益活动的新平台。

（4）有利于信托和基金会各司其职。相比目前基金会不仅要进行项目管理，还要耗费相当大的人力、物力进行筹款，公益信托大大减轻了基金会的筹资压力，专注于公益项目的运营，有利于基金会专注于项目管理，更好地实现公益项目的落地。

（5）公益财产保值增值。许多基金会因缺乏相关信息及专业人员，在投资收益方面，因经济形势而波动，丰歉不均，这对基金会（尤其是非公募基金会）的运作和可持续发展带来很大挑战。信托公司作为专业的资产管理机构，不但深谙投资之道，而且自身就有丰富的投资理财产品线，通过合理科学的资产配置，有利于最大限度地实现公益财产的保值增值。

（6）规范管理、透明运作。公益信托中涉及多方，如受托人（信托公司）、受益人（基金会）、信托专户托管方（银行）、信托产品代销方（银行、券商、基金等）、监察人、公益信托审计方（会计师事务所）以及延伸开来的监管机构（包括对信托公司进行监管的银监局/银监会、对相关基金会的业务主管单位）。以上各方相互监督、相互制约，有利于保证公益信托规范管理、透明运作，相比基金会，更有公信力，有利于号召社会公众参与公益活动。

（7）有助于基金会可持续发展。通过公益信托能很好地扩大基金会的管理规模，同时以信托资金拨付的灵活性合理分配每个年度的公益事业支出，保持公益项目实施和公益支出的稳定性，从而实现基金会的可持续性发展。

（8）引入竞争机制激活公益事业。公益信托在法律制度方面有天然优势，加之监管机构的严格要求，因此能够真正做到公开透明。公益信托的介入对传统的基金会是一种竞争，为了筹款需要获得公众信任，这些基金会相应地就会不断完善自己的制度，提高透明度，同时也会淘汰那些不规范的基金会，这样就能够提升公益事业从事主体的素质，从而促进公益事业的发展。

（二）特有功能

1. 保持信托财产的独立性

信托一旦设立，信托财产独立于受托人的自有资产和其他信托财产，不受受托人的自有财产和其他信托财产管理运作情况的影响，信托财产不作为受托人的破产清偿财产。对委托人来说，其丧失了对该信托财产的所有权，该信托财产不再属于其自有资产。对受托人来说，其取得了该信托财产的名义所有权，之所以说是名义所有权，因为其并不能享受这一所有权所带来的信托收益。对受益人来说，他取得了信托收益的请求权，即信托受益权。维持这种状况的条件是信托存续。

信托一旦终止，上面所说的情形就会产生变化，受托人不再是信托财产的所有人。这也是受托人仅作为名义持有人的原因之一，该信托财产的所有权归于委托人、受益人或者信托文件规定的人。

2. 财产转移和合理避税的功能

财产所有人将财产交于信托，通过受托人的中介设计，使第三人享受到与直接转移相同甚至更为优厚的好处，体现了信托的财产转移功能。或者说委托人想把自己拥有的财产转换成另外的形式或者对原财产进行重新分配时，会涉及财产价格评估、出售方式的选择等问题，另外还有税收及相关法律问题，信托的财产转移功能将充分发挥优势，为受托人实现财务管理目标。

另外，由于信托财产具有独立性，在信托合同有效存续期间内财产独立于委托人的固有财产。通过信托方式进行财产转移和规划，既可以实现合法的财产继承和赠与，又可以减轻甚至豁免所得税、资本利得税、赠与税、财产税、遗产税等。

3. 实现财产保全和增值

信托财产具有独立性，独立于委托人的其他财产和固有财产，信托合同成立将信托财产转移给受托人，由受托人持有，并由受益人享受受托收益，委托人对信托财产不再享有处置权，即使受托人破产，信托财产也不在其清算范围内，债权人对信托财产不得请求强制执行或者拍卖，这样就保全了委托人的财产完整。

信托机构作为专业的理财机构，具有丰富的金融知识和投资经验，委托人把财产信托资金转给受托人后，由受托人按照信托合同进行经营，借助专业的知识能力和丰富的投资经验，实现对信托财产的管理，实现资产增值。

4. 信托资金投向的灵活性

信托公司作为联系货币市场、资本市场和产权市场的重要纽带，是资金运用范围最广的金融机构。信托机构能够把融物与融资结合起来，把直接投资和间接投资结合起来，把一般理财活动和资本市场投资结合起来，其经营面较广，可以结合不同的方式方法、不同地区的经济差别、不同经济关系的特点灵活地开展业务，与商业银行、保险公司等金融机构相对单一的资金运作方式形成明显的对比。信托资金既可以运用于银行存款、发放贷款、融资租赁，也可以运用于有价证券投资、基础设施项目投资和实业投资。

2019年第一季度信托行业受托资产规模为22.57万亿元。主要投资的方向有政府基础设施建设类（城市建设、修路等）、房地产类（商业地产和保障房建设等）、工商企业融资贷款类（上市公司融资贷款等）。

第二节　金融信托的战略性地位

一、金融信托在经济社会发展中的地位

信托自产生以来以其独特的功能和强大的金融功能在社会经济发展中发挥重要的作用。现代信托以金融信托为主在世界各国的金融业中发挥支柱作用。金融信托在社会经济发展中的地位可以从信托的起源、信托的作用以及信托在各国的发展状况三个方面体现。

从信托的起源来看，信托起源于英国的"尤斯制"，随后逐步发展为民事信托，信托传入美国后，从民事信托转向金融信托。信托方式和信托工具的结合是金融信托的最典型特征，信托在接受客户委托、管理、处理、营运资产的过程中体现"受人之托、履人之嘱、代人理财"的功能。19世纪上半叶，资本主义经济在美国开始萌芽和发展，股份制公司在美国资本市场上大量涌现，股票、证券充斥市场，社会财富也由商品、土地等实物资产向股票、债券等有价证券转换，在这个转换过程中金融信托成为经营和代理各种有价证券或资产管理的专业机构，美国信托业由此发展起来。19世纪后半叶，美国政治局面稳定，开始进行大规模国家基础设施建设，信托公司充分发挥募集

资金的职能，承购并推销矿山、铁路公司的有价证券给公众，为基础设施建设募集了大量资金，同时，信托公司接受民众的委托、管理，将资金运用铁路、矿山等建设事业上。由此，信托的主要标的由实物资产转向了有价证券为主的金融资产。信托业以金融信托为主不断扩大，稳固在金融市场上不可缺少的地位，并逐步树立起信托业在金融业的支柱地位。

从金融信托发挥的主要功能来看，金融信托兼具金融体系的五大核心功能，即转移资产的功能、管理风险的功能、集中资本和股份制的功能、提供价格信息的功能、提供解决激励问题的方法的功能。从其功能看金融信托在经济社会发展中必将占据重要位置，其在实践和发展中也逐步成为金融业的重要支柱。

从各国的实践发展状况来看，在世界各国信托业都起着支柱性作用。以发达国家信托业来看，英国是信托业的起源地，经历了较完整的信托发展历程，从个人信托发展到官定信托再向法人信托不断发展，信托的性质由民事信托转向商事信托到现在的金融信托。英国信托业从产生不断发展，是英国金融市场上的重要工具。从美国信托的发展来看，美国信托源于英国，由于美国政治经济环境相对自由，经济发展速度快，对信托的需求增加，信托创新更推动信托业的发展，从保险信托兼营到脱离保险业独立运营，1853 年美利坚信托公司成立与保险、银行保持同样的地位。信托业逐步成为金融行业中不容小觑的行业。

二、不同经济金融环境下的金融信托

不同的经济金融环境对金融信托的起源和发展产生不同的影响。金融信托受经济发展水平、经济金融体制和发展模式的影响，呈现出多样化发展，即使在同一国家中，不同经济阶段的金融环境不同，金融信托的发展也会呈现差异。

不同经济发展水平下的金融信托。由于各国经济发展阶段的不同，各国金融信托的发展状况也各不相同。在发达国家，金融信托基本处于混业经营阶段，信托、银行以及长期资本处于同步发展的趋势。同时，在发达国家，金融信托业务除了发挥其财务管理的基本职能外，其派生职能即金融职能、社会服务职能、投资职能发挥的作用也越来越重要，信托职能逐步走向了多元化。如日本二战后建立的信托银行制度，充分发挥了信托的融资职能，吸收了日本社会上的闲散资金，在二战后日本经济的发展中发挥了重要作用。另外，随着世界经济一体化和资本国际化的不断发展，发达国家的信托业务范围不断扩大，逐步发展到纳税、保险、租赁、会计等领域。在发展中国家，金融信托处于起步阶段，在实践中尚存在法律体系不完善、监管体系薄弱、市场定位模糊、未建立信托业独特的产业特色等问题。因此，在不同的经济水平下金融信托的发展存在着差异。

不同经济和金融体制下的金融信托。世界各国经济发展水平有差异，经济和金融体制各不相同，由此信托在各国的发展也大不相同。在英美，信托在发展初期便与股票、证券相结合，信托的投资功能在英美发挥较大的作用。例如在美国的经济发展中，信托以独立的形式存在，像保险、证券一样有相对自由宽松的金融发展空间，信托的创新性可以自由发挥，信托业的需求与美国经济发展亦步亦趋，因此信托业在金融体制给予的优势下得到了快速发展。1868 年，美国政府充分发挥信托的制度优势和融资功能，成立了"罗得岛医院信托投资公司"，其为美国的国家建设和发展提供了大量资金。日本是大陆法系国家，其信托制度的引入是由于信托的融资功能。日本资本经济发展较晚，信托的功能以融资为主，弥补自身资本市场的薄弱，因而贷款信托在日本发展较为迅速。在我国经济发展迅速、经济环境和金融体制变革的大环境下，金融信托的创新转型需要和我国经济金融体制大环境相适应。

不同发展模式下的金融信托。信托起源于英国，后来相继被引入其他国家，各国信托起步的时间不同，对信托的需求各不相同，因此信托发展模式也存在着较大的差异。英国主要由民事信托向商事信托发展，美国信托公司直接采取以营利为目的的私营公司。在这种模式下，美国信托得到了快速的发展，信托公司直接向商事信托和法人信托转型发展。而日本信托则是从银行业中产生的，随着信托业务的逐步发展与银行业务逐步分离。

一国不同经济时期的金融信托。信托在各国的起步和发展一般晚于银行、证券以及保险业。随着信托业务的不断发展，信托相关的法律制度、经济政策、金融监管都发生了较大的变化，对金融信托的发展产生一定的影响。以我国信托业为例，我国信托业经历了六次整顿，信托制度的再次导入是与改革开放密切相关的，这也决定了信托业的演进具有我国转轨经济的特点。1982 年，国务院针对当时各地基建规模过大，影响了信贷收支的平衡，决定对我国信托业进行清理，规定除国务院批准和国务院授权单位批准的信托公司以外，各地区、部门均不得办理信托投资业务，已经办理的限期清理。1985 年，国务院针对 1984 年全国信贷失控、货币发行量过多的情况，要求停止办理信托贷款和信托投资业务，已办理业务要加以清理收缩，次年又对信托业的资金来源加以限定。1988 年，中共中央、国务院发出清理整顿信托公司的文件，10 月，人民银行开始整顿信托公司。1989 年，国务院针对各种信托公司发展过快、管理较乱的情况，对信托公司进行了进一步的清理整顿。1993 年，国务院为治理金融系统存在的秩序混乱问题，开始全面清理各级人民银行越权批设的信托公司；1995 年，人民银行总行对全国非银行金融机构进行了重新审核登记，并要求国有商业银行与所办的信托公司脱钩。1999 年，为防范和化解金融风险，人民银行总行决定对当时的 239 家信托公司进行全面的整顿撤并，按照"信托为本，分业管理，规模经营，严格监督"的原则，重新规范信托投资业务范围，把银行业和证券业从信托业中分离出去，同时制定出严格的信托公司设立条件。从 2006 年 12 月银监会在全国范围内下发《信托公司管理办法》、《信托公司资金信托计划管理办法》及《关于信托公司过渡期有关问题的通知》三份征求意见稿开始，监管层对信托业进行大整顿。由上述变化可见，金融信托紧密地配合不同发展阶段国家产业政策和社会政策目标的调整和转移，在经济发展的每一个阶段都发挥了重大的不可取代的作用。

第三节　金融信托制度安排的重要作用

一、金融信托逐步加强的重要意义

现阶段我国经济发展迅速，伴随着经济环境全球化的趋势，信托业的国际竞争与合作日趋显露，信托业的发展空间得以巨大拓展。与此同时，我国连续十几年经济高速增长，国内生产总值（GDP）和经济总量居世界前列，财产积累和可支配主体多样化，各类发展基金和公益基金的日益增加，居民个人的货币拥有量及金融性财产快速增长，国企改革和国有经济的战略性重组，要求国有资产管理模式必须加以改革。在此经济环境之下，逐步加强金融信托业的发展，对我国经济和金融市场的发展具有十分重要的意义。

（一）发挥产业支柱的作用

从金融市场来看，信托是金融市场重要的直接融资工具。信托公司通过创设各类信托产品，发挥强大的资金募集能力，为企业提供直接融资支持，满足企业多元化的融资需求。信托公司参与多层次资本市场建设，推动国家提高直接融资比例、完善金融市场结构的改革，维护了国家金融安全与稳定，其与保险业、证券业、银行业共同发挥支柱作用。

随着经济的快速发展，人民越来越富裕，信托的目标群体即中产阶级日趋扩大，信托业必将发挥产业支柱的作用。中高收入家庭没有时间也没有专业的能力管理自己的财富，在财富管理上面临着资产增值、风险管理、资产处置等压力，需要外界专业人士帮助其定制个性化的理财服务。在此需求下，信托业有了更广阔的发展空间，在现代经济的发展中作用日渐突出。

（二）完善金融市场，分散金融风险

金融信托的加强有利于稳定我国的金融市场，对分散化解金融体系风险、推进金融体系改革有重要的意义。信托业与银行积极合作，错位竞争，逐步改善信用风险高度积聚在银行体系的现状。一方面，信托公司与商业银行开展银信合作，为银行融资客户提供信托贷款服务，将原本应由银行承担的信用风险转化为由信托产品持有者承

担，起到了分散银行体系信用风险的作用。另一方面，信托公司发挥"多方式运用、跨市场配置"的制度优势，重点拓展银行服务覆盖率低的融资客户，信托公司通过股债结合等方式，根据需求进行结构化设计，为其提供全方位的综合金融服务和多种融资解决方案，以此丰富企业融资举措，客观上也起到了防范信用风险在银行体系内积聚的作用。

支持中小企业发展是信托公司维护金融安全的重要举措。中小企业是国民经济发展的重要力量，对增强区域经济活力、培育新的经济增长点、实现区域经济金融可持续发展与金融稳定具有重要意义。但是，企业由小变大、由弱变强，成长的过程并非一帆风顺。在企业启动之初，无抵押、无担保，前景不明朗、资金短缺成为最大的难题。中小企业融资困难影响其发展。针对中小企业实际需求，信托灵活设计融资方案，通过发放信托贷款、基金化投资、供应链金融等方式助推中小企业成长。如陕国投信托、江苏信托等，通过设立中小企业成长基金，引导社会资金投向信息技术、先进制造、清洁技术、健康医疗和现代服务业等，促进中小微企业科技成果转化，提高金融支持创新的灵活性和便利性。

（三）优化资源配置

金融信托的逐步加强能够在金融市场上起优化资源配置的作用。信托作为金融市场上成熟、先进的财富管理制度，不仅能够满足现代经济社会日益扩大的资产管理需求，大大提升资产管理的效率，而且随着中产阶级家庭数量的增多，信托最基本的财富管理功能将得到充分发挥。"代人理财"是信托业务的表现形式，其功能优化的表现是在风险可控的前提下，通过开发优质的基础资产，设计灵活的信托产品，积极地将社会储蓄资金以债权、股权等方式运用到实体经济部门中去，提高社会储蓄资源的配置效率。应充分发挥信托业在金融资源配置中能够综合运用货币市场、资本市场和实业市场的跨界优势，逐步形成信托资金在工商企业、金融机构、基础产业、证券市场和房地产业五大领域的平衡配置机制，提高资金利用有效性。

信托公司开展资产管理业务，能够促进储蓄转化，同时信托资金的运用还具有很强的行业渗透性。在经济下行"资产荒"的环境下，信托公司开展行业景气度和企业绩效的深入研究，对行业内细分部门，对不同部门、不同绩效的企业进行深入挖掘，把握产业发展方向对业绩提升的作用，这成为资金配置决策的真正依据。要发挥信托公司在储蓄资源配置中的作用，积极引导储蓄转化为投资，防止资金在非实体部门空转。

（四）促进投融资体制改革

投融资体制改革一直是我国经济制改革中的重点，其主要目的在于拓宽和深化投资主体的多元化和融资渠道的多样化。大力发展金融信托，充分发挥信托的投融资功能，将会成为投融资改革的重要助推力。从融资来看，我国融资渠道狭窄，主要集中在银行，以间接融资为主，而信托融资属于直接融资，能够多渠道聚集资金。金融信托的发展一方面运用信托制度优势，积极探索直接融资工具，帮助企业降低融资成本；另一方面可以积极开展股权投资，拓宽企业融资渠道。开展股权投资是加大直接融资比重、完善多层次资本市场的重要举措，有力地支持了国家融资结构调整，维护了金融安全。从投资来说，信托在金融机构中所特有的股权投资实业功能，能够让委托人直接考虑项目投资的风险，以决定是否参与项目投资。信托使投资主体真正承担了投资风险，提高了全社会的投资效率，分散了投资风险，让更多的资金所有者直接加入了投资主体的行列。在这些优势和功能下，金融信托的发展会大力推进我国投融资体制改革。

（五）维护资本市场稳定

证券市场是信托公司开展资产管理业务的重要投资领域。信托公司能够发挥专业机构优势，增强投资者信心，保障证券投资信托产品平稳运行，切实发挥专业机构投资者稳定资本市场的作用。信托公司主动管理的证券投资产品包括基金中的基金（FOF）、债券投资信托产品、定向增发信托产品等。以 FOF 业务为例，信托公司可以依托多年的产品创设经验，构建一套产品筛选体系，在对平台上证券投资产品进行全面评估的基础上进行底层私募资产的筛选。信托公司运用"投资顾问绩效评价体系"，对所管理的证券投资信托产品及投资顾问进行综合评价。该体系以投资顾问为中心，对产品的业绩和持仓进行定量研究，对投资顾问的投资风格、管理水平进行定性研究，为 FOF 管理人组合管理提供依据。除构建一套全面精细的投资顾问分析评价体系之外，信托公司的证券投资团队还需要负责信托财产的资产配置、资产组合久期管理及收益管理、头寸管理、资金管理、交易管理。信托公司建立明确的投资策略，执行专业的投资决策，具有较强的规避风险能力，能够更加理性地进行决策，有效地提高了资本市场交易效率，减少了资本市场的波动。

（六）减少资本外流

随着居民财富的积累，中国形成了规模达 120 万亿元的财富管理市场。个人可投资资产在 1000 万元以上的高净值人群超过 100 万人。高净值人群多数具有国际视野，并在全球进行资产配置。因此，受国际市场货币政策调整以及我国出现资产价格剧烈调整风险隐患、人民币汇率持续贬值等不利因素影响，高净值人士的资产配置向境外倾斜，导致资本外流加剧，侵蚀外汇储备，进一步加剧金融风险。

家族信托作为财富管理和传承的重要工具，在稳定国民财富、减少资本外流等方面发挥了积极作用。2013 年我国外贸信托和招商银行合作产生首单家族信托，2017 年以来家族信托业务发展迅速，规模不断扩大，模式更加丰富多样。信托公司纷纷成立家族信托团队和家族办公室着手开展该业务。根据不完全统计，目前国内已有中信信托、上海信托、外贸信托、平安信托、兴业信托等十多家信托公司成立了家族办公室或家族信托团队开展家族信托业务。

信托公司开展家族信托业务，有助于国内家族企业和民营企业实现财富保障和企业家精神的传承，推动国内民营企业长足发展、家族企业百年长青；也有助于社会财富在国内稳定发展，避免高端人才和资本外流，防范境外风险向境内传递，维护金融安全与稳定。

（七）助力经济结构调整

信托业在服务产业升级方面做了诸多尝试，支持优质企业升级做强，推进企业加快技术改造，从而促进我国经济结构调整，创造新的经济增长点，实现由低水平供需平衡向高水平供需平衡跃升，使实体经济发展获得源源不断的新动力，巩固金融安全基础。

一是支持传统产业转型升级，激发企业活力，提高盈利水平，改善信用状态，缓释信用风险。信托业围绕产业升级的需求，将资金配置到符合国家产业政策导向的相关企业，为企业转型发展提供金融服务。据中国信托业协会的数据统计，2016 年，信托业向传统产业优化升级提供资金支持 568 亿元。多家信托公司成立产业发展基金，通过支持传统行业的技术革新、产能结构调整、上下游产业整合，促进传统行业实现技术进步和资本运用。

二是促进新兴产业发展，创造优质资产，培育新的经济增长点，夯实金融稳定基石。信托公司顺应我国经济结构调整、产业转型升级的大趋势，按照有利于提高服务实体经济的效率、有利于降低金融风险、有利于保护投资者的合法权益的总原则，发挥"实业投行"资源禀赋优势，主动创新适应市场需求的业务和产品，有效搭建起资金市场和实业市场的桥梁，大力支持战略性新兴行业、科技企业发展，在预期收益、产品门类、交易结构、投资领域、操作流程、业务要素以及风险控制等诸多方面都实现了巨大突破，进行了十分有益的探索和实践，提高了服务实体经济的效率。

（八）促进供给侧结构性改革

供给侧结构性改革是国家经济结构改革的重点。随着中国经济进入"新常态"，投资回报递减，杠杆率不断提高，已经超过警戒线。经济减弱的原因出现于供给侧：人口红利消失、投资效益递减、全要素生产率降低。中国长期经济发展不应在于需求侧，而是在供给侧。供给侧结构性改革在"十三五"时期甚至更长的时间内将处在一个突出位置上，将为中国经济未来的行稳致远、健康活力发挥重要作用。

信托业是唯一能够横跨信贷市场、资本市场及实体经济的金融行业，具备"全能性"的天然牌照优势。在供给侧结构性改革的推进下，信托业积极贯彻落实国家宏观经济政策，发挥自身综合性、灵活性和敏锐性的特点，支持实体经济去产能、去杠杆，具体表现在以下两个方面。一是信托公司积极开展投贷联动、债转股、并购基金等业务，参与政府合作与企业重组等大型项目，为企业化解过剩产能提供资金支持，防范大型企业因化解过剩产能而产生的流动性风险和信用风险，从而避免对市场和社会带来剧烈冲击。二是在供给侧结构性改革的大背景下，信托公司纷纷加快战略转型步伐，不断拓宽服务领域，大力响应"三去一补一降"，持续优化信托资金投向，响应"一带一路"建设，助力"京津冀"一体化发展，推动"长江经济带"建设，通过多种方式帮助企业去产能，不断提高服务实体经济质效。近年来，信托支持实体经济的融资成本明显降低，有利于促进资金要素的流动，实现资源的合理化配置，为企业经营创业活动"松绑""减负"，激发微观经济活力，从而降低企业贷款的信用风险，增进金融机构安全。

（九）适应和顺应中国现实国情

中国是一个后发的、赶超的、东方的、发展中的、转轨的、正在和平崛起的社会主义大国。中国处于并将长期处于社会主义初级阶段，处于社会主义市场经济的初级阶段，处于并将继续处于经济转轨时期、经济转型与经济赶超时期，生产力水平不是很高，市场经济不够完善，地域广阔、人口众多、历史悠久、情况复杂，各地区民族、社会、历史、风俗习惯、经济、金融等方面的差异非常大，经济发展不均衡，这便是中国的基本国情，是我们处理一切具体问题的根本出发点。这种国情需要金融信托行业发挥理财的专业优势，在中国经济飞速发展、人民生活更加富裕、企业走向国际化的背景下，集聚专业人才，吸纳社会的闲置资金，通过创设各类信托产品，发挥强大的资金募集能力，为企业提供直接融资支持，满足企业多元化的融资需求。信托公司参与多层次资本市场建设，推动国家提高直接融资比例、完善金融市场结构的改革，维护了国家金融的安全与稳定。

二、金融信托机构存在的特殊必要性

尽管有我国信托业务的发展在法律制度、产品创新方面有待完善，但国内外关于信托的实践已经相当成熟。通过专门的金融机构进行信托产品的创新设计，会更直接、更明显、更有效地发挥信托在金融业的作用。从我国信托金融机构的起源来看，在1913～1914年间，日本和美国的信托机构分别在大连和上海开办信托业务，随后带动了内资机构的发展。旧中国的信托业具有鲜明的外部植入性，组织体制与业务类型都类似于当时的日美两国。1921～1922年发生的"信交风潮"暴露出信托贷款卷入金融投机活动的问题，并导致了一次信托业危机。新中国成立之后对旧信托业进行了接管和改造，但没几年就连同新成立的机构一起关闭了。直到1979年中国国际信托公司成立，信托业才得以重建。信托金融机构在信托业的发展中起至关重要的作用。目前，我国共有 68 家信托公司，随着信托公司发展的日益壮大，信托公司的自营业务也对上市公司产生着越来越深入的影响。

因此，在社会主义初级阶段和社会主义市场经济体制条件下，我国金融信托机构也必定具有长期持续存在的必要性和必然性。当前我国金融业实行的是分业经营、分业监管的制度。信托投资业务可以参与资本市场、货币市场和产业市场，所以信托公司的经营范围较广，是目前唯一准许同时在证券市场和实业领域投资的金融机构。投资领域的多元化可以在一定程度上有效降低投资风险。信托公司对产品的设计具有较大的灵活性，根据客户的喜好和特性，信托理财专家可以尽可能地满足客户的需求，制定满足客户个性化需求的产品。信托的投资方式和产品的灵活性以及信托公司提供的个性化服务是券商和基金公司所缺乏的，也是它们目前所无法提供的。信托财产把委托人、受托人和受益人的权力和义务、责任和风险进行了严格分离。信托契约一经签订，收益权属于受益人，而运用、处分、管理权属于受托人。信托契约对信托财产的运用、管理、处分有严格的限定，委托人只能按照契约圈定的范围和方式进行运作。这种机制固定了当事人各方的责任和义务，确保了信托财产沿着特定的目的持续稳定经营。与公司制相比，这种机制是一种更为科学的制度安排。与个人单独理财相比，专家理财省时省心，风险低、收益高。通过信托集中起来的个人资金，由专业人才进行操作，他们可以凭借专业知识和经验技能进行组合投资，从而避免个人投资的盲目性，以达到降低投资风险、提高投资收益的目的。

第四章

基础设施信托

第一节　基础设施信托概述

一、基础设施信托相关概念

基础设施是指为居民生活和社会生产提供公共服务的物质工程设施和公共服务系统，以保证国家或地区社会经济活动的正常进行，是社会生存发展所必需的一般物质条件。基础设施包括交通、能源、水电供应、文化教育、环境保护、科研与技术服务、卫生事业等。

经济的不断发展对基础设施提出的要求也越来越高，完善的基础设施对促进社会空间分布形态的演变、加速社会经济活动具有至关重要的推动作用。基础设施的建立与完善，往往需要较长的建设周期与巨额的投资资金，因此基础设施投资成为基础设施项目建设的重要一环。目前，我国基础设施投资的主要资金来源更加多元化，除了国债、地方债资金外，地方政府还积极借助信托、资产证券化等方式利用外资和民间资本。

基础设施信托是指信托公司（受托人）接受委托人的委托，依据双方签订的信托合同相关规定，以自己的名义发行基础设施类信托产品并将信托资金投资于基础设施领域，如交通、通信、市政建设、水务系统、能源等大型公共基础设施项目，信托受益权由委托人指定的受益人享有。信托资金的投向是界定一个信托产品是否属于基础设施信托产品的重要标准，其投资标的应属于基础设施领域。根据政府基建项目的风险水平、资金需求程度以及抵押担保措施等情况，信托公司会专门设计某一符合要求的信托产品并公开发售，筹集到的资金投入到具体的基建项目中，项目收益和政府财政收入作为偿还保证。大多数的基础设施类信托产品都附有政府承诺付款协议、项目建设方土地使用权抵押以及第三方机构连带责任担保等。若信托公司接受单个委托人的委托，属于单一信托；若委托人为多个，属于集合信托，其运作方式一般是通过私募发行集合信托产品。根据信托资金运用方式的不同，基础设施信托可以分为贷款信托、股权投资信托、收益权信托和融资租赁信托。

基础设施信托将社会上的闲散资金集中起来，在基础设施建设与民间资本之间搭建桥梁，共享投资收益。民间资本通过购买基础设施信托产品也能参与到大型基础设施项目中去，风险低且投资回报率稍高于社会平均利润率，一改往日只能由政府投资独揽基建项目收益的局面。目前，基础设施信托在我国基础建设中发挥着越来越重要的作用，成为重要的投融资方式，极大地促进了城市基础设施的建设与完善。

二、基础设施信托主要特征

（一）信托计划规模较大

受基础设施行业性质影响，大多数政府基建类项目建设周期长，资金需求较大，因此信托公司发行的信托计划规模较大，一般都超亿元。

（二）信托产品期限较短

信托公司和投资者一般倾向于投资期限较短的中短期基建项目，信托投资的短期获利特征较明显，我国基础设施类信托产品的存续期以 1 ~ 3 年为主。

（三）信托受益人收益较高

虽然低于某些领域，但与国债等普通理财产品相比，基础设施类信托产品的收益率较高，且收益率稳定，通常情况下项目的实际收益率会达到甚至高于预期收益率。

（四）有较好的风控安排

基础设施类信托产品通常都有政府财政收入作为担保，还有项目建设方土地使用权抵押、第三方机构连带责任担保等。当项目收益水平不足时，大多有补贴条款等保障性风险控制措施。

三、基础设施信托运作流程

根据不同的项目需求和资金使用计划，城市基础设施信托的运作流程大致有投资立项、产品设计、呈报审批、信托发行、运作管理和到期偿付六个阶段（见图 4 - 1）。

投资立项阶段：对拟承办开展的信托业务，信托公司需要经过计委立项，而政府对城市基础设施项目进行审查和把关，项目投资额度由国家发展和改革委员会（以下简称发改委）审批。

产品设计阶段：根据项目的资金需求、收益分配计划等实际情况，信托公司要对信托产品的相关要素和条款进行设计，包括融资规模与成本、产品存续期限和对产品发行后的预测等，随后拟定相关信托合同文本。

呈报审批阶段：信托公司作为受托人，需要将信托计划呈报相关合规部门和风险管理部门进行审批，并出具项目合规意见和风控意见。而后，将信托计划上交到信托委员会，通过评审后方可发行信托计划。

信托发行阶段：信托公司公开发售基础设施信托产品筹集资金，与委托人（投资者）签订信托合同，约定具体的投资回收时间和投资收益率等要素。信托产品的公开发售可以由信托公司自销，也可以委托其他金融机构进行代销。

运作管理阶段：资金筹资完毕后，信托公司将信托资金投入到基础设施类项目中，大多数是以政府担保贷款或抵押贷款的方式。在项目运作期间，信托公司需要履行其管理职责，定期向社会公众发布报告、对资金的使用风险进行监测以及发放信托收益等，以获取相应的报酬。

到期偿付阶段：信托计划存续期满，信托公司需要在扣除相关信托费用后，根据合同约定向受益人按照项目运行实际收益率分配信托财产收益，并且返还信托本金。

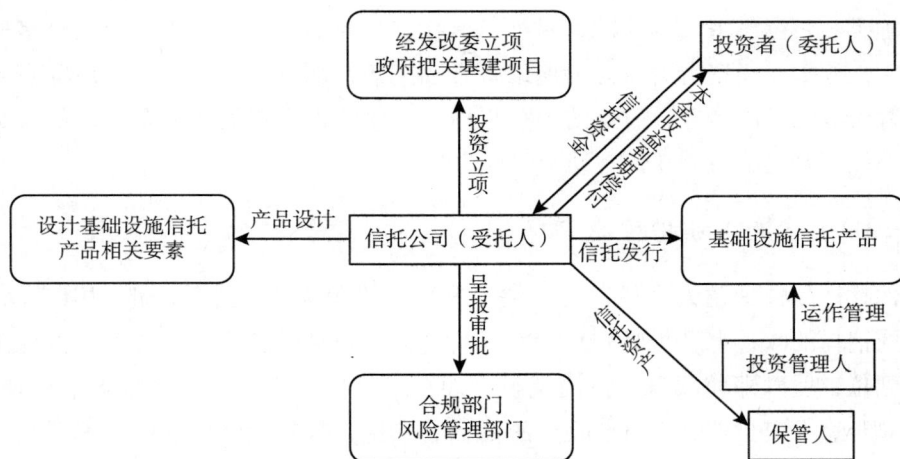

图 4-1　基础设施信托运作流程

四、基础设施信托优势

（一）融资方式灵活，具有个性化特点

针对不同基础设施项目的运作方式，基础设施信托具有灵活性的特点，所发行的

信托计划可以根据项目的实际情况采取不同的方式参与运作,例如借贷、参股、直接项目投资和融资租赁等。另外,对于投融资双方来说,基础设施信托还具有个性化设计的优点,能够根据具体的特性和需要量身定做信托产品。从融资方角度看,对于基础设施融资需求复杂性、多样性的特点,信托公司能够针对项目的资金需求、收益分配计划等情况对信托产品的相关要素和条款进行专业化设计,以最大限度地满足融资要求。从投资者(委托人)角度看,信托公司能够根据客户不同的风险偏好以及风险承受能力推荐符合其要求的政府基础设施类信托产品,还可以灵活地选择特定的基建类项目进行投资来满足投资者的需求。由于投资者风险偏好不同,信托公司还能将多个项目搭配在一起,组成多元化的信托投资组合供投资者选择。基础设施信托在为项目融资的同时也满足了投资者的多样性需求,充分发挥了其灵活性以及个性化的特点。

(二)融资速度快,利于缩短项目周期

一般来说,政府基建类项目建设周期较长,资金需求较大,短期内难以筹集到足够的资金,这就在影响工程进度的同时不可避免地造成一定损失。在我国的基础设施类项目中,不乏一些由于承诺资金无法及时到位导致建设单位只能临时利用银行贷款作为替代资本的例子,这通常会使利息费用增加,导致工程实际成本超出预算。

与银行贷款、发行债券相比,基础设施信托计划的审批和发行程序更加简化,只需要合规部门和风险管理部门批准即可,所以融资速度更快,提高了融资效率,符合基础设施类项目巨额资金的需求。另外,信托产品收益高、风险小以及满足多样性需求等特点使其更受投资者的青睐,所以筹资周期短,能够更快速地募得所需资金。因此,从筹资者的角度来看,简化的发行程序、快速的投融资运作以及广泛的资金来源都大大缩短了基建项目周期,有助于项目的顺利推进。

(三)收益较高且相对稳定

对信托产品的受益人来说,与国债、银行存款和企业债券等一般理财产品相比,基础设施信托的收益水平相对较高,而且这类信托产品通常都有地方财政的保障,风控措施到位,所以即使项目建设周期长、现金回流慢,但其总体收益水平比较稳定。因此,对于追求安全投资、稳定收益的投资者来说,基础设施信托产品无疑是一个可以满足其"高收益、低风险"需求的理想选择。信托产品受益人获得基础设施项目收益的方式也有很多种,如股权转让、收益分红以及项目收益权收入等。

(四)政策支持,风险水平较低

基础设施信托的产生是为了促进国家的基础设施建设,其对我国基础设施建设投融资体制的完善发挥了不可或缺的作用,所以国家会给予一定的优惠政策。根据基础设施项目的资金需求,地方政府会提供所需资金总额一定比例的项目补贴,还会针对相应的信托融资项目进行一定程度的税收减免，政府政策的支持有效缓解了基础设施项目的融资压力。另外，大多数的基础设施类信托产品都附有政府承诺付款协议，除了项目收益外也会将政府财政收入作为偿还保证，产品的风控措施到位，所以这类信托产品的风险较小，收益水平也更加稳健。国家政策的支持、财政收入的保障都大大提高了基础设施信托产品的可信度，也增强了投资城市基础设施的安全性，因此基础设施信托产品风险可控、收益稳健的特点使其受到了更多投资者的青睐。

（五）项目投资的专业化程度较高

负责基础设施信托产品发行的信托公司一般都具有较强的实力，能够实现不同市场之间的角色转换，并且为基础设施项目设计专门的融资方案。在我国市场经济的发展过程中，信托公司积累了一定的投融资经验，并积极投入到我国的基础设施建设中，在全国各地都有成功的案例。通过对信托计划参与者的财务状况、经营状况以及盈利能力的分析，信托公司展现了其较强的专业能力，对信托计划和基础设施项目的顺利推进发挥了巨大的作用。

此外，信托公司都有专业化的投资团队负责投资，其具有较高的管理效率和服务水平，在为基础设施项目建设服务的同时最大限度地为投资者实现投资组合的多样化。凭借自身过硬的专业知识和经验技术，专业投资团队会选择适合投资者的基础设施项目，最大限度地降低投资风险的同时力求实现较高的收益水平，避免了个人投资的高风险性。为委托人选取合适的投资产品并努力获取最大的利益回报，应是信托公司及其投资团队的首要经营目标。

第二节　基础设施贷款类信托

一、基础设施贷款信托的含义

基础设施贷款信托是指信托公司接受投资者（委托人）的委托，将募集所得的信托资金以贷款形式投入到基建项目中，并在双方签署的信托合同中明确委托人所指定的贷款期限、利率和用途等要素的一项金融业务。在发放贷款的对象和用途等方面，投资者有充分的自主权，而信托公司在资金管理与企业资信方面又有较强的优势，两者结合就增强了信托资金投资的安全性。之后，信托公司以自己的名义与借款人签订借款合同，贷款的利息收入是信托项目收益的主要来源，由于贷款金额较大，所以还需要办理相应的担保手续。贷款到期以后，信托公司向借款人收回贷款本息，并在扣除手续费及代缴税收后将信托本金和收益返还给委托人。基础设施贷款信托能采取的担保形式有很多种，包括动产与不动产抵押、权利质押、第三方保证担保以及政府信用等，最后两种方式比较常见，不同担保形式之间也可以组合使用。

基础设施贷款信托的运作流程简单，是目前我国最普遍的一种信托资金运用模式。但监管部门为了防止信托公司过度发放贷款，控制其经营风险，规定信托公司向他人提供贷款不得超过其管理的所有信托计划实收余额的 30%，这就在一定程度上限制了基础设施贷款信托的发行。为了规避监管规定，信托公司在实际操作中会采取附加回购的方式完成信托资金的贷款运作。虽然基础设施类建设项目的资金需求较大，但正因如此信托公司发行计划时会要求由信用级别高、资金实力雄厚的机构进行担保，只要担保手续齐全、抵押物充足，通常情况下贷款信托的风险是可控的。

二、基础设施贷款信托运作模式

如图 4 - 2 所示，基础设施贷款信托的具体过程是投资者（委托人）将资金交付于信托公司，信托公司作为受托人，将信托资金贷给借款人并签订贷款合同、办理相应担保手续。贷款到期后，借款人按照约定还本付息，信托公司扣除必要的手续费和代缴税收后，将资本金返还给委托人，并向受益人（可以是委托人）支付信托收益。

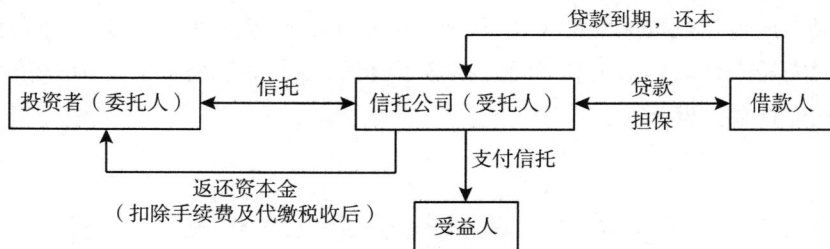

图 4 - 2　基础设施贷款信托运作模式

三、基础设施贷款信托案例分析①

（一）项目概况

龙泉驿区是四川省成都市所管辖的一个区，也是经济技术开发区的所在地，位于国家级开发区以及成都"天府新区"区域内，所以龙泉驿区的经济也受到了成都经济开发区和新区产业园的辐射作用。经济的快速发展使得龙泉驿区吸引了大量企业进驻，城市供水系统压力增加，已经不能完全满足区内的用水需求。因此，2013 年龙泉驿区

---

① 本案例由作者根据中国信托业协会官方网站相关项目信息整理编写。

自来水总公司决定新建水厂，容量20万吨。龙泉驿自来水信托贷款集合资金信托计划由此而生。

龙泉驿自来水信托贷款集合资金信托计划始于2013年11月15日，计划筹集资金总额8.8亿元，先后发行了五期，每期期限均为48个月。至2014年3月19日，信托计划成功募集到了4.543亿元。信托计划受益人的收益将在每年的6月20日和12月20日后10个工作日内以及信托计划终止后10个工作日内进行分配。该信托计划的主要参与方为成都经济技术开发区建设发展有限公司、成都市龙泉驿区自来水总公司和五矿国际信托有限公司，三方分别签署协议，其中成都经济技术开发区建设发展有限公司对资产经营权进行收购，收购价款成为该信托计划本金收益的直接来源，具体如表4-1所示。

表4-1　　　　　　　龙泉驿自来水信托贷款集合资金信托计划基本情况

项目要素	基本情况
融资主体	成都市龙泉驿区自来水总公司
融资规模	先后发行五期，共筹集4.543亿元
信托期限	每期均为48个月
受托机构	五矿国际信托有限公司
财务顾问	中信证券股份有限公司
担保机构	龙泉驿区国有资产投资经营有限公司
融资成本	12%/年
资金运用	以贷款形式投资于自来水公司，用于建设龙泉驿区供排水设施整治工程
还款来源	直接来源：成都建发的资产经营权收购价款 其次：自来水总公司经营收入 最后：龙泉驿国投履行担保义务所支付的回购款项

（二）主要参与方概况

1. 融资方

成都市龙泉驿区自来水总公司是该信托计划的融资方，成立于1989年，除了主营业务自来水，经营范围还涉及自来水管线安装及维修。自来水总公司负责龙泉驿区全区的供水，建有两座供水加压站和两座自来水厂，供水水源主要来自自来水厂制水，少部分来自城外购水。经济的快速发展使得龙泉驿区吸引了大量企业进驻，城市供水系统压力增加，已经不能完全满足区内的用水需求。因此，公司根据其《2010~2020年成都市龙泉驿区供水体系规划》，于2013年决定新建水厂，容量20万吨。除了满足全区的用水需求，建设新的水厂也是为了提高自制水比重、降低购水的支出，以增加企业利润。

为了增建水厂、完善城市供排水设施，自来水总公司不得不增加资本性支出，加上其自来水的供水价格长期较低，盈利水平一般，所以企业在进行项目融资时会综合考虑多种融资模式。近年来，我国财政融资的比重持续下降；考虑到资金回收风险因素，银行对周期长、资金需求大的项目一般持谨慎态度，贷款审批程序较严格并且不易通过；而外资在基础设施领域中所占的比例一般较小，因此信托融资就成为自来水总公司的最佳选择。对比其他融资方式，信托融资能够满足项目巨额资金需求并快速筹集到资金，有效解决了公司资金短缺的问题。

2. 受托人

五矿国际信托有限公司（以下简称五矿信托）是该信托计划的受托机构，成立于1997年，前身为青海庆泰信托投资有限责任公司，后于2010年经银监会批准变更设立为五矿信托，隶属于中国五矿集团。五矿信托主业为信托资产管理，例如资金信托、动产与不动产信托、有价证券信托以及其他财产权信托等。依托雄厚的股东背景及优势资源，五矿信托在主业的基础上积极拓展其他业务，提高信托产品的研发和创新能力，致力于打造集投资、理财、融资、租赁等于一体的综合性金融服务平台。在本案例中，作为受托人的五矿信托，负责为龙泉驿自来水项目发行信托计划，筹集资金并以贷款形式投资于自来水公司，信托计划到期后将本金和收益返还给委托人及受益人。

3. 回购方

成都建发公司是该信托计划中的回购方，其受成都市经济技术开发区管委会委托，是经济开发区的投资主体，负责区内土地开发、基础设施等项目的开发与建设。成都建发的经营范围主要涉及城乡综合开发与经营、基础设施建设与房地产建设工程等，在促进成都城市化建设、改善经济技术开发区及成都市的投资消费环境等方面发挥了重要作用，也因此受到了成都市政府的大力支持。在成都市经济高速发展的带动及强大的财政实力背景下，成都建发公司发展迅速，并在2012年获得了企业债发行主体AA的公开评级级别。在本案例中，成都建发公司与自来水总公司签署资产经营权转让协议，对项目的经营权进行收购，在信托计划存续期内定期支付收购款项作为计划的直接还款来源，直接进入五矿信托账户。

4. 担保方

成都市龙泉驿区国有资产投资经营有限公司（以下简称龙泉驿国投）作为该信托计划的担保方，成立于2005年，是国有独资公司。龙泉驿国投主要负责龙泉驿人民政府指定重大功能性项目的投资及资金筹集、经营管理国有资产以实现保值增值以及区内国有独资公司之间需要的投融资担保等业务。作为龙泉驿区基础设施建设项目的主要参与主体，龙泉驿国投积极推进区内的投融资活动，对龙泉驿区的民生工程、国有资产经营做出了很大贡献。

（三）项目交易结构

根据龙泉驿区供排水设施项目建设具体需求，五矿信托发行龙泉驿自来水信托贷款集合资金信托计划，以贷款形式将信托资金投资于自来水总公司，用于龙泉驿区供排水设施工程项目建设。

自来水总公司与成都建发公司签署资产经营权转让及回购协议，成都建发公司对项目的经营权进行收购，在信托计划存续期内定期支付收购款项作为计划的直接还款来源，直接进入五矿信托账户。这就使成都建发公司成为信托计划本金与收益的实际还款人，承担还本付息的义务，多余资金才进入自来水总公司账户。

龙泉驿国投作为信托计划的担保方，与五矿信托签署担保合同，当成都建发无法按照约定支付收购价款时，其承诺支付相应款项，代为还本付息的款项同样作为直接还款来源，先划入信托公司账户，其余资金进入自来水公司账户。

兴业银行是本信托计划的托管银行，与五矿信托签署信托资金保管合同，担任合同中约定的保管职责，同时负有信托资金的划拨、信托费用核对和扣除等其他职责。

交易结构如图4-3所示。

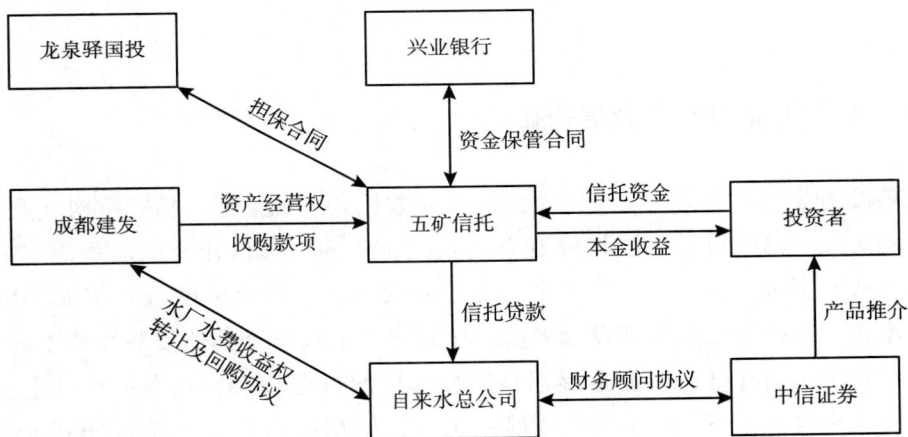

图4-3　龙泉驿自来水信托项目交易结构图

四、基础设施贷款信托特点

（一）基础设施贷款信托的运作流程简单，是目前我国最普遍的一种信托资金运用模式

传统的业务操作流程设计简单，与商业银行贷款类似，且风险控制方法较成熟。在合同中，信托公司与借款人共同协商确定本息偿还方式，可以采取定期支付、到期一次性支付等方式，所以其灵活程度又要高于银行贷款。

（二）基础设施贷款信托各参与主体权责清晰，分工明确

信托机构作为整个项目的核心，将投资者的闲置资金集结起来投资于基础设施工程建设中，发挥了将储蓄转化为投资的功能。投资者作为出资方是实际上的资金供给人，而项目公司作为信托资金的使用者负有偿债义务，信托资产保管机构与担保机构同样承担相应的信托资产保管责任与担保责任，各主体各司其职，分工明确。

（三）基础设施贷款信托信用较好，贷款利息通常高于银行贷款

基础设施项目通常有政府作为后盾进行监督与协调，所以基础设施类贷款信托信用水平较高。与银行贷款相比，贷款信托更容易筹集到资金且更灵活，且贷款信托的利息一般高于银行利息。

第三节　基础设施股权投资信托

一、基础设施股权投资信托概述

基础设施股权投资信托是指按照投资者（委托人）的意愿，信托机构（受托人）以自己的名义将信托资金以股权投资方式入股企业的一种信托资金运用模式。股权投资的方式有多种，例如增加资本金、受让股权等。信托资金的进入扩充了融资企业的资本金，在推进相关基础设施项目进程的同时也吸引了其他债务性资本的流入。信托公司促进了信托财产由资金形态到股权形态的形态转换，获得被投资企业的股权，并登记在自己名下。作为企业的股东之一，信托机构代表委托人行使相应股东权利，能够向企业派驻董事以参与企业的日常经营决策。为了控制投资风险，在一些项目中信托公司还会通过与项目企业或第三方机构签订股权回购协议来预防资金回收风险。信托期限届满时，信托机构通过股权回购或向第三方转让股权的方式实现资金退出，股权回购与转让等收益就是信托收益。作为受托人，信托机构在扣除手续费及代缴税收后将信托本金返还给委托人，并向受益人（可以是委托人）支付信托收益。

与其他信托资金运用模式相比，基础设施股权投资信托收益可能更高，但同时也有较高的风险，因此这种模式对信托公司投资管理水平的要求较高，以便能够有效控制风险并为委托人带来高额收益。

为了保障投资者的利益，一些基础设施股权投资信托产品会有受益权分层的设计，分为优先受益权与一般受益权。优先受益人所承担的风险小于一般受益人，所以其收

益率较低且相对稳定；而一般受益人承担了大部分风险，所以收益率相对较高。这种制度设计将信托产品的风险重新分配，不确定的股权投资收益率也变成了相对固定的收益。实际上，具有这种设计的股权投资信托产品是变相的债权融资产品，与贷款信托类似，投资者并没有承担全部的风险，也没有获得股权投资的全部收益，二者都是为了利用信托融资来弥补基础设施建设项目的资金缺口。

二、基础设施股权投资信托运作模式

如图 4-4 所示，基础设施股权投资信托的具体过程是信托公司筹集到委托人交付的信托资金后，购买基础设施建设项目公司的股权，成为项目公司的股东。信托计划到期后，通过合理的退出途径，例如向第三方转让股权等方式，信托公司实现资金的退出并获取收益。最后，信托公司扣除必要的手续费和代缴税收，将资本金返还给委托人，并向受益人（可以是委托人）支付信托收益。

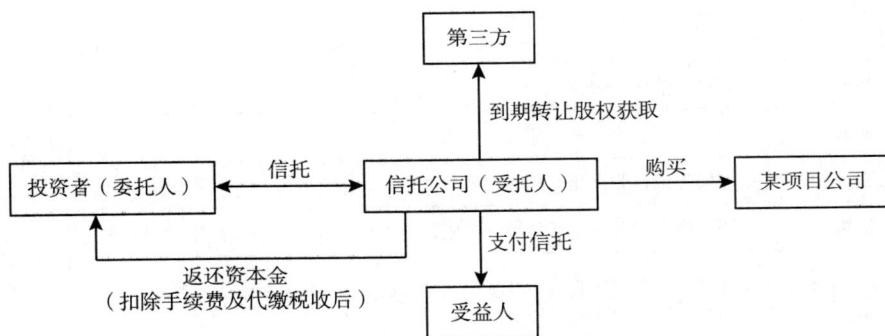

图 4-4 基础设施股权投资信托运作模式

三、基础设施股权投资信托案例分析[①]

（一）项目概况

京沪高速公路天津段是京沪国道主干线的重要组成部分，也是交通部批准建设的国家级重点工程，分为两期建设。一期工程全长 58.213 公里，起点是武清区泗村店，与京津塘高速公路相连，终点为张家窝，与京沪高速公路天津外环经西琉城至唐官屯段（代用线）相接。项目建设周期原定为 2004~2007 年中，后于 2006 年底提前完成通车。一期项目由天津市政工程局主管，总投资额为 41 亿元，建设资金由三部分组

---

① 本案例由作者根据北京国际信托有限公司官方网站相关项目信息整理编写。

成：国家开发银行贷款27亿元、项目公司资本金11亿元以及信托融资3亿元。而第三部分资金就是由本信托计划，即京沪高速公路天津段一期工程资本金投资集合资金信托计划提供。

京沪高速公路天津段一期工程资本金投资集合资金信托计划存续期为3年，即2005年3月4日~2009年3月4日，共筹集信托资金30060万元。本信托计划的主要参与方为北京国际信托有限公司、天津通元高速公路有限责任公司以及深圳市中技实业（集团）有限公司。信托计划每年分配一次收益，时间为每满一个信托年度之日起的10个工作日内。信托合同中规定，信托计划终止时，信托收益以货币资金形态分配给受益人，具体如表4-2所示。

表4-2　京沪高速公路天津段一期工程资本金投资集合资金信托计划基本情况

项目要素	基本情况
融资主体	天津通元高速公路有限责任公司
融资规模	30060万元
信托期限	3年
受托机构	北京国际信托有限公司
股权回购	深圳市中技实业发展（集团）有限公司
托管银行	中国民生银行北京亚运村支行
资金运用	以资本金形式对天津通元增资扩股，用于京沪高速公路天津段一期工程建设
还款来源	北京国投持有信托股权的股息红利收入 深圳中技溢价回购股权价款 其他收入

（二）主要参与方概况

1. 融资方

天津通元高速公路有限责任公司（以下简称天津通元）是该项目的法人也即融资方，成立于2004年6月，注册资本13.88亿元。天津通元负责京沪高速公路天津段一期工程的经营、投资建设和养护，以及天津段沿线附属设施的开发经营。项目开发时，天津通元的主要股东是深圳市中技实业发展（集团）有限公司和天津市高速公路投资建设发展公司，分别占股75%和25%。

其中天津市高速公路投资建设发展公司（以下简称天津高速）原名为天津市公路建设发展公司，成立于1994年，是国有独资企业。天津高速的经营范围包括公路工程建设开发与咨询、高速公路项目的投资和管理及沿线项目的开发、自营和代理各类商品以及建设材料的零售与批发等。作为代表天津市政府对外招商引资（公路行业）的经营实体，天津高速掌握天津高速公路的独家建设权与投资权，已经发展成为集建设、融资、经营管理为一体的大型公路经营企业。

2. 受托人

北京国际信托有限公司（以下简称北京信托）是本信托计划的受托机构，原名北京国际信托投资有限公司，成立于 1984 年，注册资本 14 亿元，是我国改革开放之初第一批成立的信托公司之一。北京信托主要业务为能源金融信托业务，还涉及能源基础设施建设基金、金融资产类信托、房地产类信托、私人股权投资信托等，业务范围广泛。在公司的长期发展中，北京信托的团队已经积累了丰富的专业知识及实践经验，为项目设计多种可行融资方案，并参与产品的发行和项目的经营管理。在实现项目公司融资需求的同时，也为投资者带来可观的收益。在本项目中，北京信托发行信托产品筹资为天津通元增资扩股，用于京沪高速公路天津段一期工程建设，信托计划到期后将本金和收益返还给委托人及受益人。

3. 回购方

深圳市中技实业（集团）有限公司（以下简称深中技）是本案例中的股权回购方，成立于 1996 年，注册资本 50700 万元，经营范围涉及房地产投资经营、项目开发和贸易经营等，是一家现代化企业集团公司。在本项目中，深中技在信托计划到期后分期溢价回收北京信托手中持有的天津通元股权，实现北京信托资金的退出，回收价款成为信托收益的主要来源。

（三）项目交易结构

北京信托集合运用全部委托人交付的信托资金，以股权投资方式为天津通元增资扩股，用于京沪高速公路天津段一期工程建设。北京信托获得天津通元的部分股权并登记在自己名下，同时向天津通元派驻董事、监事和财务代表，参与项目的具体运作。对信托财产的经营管理产生的收益即股息红利将作为信托收益来源之一。股权变更后天津通元的股东变成三方，即深中技、北京信托与天津高速，分别占股 47.93%、27.07% 和 25%。

深中技作为股权回购方，承诺在信托计划到期后分期溢价回收北京信托手中持有的天津通元股权以实现信托资金退出，价格按照 110% 的比例。同时，作为回购股权的保证，深中技将手中 3.8 亿元股权质押给北京信托，在信托到期其履行完相关义务且回购资金到位后方可解除质押。

中国民生银行北京亚运村支行是本信托计划的托管银行，担任保管合同中约定的保管职责，将信托资金存放于北京信托开立的信托计划专户内，除此之外还负有信托资金的划拨、信托费用核对和扣除等其他职责。

交易结构如图 4-5 所示。

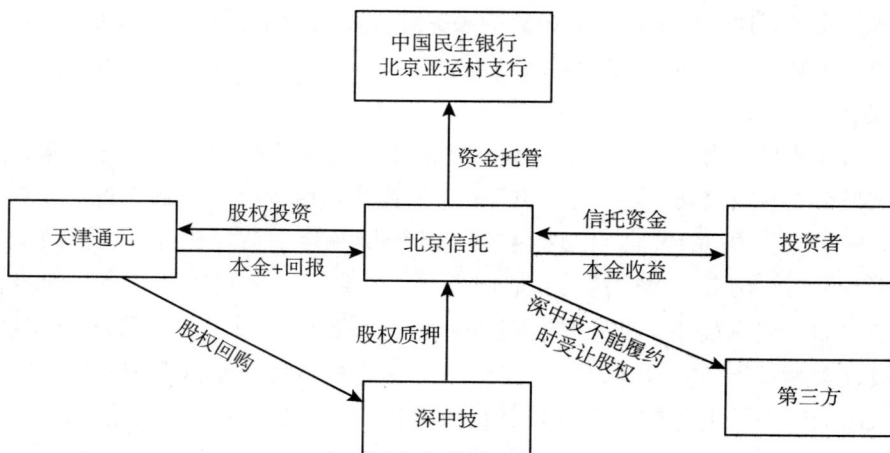

图 4-5 京沪高速公路天津段一期工程集合资金信托计划交易结构图

（四）风险控制措施

1. 股权回购

信托计划到期后，深中技承诺会分期溢价回收北京信托手中持有的天津通元股权以实现信托资金的退出，这在一定程度上降低了北京信托在信托届满时无法收回信托资金的风险。除此之外，北京信托还要求深中技在回购期前两个月将保证金存入专用银行账户，为回购资金的到位加了一份保险。

2. 股权质押

除了承诺回购北京信托的股权，为了使投资者更加放心，深中技还将手中持有的3.8亿元股权质押给北京信托，以此作为回购股权的保证，在信托到期其履行完相关义务且回购资金到位后方可解除质押。北京信托成为实际上的绝对控股人，处置天津通元公司资产也更加便利。

3. 第三方保障股权受让

在深中技承诺回购股权之外，信托计划还设计了关联第三方受让股权的保障。若深中技在信托到期后无法履约进行股权回购，那么关联第三方将受让北京信托手中的股权，以保障投资者利益。

4. 超额担保

在本项目中，实际上要求的股权担保只需3.4亿元，但深中技质押了3.8亿元的股权，一定意义上是一种超额担保。如果深中技到时不能受让股权，北京信托可以将超额担保的质押股权转让给第三方，保证投资者的本金和收益。

5. 股权退出优先性

信托合同还规定，在信托资金没有实现完全退出前，其他股东未经北京信托同意不得转让持有的股权，以此防范项目公司股份被抛售而使信托资金无法退出的风险，达到督促公司良好经营和确保投资者利益的目的。

四、基础设施股权投资信托特点

（一）可参与项目公司经营，对信托财产的控制加强

信托机构以股权投资形式将信托资金注入项目公司，成为公司的股东，并且可以向公司派驻财务代表、提名董事会，因此加强了对信托财产经营的监管和控制力度，通过参与公司的经营提高项目参与人员的风险意识。

（二）改变资本金比例，利于获得银行贷款

通常情况下，基础设施项目资金需求较大，项目公司的自有资金不能完全投入到单一项目中。基础设施股权投资信托将信托资金注入项目公司，改变公司的资本金比例以达到国家相关规定，这样项目公司更容易获得银行的大额贷款。

（三）风险较高，结构设计较复杂

与其他信托资金运用模式相比，基础设施股权投资信托收益可能更高，但同时也有较高的风险。由于高风险的特点，这种模式通常都有相关的风控制度设计，以便能够有效控制风险并为委托人带来高额收益，因此交易结构设计比较复杂。

五、基础设施股权投资信托与贷款信托的比较

（一）资金运用方式不同

基础设施股权投资信托与贷款信托的信托资金以不同形式注入项目公司中，这是二者最明显的区别。股权投资信托的资产转化为项目公司的股份，而贷款信托资产以贷款（资金）形式投入到项目公司中，因此两种信托计划的资金运用形态并不相同。

（二）风险水平不同

虽然整体上基础设施类信托产品的风险要低于其他类型金融产品，但就基础设施股权投资信托产品和贷款信托产品来说，前者的风险水平要高于后者。首先股权投资方式存在项目公司破产而使信托资金无法主张权益的风险，其次股权的流动性相对于贷款来说较差，因此二者的风险水平并不相同。

（三）对项目的控制权不同

基础设施股权投资信托中，信托公司获得一定股权后可以向项目公司派驻董事、财务代表，参与项目的具体实施过程，所以对项目和信托财产经营的监管和控制力度

较强；而在贷款信托中，信托公司没有对项目的控制权，只有知情权，因此二者对项目的控制权不同。

第四节　基础设施收益权信托

一、基础设施收益权信托概述

基础设施收益权信托是指信托公司发行信托计划筹集资金，将委托人交付的资金投资于某项财产的收益权，通常包括相关基础设施收费权、营运权、项目分红权及特许经营权等。基于对相关财产未来收益的评估和信用增级，信托关系将收益权转移给信托公司，信托公司又以该项收益权未来产生的现金流为基础发行信托产品对外出售，从而为项目机构实现融资，盘活了项目存量权益性资产。在此过程中，信托公司在接受投资者委托为其选择信托产品进行投资的同时，也接受了项目机构的委托为其管理处分相关收益权以实现融资，所以实际上形成了双重信托关系。除了担任简单的融资平台角色，信托公司还可以在发行信托计划募集资金的同时利用自身资金优势成为项目的参与者之一。例如，在一些基础设施建设特许经营权项目中，信托公司与政府达成协议，以自有资金获得特许经营权，再将未来收费作为标的发行信托计划向社会公众出售。在项目建设期内，信托收益来源于项目产生的收益，如排污截污收费、经营性公路通行费等。

基础设施收益权信托很好地发挥了信托的风险隔离功能，在时间和空间上重新组合项目资源和信托资源，未来收费被隔离出来作为信用保证，融资风险的可控性较强，所以提高了投资者资金的安全性。需要注意的是，项目的未来收益能够覆盖信托计划需要支付给投资者的信托收益是收益权信托成功发行的关键。

二、基础设施收益权信托运作模式

如图4-6所示，基础设施收益权信托的具体过程是信托公司向投资者出售以项目收益权为标的的信托计划，募集信托资金，并将信托资金投入到基础设施项目建设中去以获得项目收益权。该收益权将来产生的持续而稳定的现金流成为信托收益的偿还来源，用作向受益人（可以是委托人）支付投资回报。在该运作模式中，存在双重的信托关系。对信托公司来说，投资者和基础设施建设收费项目都是委托人，投资者将自有资金委托给信托公司进行投资，同时项目方将收益权委托给信托公司管理得到建设资金的融通。

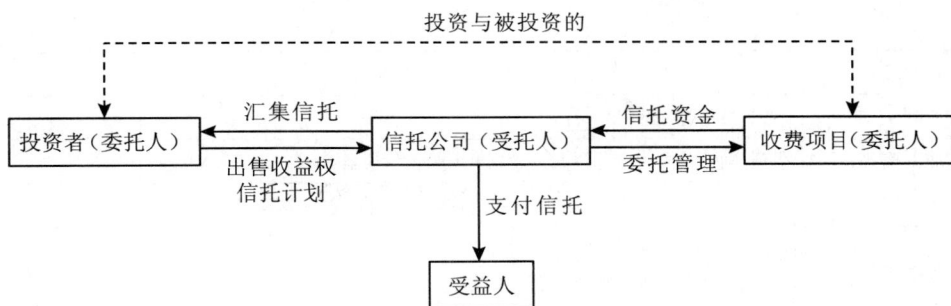

图 4 - 6　基础设施收益权信托运作模式

三、基础设施收益权信托案例分析①

(一) 项目概况

2004 年，四川黄龙电力有限公司（以下简称黄龙电力）与北京国际信托有限公司（以下简称北京信托）合作，决定借助电费收益权进行融资用于新电站的建设，这也是我国首个利用未来收益权进行信托融资的案例。电力项目的现金流和收益都比较稳定和充足，而黄龙电力又是主经营电力项目的企业，因此很适合采取基础设施收益权信托模式进行融资。

作为委托人，黄龙电力以其拥有的天龙湖电站、甘堡电站、金龙潭电站和理县电站 4 个电站的电费收益权作为信托融资财产，委托北京信托设立电费收益权信托计划，即"黄龙电力电费收益权信托优先受益权信托计划"。该信托计划共筹集信托资金 3 亿元，根据黄龙电力在 2004～2006 年能够提供的电费现金流，设计了 1 年、2 年和 3 年 3 种信托期限：1 年期信托产品收益率 4.5%，筹资 4000 万元；2 年期信托产品收益率 4.8%，筹资 1.15 亿元；3 年期信托产品收益率 5.2%，筹资 1.45 亿元。在该信托计划中，购买信托产品的社会投资者为优先受益人，作为电费收益权的转出方，黄龙电力为劣后受益人，具体如表 4 - 3 所示。

表 4 - 3　　　黄龙电力电费收益权信托优先受益权信托计划基本情况

项目要素	基本情况
融资主体	四川黄龙电力有限公司
融资规模	3 亿元
信托期限	包括 1 年、2 年、3 年 3 种期限

① 本案例由作者根据北京国际信托有限公司官方网站相关项目信息整理编写。

续表

项目要素	基本情况
受托机构	北京国际信托有限公司
收益安排	社会投资者为优先受益人，黄龙电力为劣后受益人
资金运用	北京信托管理、运用电费收益权，信托资金用于新电站建设
还款来源	甘堡电站、理县电站电费收入 天龙湖电站、金龙潭电站部分电费收入

（二）主要参与方概况

1. 融资方

黄龙电力作为该项目的融资方，成立于 2001 年 6 月，注册资本 37000 万元。2017 年 12 月，公司投资人由四川汇日电力有限公司、成都汇日置业有限公司变更为成都拓达和成都威恒两家房地产经纪有限公司。黄龙电力主营电力项目的开发、设计，经营范围还包括电力技术服务、电力生产所需物资的销售以及高新技术产业投资与开发等。在本案例中，黄龙电力将 4 个电站的电费收益权作为信托融资财产，委托北京信托设立电费收益权信托计划为新电站的建设筹资。

2. 受托人

北京信托作为受托机构，前文已做过介绍，原名北京国际信托投资有限公司，成立于 1984 年，注册资本 14 亿元，是我国改革开放之初第一批成立的信托公司之一。北京信托主要业务为能源金融信托业务，还涉及能源基础设施建设基金、金融资产类信托、房地产类信托、私人股权投资信托等，业务范围广泛。在本项目中，北京信托受让黄龙电力所拥有的 4 个电站的电费收益权，发行包括 3 种期限的信托产品，筹集资金用于新电站的建设，信托计划到期后将本金和收益返还给委托人及受益人。

（三）项目交易结构

黄龙电力作为融资者和委托人，将其拥有的天龙湖电站、甘堡电站、金龙潭电站和理县电站 4 个电站的电费收益权作为信托财产，委托北京信托设立电费收益权信托，北京信托取得信托收益权。电费收益权信托设立后取得的信托资金将用于新电站的建设。为了增强信托资金的安全性，黄龙电力将理县电站、甘堡电站的固定资产抵押给北京信托，并将两个电站投保的保险，即财产保险综合险和第三人责任险的第一受益人变更为北京信托。

北京信托接受黄龙电力的委托，发行电费收益权信托计划，对电费收益权进行管理、运用和处分，筹集的信托资金用于新电站的建设。信托计划成立后，北京信托将黄龙电力拥有的财产信托受益权向社会投资者转让，社会投资者享有优先受益权，而黄龙电力成为劣后受益人。

交易结构如图 4 – 7 所示。

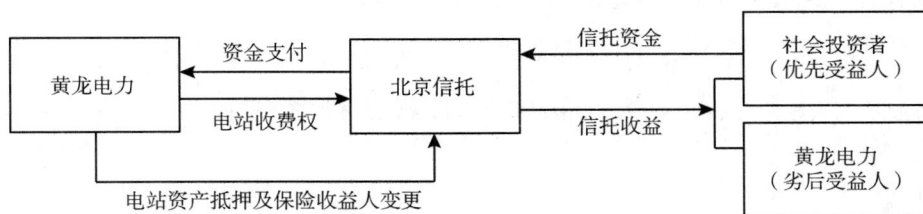

图 4 – 7　黄龙电力电费收益权信托优先受益权信托计划交易结构图

（四）风险控制措施

1. 资产抵押

为了增强投资者信托资金的安全性，黄龙电力办理了相应资产的抵押登记手续，即以理县电站、甘堡电站两家电站的固定资产作为抵押，为发行电费收益权信托计划提供还款保证。

2. 引入收费权项目保险安排

黄龙电力不仅将两家电站的资产作抵押，还将理县电站和甘堡电站所投保保险（财产保险综合险和第三人责任险）的第一受益人变更为北京信托，这也是引入收费权项目保险安排的首次尝试，在资产抵押的基础上为信托计划还款又增加了一层保障。

四、基础设施收益权信托特点

（一）投资对象是能产生收益的权利或项目

基础设施收益权信托与贷款类信托、股权投资信托稍有不同，后两者的投资对象是企业，而收益权信托的投资对象是能产生收益的权利或项目，例如营运权、收费权及项目分红权等，其中一些项目收益的产生需要依托政府公共权力的行使。通常情况下，这类权利和项目的收益现金流都有持续而稳定的特点。

（二）权利所有者是否参与管理及管理权范围大小由合同而定

基础设施股权投资信托中，股权投资者能够以股东身份参与企业管理，并且其权利无须合同专门约定。但基础设施收益权信托的权利所有者不一定参与项目的管理，参与管理也是基于其拥有的权利行使管理权，权利大小和范围由投资合同规定。

（三）风险较小，收益率较低但稳定

由于基础设施收益权信托中有相当多的项目有政府公共权力的依托，所以与股权

投资信托相比，收益权信托类项目的风险更低，收益率虽然低，但具有稳定的特点，并且能够借助政府财政补贴等方式达到一定水平。另外，为了保障投资者的资金安全和信托收益，收益权信托还可以进行权利质押，例如高速公路收费权质押等。

第五节　基础设施融资租赁信托

一、基础设施融资租赁信托概述

融资租赁是指出租人根据承租人对租赁设备的特定要求，选择第三方供货人签订供货合同，对承租人选定的设备进行购买；同时，出租人与承租人签订租赁合同，将设备租给承租人使用并定期收取租金。在租赁期内，承租人只拥有租赁设备的使用权，其所有权归出租人所有。租赁期结束，承租人支付租金完毕后，租金设备的归属由双方签订的合同而定。

《信托公司管理办法》中规定信托公司所有者权益项下的自有资金可以开展融资租赁业务。目前，信托公司开展融资租赁业务主要有五种操作模式，包括信托公司自主管理的集合资金信托模式、银信合作主动管理融资租赁单一信托计划模式、信托公司与租赁公司合作模式、信托公司与银行及租赁公司合作模式、租赁资产证券化模式。

基础设施中机器设备的购置可以借助融资租赁的方式，加上信托公司能够开展融资租赁业务，因此便产生了基础设施融资租赁信托。在基础设施融资租赁信托中，信托机构作为出租人，通过发行信托计划募集资金，信托资金用于购买基础设施项目建设方（承租人）选定的设备，与其签订合同后将设备出租给项目方并定期收取租金，以此获得稳定的增值回报。

基础设施融资租赁信托的运作模式本质上包含了两个过程，它们之间相互独立但又相互关联。一个产生于信托业务，即信托公司发行信托计划筹集信托资金，接受投资人的委托，信托计划的收益来源于项目建设方支付的租金；另一个产生于相关融资租赁业务，信托公司根据项目建设方选定的设备，运用信托资金购买设备后将其租给项目方，然后定期收取租金偿还信托收益。可以看出，信托公司借助"筹集资金—购买设备—出租设备"的方式建立起了基础设施融资租赁信托。

与租赁公司相比，信托公司开展基础设施融资租赁信托业务可以以信托资金或自有资金购买设备，无须向银行贷款，中间环节的减少降低了融资成本和租赁贷款的风险。对于基础设施项目建设方来说，利用基础设施融资租赁信托融资减少了寻求匹配供应商的成本，并针对使用租赁资产的租金支付方式进行协商以使其与租赁资产预计产生的现金流相匹配，因此项目方可以固定租赁资产在使用年限内的融资成本，构建理想的现金流。

二、基础设施融资租赁信托运作模式

如图 4 - 8 所示，基础设施融资租赁信托的具体过程是信托公司设立发行融资租赁信托计划汇集信托资金，根据基础设施项目建设方（承租人）选定的设备从供货方处购入，出租给项目方的同时收取租金，作为信托本金与收益的还款来源。该运作模式中，信托公司既是受托人也是出租人，在接受投资者委托的同时，运用信托资金购置设备出租给项目建设方，充当了投资者与承租人之间纽带的角色。

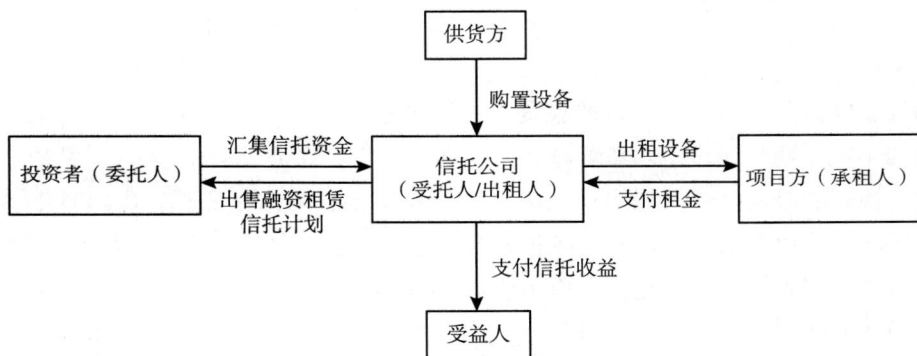

图 4 - 8 基础设施融资租赁信托运作模式

三、基础设施融资租赁信托案例分析①

（一）项目概况

2007 年，山西省电力公司与中国对外经济贸易信托投资有限公司（以下简称外贸信托）建立信托融资合作关系，委托外贸信托发行设立电力设备融资租赁资金信托计划，信托资金用于购买山西省电力公司所需的电力生产设备。该信托计划筹集信托资金规模共 2455 万元，计划期限为 1 年，年预期收益率为 5%，其中本金还款与收益来源是山西省电力公司支付的租金。信托期满后，山西省电力公司支付租金完毕，电力生产设备的所有权由外贸信托转让给山西省电力公司，具体如表 4 - 4 所示。

---

① 本案例由作者根据中国对外经济贸易信托投资有限公司官方网站相关项目信息整理编写。

表4-4   山西省电力公司与外贸信托电力设备融资租赁资金信托计划基本情况

项目要素	基本情况
融资主体	山西省电力公司
融资规模	2455 万元
信托期限	1 年
受托机构	中国对外经济贸易信托投资有限公司
年预期收益率	5%
资金运用	购置山西省电力公司指定的电力生产设备
还款来源	山西省电力公司支付的租金

（二）主要参与方概况

1. 融资方

山西省电力公司作为该项目的融资方，是国家电网公司的全资子公司，主营业务为电力的生产、调度、建设、经营与电力规划研究等，负责山西省全省人民的电力供应，为山西省的经济社会发展提供电力保障。在保障省内用电之外，山西省电力公司还承担了向京津唐、山东、江苏、河北等地输送电力的任务。在此次信托融资合作中，山西省电力公司委托外贸信托设立电力设备融资租赁资金信托计划，筹集资金用于电力生产设备的购置，并定期支付租金。

2. 受托人

外贸信托作为建设项目的受托机构，成立于1987年，注册资本22亿元，受中国银行保险监督管理委员会直接监管，隶属于中国中化集团有限公司，是其旗下经营信托业务的子公司。外贸信托经营业务包括资金信托、动产与不动产信托、有价证券信托、投资基金业务、企业资产的重组、并购及项目融资等，业务范围涉及广泛。在本项目中，外贸信托接受山西省电力公司的委托，发行融资租赁资金信托计划筹集信托资金，用于购买山西省电力公司指定的电力生产设备，然后出租给山西省电力公司并收取租金，作为信托收益的来源。

（三）项目交易结构

山西省电力公司为配置电力生产设备进行融资，委托外贸信托发行电力设备融资租赁资金信托计划，租下外贸信托运用信托资金购置的电力设备并定期向其支付租金，租金成为信托计划的还款来源。

外贸信托作为受托机构，接受山西省电力公司的委托，发行电力设备融资租赁资金信托计划并公开出售，运用筹集到的资金购置山西省电力公司指定的电力生产设备，然后将设备出租给山西省电力公司，定期收取租金偿付投资者的信托收益。

交易结构如图 4-9 所示。

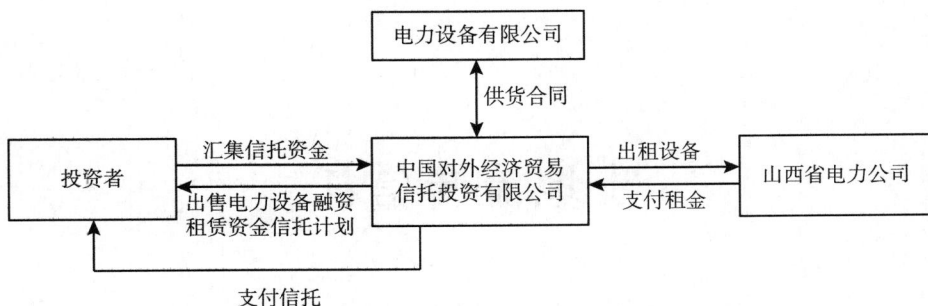

图 4-9　电力设备融资租赁资金信托计划交易结构图

四、基础设施融资租赁信托特点

（一）信托公司既是受托人也是出租人

基础设施融资租赁信托中包含两种业务：在信托业务中，信托公司接受投资者的委托代其理财，充当受托人的角色；在融资租赁业务中，信托公司运用信托资金购置指定设备出租给项目建设方，充当出租人的角色。因此，信托公司在基础设施融资租赁信托中具有双重身份，既是受托人也是出租人。

（二）中间环节的减少降低了融资成本

对于信托公司来说，开展基础设施融资租赁信托业务能够以自有资金或信托资金购置所需设备，不用向银行贷款，因此与租赁公司相比其减少了中间借款的环节，融资成本更低，同时还降低了租赁贷款的风险。

（三）项目建设方无须寻找供应商，降低搜寻成本

基础设施项目建设方要想开展相关建设事宜，需要先购置项目建设所需的基础设备。在一些基础设施项目中，政府选择供应商时会采取招投标的方式，从招标到确定供应商，中间需要提交招标申请、发布招标文件、开评标等多重环节，过程烦琐且工作量大。在基础设施融资租赁信托中，项目建设方只需要向信托公司（出租人）提出其对相关设备及供应商的具体要求，通过签订合同让信托公司购置设备即可，自己无须寻找匹配供应商，减少了工作量和搜寻成本。

第五章

土地流转信托

　　土地流转信托是土地流转中的一项制度创新，能使广大农民更好分享农业集约化、规模化、市场化发展成果，助力我国农业产业升级，深化农村土地经营机制的必然需求，也是促进土地使用权规范有序流转的必由之路。

第一节　土地流转信托制度的意义

　　2015 年中央"一号文件"《中共中央国务院关于加大改革创新力度加快农业现代化建设的若干意见》中指出，围绕建设现代农业，要加快转变农业发展方式。2016 年12 月 3 日，中共中央政治局召开会议，指出要积极稳妥推进土地管理制度改革。2017 年 3 月 5 日，李克强总理在十二届全国人大五次会议上做的《政府工作报告》再次强调了土地流转的重要性。2020 年 1 月 1 日，关系到亿万农民切身利益的新修订的《土地管理法》开始全面施行。

一、土地流转信托的定义

　　中央一号文件连续聚焦"三农"，充分表明了"三农"问题的重要性，其中农民问题是核心问题，而在农民问题之中，最核心最关键的便是土地问题，农村土地流转问题又是土地问题中最重要的问题之一。当前，我国城市经济发展迅猛，大量农民进城务工，土地撂荒严重，严重影响了农村土地的经营状况。一方面，农民工收入普遍偏低，同时其流动性较大，无法获得城市提供的社会保障，这就致使大多数农民工既无法完全放弃在农村的土地又无暇经营耕种，造成土地严重浪费。另一方面，由于现代农业科技的进步，一些农民希望依靠现代农业科技扩大土地经营规模，但又苦于无法取得更多的土地使用权，而现有的一些土地的转包经营方式大多规模较小，难以集中，而且承包时间不稳定，一些相关的法律法规政策保障也不健全，根本无法解决上述矛盾。因此，如何使在城市的农民工获得更多收益而又使种田能手能够扩大土地经营规模，最大限度地提高土地利用率，成为当前我国农村土地流转中亟须解决的问题，正是在这种现实需求之下，土地流转信托应运而生。

土地流转是农民走出土地，实现就业转移，进而解决农民增收问题的关键环节。农户家庭持有农地数量偏低与农业产业规模化存在矛盾，农村劳动力面临老龄化、兼业化的挑战与国内外农产品价格倒挂并存，这些阶段性特征，倒逼着传统农业必须"转方式、调结构"，走土地流转信托发展之路。土地流转信托是在不改变农村土地农业用途以及坚持集体所有权和土地承包经营权稳定不变的前提下，农村土地承包人基于对受托人的信任，将其承包的土地使用权在一定期限内信托给受托人，由其利用专业规划经营管理或使用，土地收益归受益人所有的一种土地流转创新方式。土地流转信托的本质是在土地权益的所有权和收益权分离的基础上，实现土地的流转，是我国农村土地经营权流转的重要制度创新。

这种新型的土地信托模式能够积极稳妥地推动农业现代化和新型城镇化，长期、有效地保护农村土地，解决土地闲置和流失问题，提高土地利用效率。因此农民的土地财产权利也得到保护，农民能够以地权分享土地增值收益，分享农业现代化和城镇化的成果。土地信托流转不能改变土地用途，所以能够保障国家粮食安全。

二、土地流转信托的特征

土地流转信托中信托公司并非唯一的受托者。信托公司作为受托管理者，受托管理农村集体组织或农户个人的土地承包经营权。信托公司作为金融机构，如果要大规模开展土地流转信托，其关心的首要问题则是信托报酬的收取比例以及具体来源。信托公司的信托报酬只能来自土地流转后所产生的地租提升及其他增值收益，只有在信托公司对土地流转进行管理，产生了增值收益，信托公司收取信托报酬方可得到委托人的认可，信托公司才能长期收取信托报酬。土地流转信托与一般信托关系相比，具有特殊性。

（一）信托财产的特殊性

土地流转信托以土地的使用权为信托财产，土地的所有制是属于农村集体所有，只能用于农业生产。当土地信托的关系成立之后，受托方在信托期限内所享有的只有土地的使用权和收益权，但无权占有和处分土地，不能够背离农民的意愿，也不能损害农民对土地的承包权益。农村土地的承包时间有期限，土地流转期限最长不能超过土地承包期限或延包期限。我国农村土地承包期限最长不能超过30年。

（二）委托人的特定性

委托人的身份是特定的，只有拥有农村土地承包经营权的农民或者村委会才能够成为委托人。委托人委托的是土地的使用权。当信托契约生效后，土地的控制权就由委托人转让给受托人，委托人就失去了对土地的直接控制权。在信托契约中，对土地的使用、管理等都有详细、严格的规定，受托人使用流转土地只能按照契约规定的范围和方式来进行。

（三）受益人的特定性

一般来说委托人就是受益人，农民作为农村土地承包经营权的所有者，享有收益的权利。土地承包权承载着农民基本生活支出、养老保障等多项功能，受托人必须根据信托合同的约定，使农民所拥有的农村土地承包经营权的效益最大化，确保农民土地流转所得收益持续高于其自主经营土地收入。

三、土地流转信托的功能

（一）以政府或其他可信机构为主导搭建信得过的土地流转平台

土地流转涉及的范围很广，只依靠农民自愿和企业自发行为而产生的交易成本很高，农民的利益、企业的利益很难得到有效的调节和保证，特别是企业与千万个家庭之间打交道的难度、企业对毁约风险的担忧，以及农户与农业企业投资商之间的信任程度等因素交织在一起，导致土地流转工作的进展变得艰难。在这种情况下，政府或其他可信机构及时"到位"，搭建公平、公正、公开的信托平台，做好农户和企业的"中间人"，承担起应尽的职责，做好土地流转的引导、组织和服务等工作，则企业可以放心投资和经营，农户也可以放心地将自己的土地进行信托流转。

（二）以信托的方式明确各方责任与权力

土地流转信托可以将所有权、经营权和收益权三权分离，能够兼顾公平和效率，实现市场化机制和公有制的完美兼容。土地流转信托三权分离的天然特征，刚好与现阶段我国农地产权关系三权分立相吻合。土地流转信托的共有属性保证了农民获得土地流转后的收益和增值收益，防止土地兼并后产生社会两极分化的影响。土地流转信托的信托制度将其在管理财产方面的天然优势与农村土地经营权流转的市场发展创造性地结合在一起。土地流转信托以契约方式明确农户、信托公司和农业经营公司三方的责任和权利。政府会以控制防范风险、确保农民利益最大化、让农业经营公司和农民共赢为出发点，不断地进行制度创新，使信托公司的治理结构不断完善，从而提高农民收入。

（三）以点带面推进城乡统筹机制

土地流转信托使农民对土地的占有从有形变成无形，把农民从农田中解放出来，实现劳动力的迁移。土地流转信托将农地集中起来流转可实现土地适度规模化经营，农户既不会丧失原有的土地承包权，同时也能得到宝贵的资金落户城市，进城发展的农民再也不用担心因对土地疏于看守而丧失承包权，有利于最终实现城镇化。土地流转信托减少了农民的后顾之忧，农民不仅可以获得土地信托直接收益，还能作为劳动力成为农业经营等其他企业的员工，从而获得额外的雇用工资。通过土地流转信托，农民还可以安心离开农村去大城市务工或者自主创业来实现增收。在未来，随着土地流转信托在全国点到面的展开，大量农村劳动力从农活中解放出来，进入第二、第三产业谋求发展，或进城变市民，或就地变成集镇居民，这不仅加快了城镇化进程，还推进了城乡统筹。推动农村土地承包经营权信托流转，完全符合农村改革发展方向，符合农民的利益和意愿，必将有力推进区域城镇化，化解农村改革难题。

（四）土地流转信托是"城镇化金融"的有效实现形式

"城镇化金融"作为新型城镇化的主推器之一，对实现经济总量的持续增长和经济结构优化转型具有重要的现实价值。农村土地流转信托作为"城镇化金融"的一种有效实现形式，彰显了我国土地制度改革路径的新方向。一方面，土地流转信托可通过产权市场化和收益公平化的双重方式，实现土地经营的规模效益。另一方面，从全国的实践来看，土地流转信托还能对城镇化进程中的劳动力市场产生重要的影响，不仅能将农村劳动力持续释放到城镇化建设中去，而且还能满足地方政府税收和农民增值收益的双重需求。

（五）促进农业现代化生产，提高农业生产效率

农业现代化是指从传统农业向现代农业转化的过程和必要手段。土地流转信托在农业现代化进程中发挥着很大的作用。农户自发合作，通过村委会或者合作社等途径将土地整合起来，并且努力寻找资金雄厚且经营效益水平高的承包者转让土地经营权，这样不仅达到了现代农业规模化、集约化经营的要求，也保证了农业经营的高效率和专业化。

信托就是相信并托付，信托制度具有财产积聚、保护和管理功能。土地流转信托作为农村金融制度创新发展的新模式，就是根据信托制度的基本功能，由信托公司提供从农村土地整理、归集、流转、经营，到土地流转信托获益分配、土地受益凭证流通交易，直至土地流转信托过程中各环节的综合风险控制等覆盖土地信托流通全过程的全方位金融服务。信托公司对农村土地实行信托化管理，能够实现土地所有权、使用权和收益权相互分离，做到权属清晰、权责明确。通过土地信托可以将农民手中零散的土地集中起来，形成规模，促进其规范、公平、高效流转，提升土地的生产能力和经营效益，推进城镇化进程，增加农户收益。

四、土地流转信托的意义

土地流转信托未来具有较大发展潜力，不仅可以帮助农业大户规模经营，发挥信托的金融属性，还能解决发展中的资金约束问题，实现多方共赢。

(一) 缓解社会问题

信托计划的引入能够起到制度构建的作用，实现土地承包经营权、使用权和收益权的完整分离，在保证土地所有权和承包经营权不变的前提下，既让进城务工的农民能够摆脱土地的束缚，成为财产持有者和受益人，又避免了土地抛荒等社会问题。而土地的有效流转让专业大户或农业机构获得了土地使用权并进行集约化生产，通过规模效益和引进科学、先进的种植方法，提高了生产效率。因此，信托计划的引入既有助于推进城镇化的进程，又能够推动实现农业现代化的目标。信托计划的引入也在本质上将土地的流转形式从现在的阶段性买断转变为长期持有。农民不再只是获得一次性的土地转让收入或地租收入，而是通过受益凭证的形式获得长期的收入。这在无形中将农民的利益与土地权益紧密捆绑在一起，避免了因为大规模土地转让造成"耕者无其田"的农民"失地"风险。

(二) 提高土地的利用效率

我国现有的土地流转多以传统的转包、互换、租赁、反租倒包等形式为主，主要以村民自发进行的较低层次流转为主，不仅面临较大的信息搜寻成本，而且土地流转的区域范围十分有限，制约了农业规模化经济的发展。通过信托机构能够更好地满足委托人对土地运作效率的要求。土地流转信托是指由专业的土地信托机构和中介服务机构组成规范的组织和形式，采用合理的土地经营管理方法运营。通过土地流转信托的资源聚集功能，可把以户为单位的零星土地归集整理，形成合理规模，统一规划和利用。通过信托的财产管理功能，把信托土地向农业企业、经营大户、专业合作社等高效率机构集中，可以提高土地的使用效率。农业企业等机构经济主体只需与信托公司直接打交道，就可以获得大面积且长期经营的土地，并可以扩大生产经营规模，规模生产优势经济产品，在此基础上提高农业机械化程度与劳动生产率，尽可能地降低农业生产成本，实现农业集约化、规模化和高效益经营。总的来说，土地流转信托使土地流转更加高效和安全，对推进区域农业结构调整和现代农业发展有很大帮助。

(三) 保障农民收益

土地流转信托可以最大限度地保障农民获得实质性的利益，同时也减少了农民无暇管理土地的情况发生。农民的土地在空间分布上较分散，若单独将不同农户的土地流转，议价能力会较弱。农民流转土地的意愿在可接受的价格、土地承包期上存在差异，在此基础上，企业将土地集中起来的难度非常大，谈判成本也很高，借鉴信托机制，农户把土地统一集中起来对外进行流转，不仅有助于提升农民议价能力，也解决了企业谈判成本问题，达到双赢的效果。在土地流转信托制度下，农民作为委托人，将作为信托财产的土地承包经营权托付给信任的信托机构或其他受托人，其将按信托契约的规定履行管理责任与义务。在土地流转信托期限内，农民可享有信托契约规定的收益。土地流转信托还可以通过契约形式规定在农民获取的报酬达到一定程度后，得到部分超额收益。此外，在土地流转信托契约中要确定政策扶持和公共资金形成的收益增值，还要确定农业补贴收益向农民分配的比例。把土地流转出去的农民也可以成为土地信托流转的承包方的农业产业工人，获取工资收入。土地流转信托在最大程度上保障了农民的收益。

（四）拓展融资渠道

现行《物权法》和《担保法》规定，耕地等集体所有的土地使用权不得用于抵押，这使得土地抵押贷款缺乏必要的法律依据。而土地开发等工作需要大量的资金支持，这使得服务商和承包方在项目运行中面临着重大的资金问题。信托制度的引入帮助服务商和承包方扩展了融资渠道。信托公司可以通过设立资金信托计划募集资金，为服务商和承包方提供资金支持。

在北京信托的"双合作社模式"中，专业合作社中的经营大户也同样是土地合作社的成员。因此经营大户可以使用土地信托受益权质押融资，提高了经营大户的融资能力，在一定程度上解决了其资金问题。对农民而言，土地流转信托的另一个重要意义在于将原本"僵化的土地"转变为农民的"可携带"财产，在增加流动性的同时，还以信托受益权的形式扩展了土地的质押融资等金融属性，为农民提供了融资渠道。其原因在于，农村土地经营权通过信托机制产生了一个比较明确的现金流，从而具备了价值评估和价值确定的基础。在确定资产价值的基础上，通过信托公司的增信机制产生了质押融资、转让等行为的可能性，这也使得更高级的生产关系成为可能。在条件成熟后，甚至可能将土地信托受益权进行资产证券化。

第二节 土地流转信托运作模式

国外实行的是土地私有制，体制基础与我国根本不同。国外关于土地信托的研究以土地所有权私有化为前提，研究重点从所有权转移到使用权和控制权，且成果主要集中在农村土地改革和土地资源保护方面。而各国以及不同的地区具有不同的农村经济环境，因此没有公认的所谓固定模式。应从法律、信息、资金、技术支持等方面对这种模式的运作进行阐述，构建出符合中国国情的农村土地信托运作模式。

一、国外土地流转信托模式

国外的土地信托主要有两种模式：一种是英美模式，主要利用住房协会、发展信托机构、遗产信托机构和社区组织等实体组织来设立基金；另一种是在日本和东南亚国家较为流行的土地信托银行，通过建立土地信托银行参与土地信托业务。

（一）美国土地流转信托模式及特点

美国土地信托模式是开发者（委托人）购买一块生地（raw land），再将该土地所有权信托给受托人，签订信托契约，受托人发行土地信托受益凭证，而由委托人销售该受益凭证给市场上的投资人，受益凭证代表对信托财产（土地所有权）的受益权，销售受益凭证所得资金用来改良土地，然后将土地出租给由该开发者组成的公司。受托人收取租金，负有给受益凭证持有人固定报酬的义务，并将剩余租金用来买回受益凭证（见图 5 - 1）。

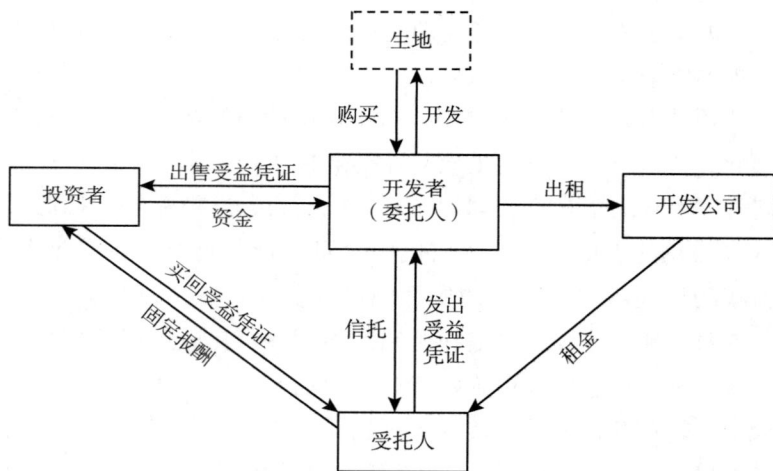

图 5 - 1　美国土地信托模式

该模式具有以下特点：通过资金的"集合"，解决了开发土地尤其是生地所需的巨额资金；为投资者提供了投资于利润丰厚的土地产业的机会，同时也降低了个体投资风险；投资人所拥有的受益凭证可以流动，具有较强的变现性。

（二）日本土地流转信托模式及特点

1984 年，日本开展了对有效利用土地起积极作用的土地信托。1986 年，《国有财产法》《地方自治法》的修改以及同年《税法》的实施，大大加速了土地信托的发展。日本的土地信托是土地所有者将土地信托给受托人（信托银行），并从受托人治理和使用该土地的收益中获取信托红利。土地信托包括出售型和租赁型。前者是指委托人将信托财产委托信托业者出售，受托人将出售所得，在扣除受托人的报酬及其他手续费用后，交付给委托人；后者是指受托人无处分信托财产的权利，在信托期间，信托业者应定期给付委托人信托收益，信托终了时，委托人仍保有原土地的所有权。日本土地信托模式如图 5-2 所示。

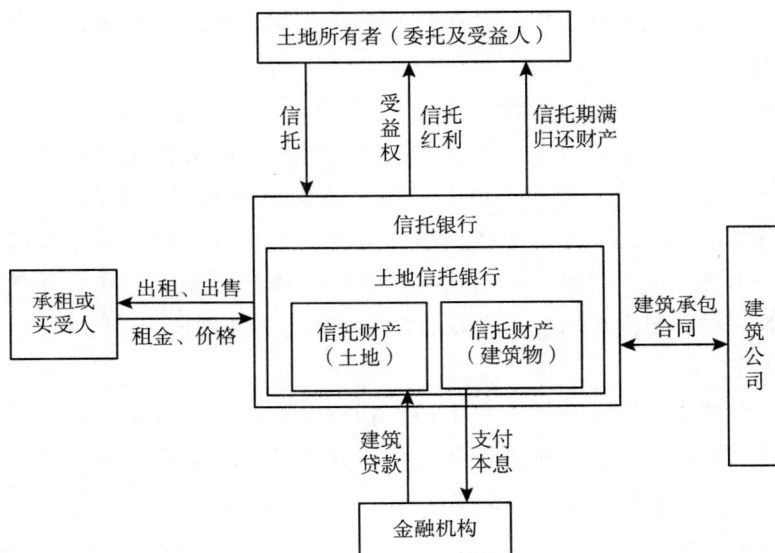

图 5-2　日本土地信托模式

该模式具有以下特点：（1）替代性。即通过土地信托方式解决了土地所有者具有土地开发的积极性但无能力开发的问题。（2）稳定性。即土地所有者将土地信托给信托银行，在信托期内如租赁信托可获取稳定的信托红利。（3）高效性与多样性。即吸取民间土地信托制度能够高效配置土地的特点，使国有土地的治理与处置手段多样化。

二、中国土地流转信托运作模式

在我国，绝大多数地区地少人多，因此农民人均承包土地数量偏低，导致当前存在由于个人经营水平和资金限制，农民无力耕种土地或无法形成规模经营的现象，给农业生产力提高带来了很大阻力。这种客观条件催生了有中国特色的土地流转和土地流转信托。正如博加茨等（Bogaerts et al.）研究发现的那样——农户家庭持有农地数量是影响土地流转的重要特征变量。我国这种农户家庭持有农地数量偏低与农业产业规模化矛盾磨合的产物——中国式土地流转信托，无法用其他国家和地区的标准来衡量，也无法完全借鉴他国的经验，必须走一条有中国特色的土地流转信托创新之路。土地流转在我国已经实践多年，但信托公司正式介入的土地流转信托是近几年才有的事，怎样科学发展、如何成功创新是我国土地流转信托在各省形成星火燎原之势的同时必须解决的问题。

（一）早期的土地流转信托模式

浙江绍兴、湖南益阳和福建沙县等地在信托公司正式涉水土地流转之前，已经初步探索了土地流转信托模式。

1. 绍兴模式

绍兴模式即政府出资成立县、镇、村三级土地信托服务机构，起到信息汇总中间商作用。具体操作上，农户将无力或者不愿耕种的土地使用权委托给村经济合作社；村经济合作社将诸如土地类型、坐落位置、流转面积、承包权证等土地信息汇总到镇信托服务站并由其登记造册建立土地信托档案；镇信托服务站向社会公开发布土地信息招揽经营者；种养植大户通过招投标的方式取得土地使用权。

2. 益阳模式

益阳模式即政府出资在乡镇设立土地信托机构，农民在自愿的前提下，将名下的土地承包经营权委托给政府的土地信托机构，并签订土地信托合同；农业企业或大户再从信托公司手中连片租赁土地，从事农业开发经营活动。

3. 沙县模式

2011 年 5 月沙县源丰农村土地承包经营权信托有限公司挂牌成立，公司由县农业局负责组建，由县财政拨付 200 万元作为信托基金，拨付 35 万元作为公司工作经费。公司在 11 个乡（镇、街道）成立土地信托分公司，通过支付土地使用权转让费从委托方手中获得土地，并将集中后的土地调整成片，进行整理开发，通过招标、竞拍、租赁等形式向外发包土地或实施项目，获得的收益用于返还土地流转信托基金、委托方分红及信托公司增资扩股。

（二）现阶段土地流转信托的基本模式——以河南省为例

河南省位于我国黄河中下游，总面积约有 16.7 万平方公里，占全国总土地面积的 1.74%，其中平原和盆地约 9.3 万平方公里，这一面积是全省总面积的 55.7%。2016 年河南粮食总产量达 1189.32 亿斤，位于河南省东南部的商丘、周口、驻马店、南阳、信阳 5 个地级市的耕地面积占到河南省耕地总面积的一半以上，是河南省粮食生产的核心区，为河南省成为土地流转信托试点及将来信托模式的推广提供了必要的条件。

1. 信阳淮滨固城一号信托计划——信阳模式①

河南省的经济发展直接受到农村土地资源能否有效利用的影响，并且农村资源利用效率也关系着河南省农业产业化和新型城镇化建设的进程。将信托制度推广到土地流转中，利用信托制度的一系列金融功能，来实现土地的高效利用，是一次尝试性的探索。2014 年 5 月，百瑞信托有限责任公司在信阳淮滨固城设立了土地流转信托项目——淮滨固城项目，选择了固城乡白布村和李营村作为土地流转信托试点村，亿丰农机专业合作社（以下简称亿丰农机）负责流转土地的具体运作，此模式简称信阳模式。

百瑞信托确定由亿丰农机负责流转土地的具体运作，明确土地用途为种植水稻和小麦。亿丰农机作为河南省农业厅育秧基地，自身拥有较强的农业技术团队和先进的农机设备。百瑞信托向亿丰农机注资 100 万元，资金主要用于土地流转费用支付以及道路、水利、电力、土地整理等基础设施建设。村委会与百瑞信托公司签订《土地租赁合同》，土地经营额小于或等于每亩每年 510 斤小麦的销售总价时，农民可获得本年度每亩每年 510 斤小麦销售总价的土地租金；土地经营额超过每亩每年 800 斤小麦的销售总价后，农民除获得固定土地资金外还可获得 10% 的超额收益。责任共担、利益共沾，在这项信托计划中有明显体现。

2. 中信·济源农村土地承包经营权集合信托计划——济源模式②

2014 年 4 月济源市政府与中信信托正式成立了河南省首个土地流转信托项目——"中信·济源农村土地承包经营权集合信托计划"。作为首个土地合作使用方，花艺绿化在其中获得了 5000 亩的土地，用于白皮松等防风固沙、防治雾霾的树种种植，此模式简称济源模式。

该项目引入了苗木花卉产业作为土地流转的实际经营方，这是全国首个针对建设生态文明、防风固沙、防治雾霾为主要目的的土地流转信托。项目涉及土地流转面积 2 万亩，首期 5000 亩完成流转后，鄢陵县花艺绿化工程有限公司从中信信托手中取得土地实际经营权，以其自主研发的领先技术——白皮松快繁水进行白皮松的种植。该项目由济源市政府整合农户手中土地，中信信托有限公司注资，鄢陵县花艺绿化工程有限公司进行专业化的土地经营，三方互相监督其运作过程。该模式严格遵循"农户流转土地—政府集中资源—信托公司托管—农企（或家庭农场、合作社）实际经营"的逻辑线。中信信托在济源市政府的帮助与监督下与当地农户签订"土地流转信托协议"，从农户中取得土地，按照协议约定支付每亩土地 600～800 元不等的土地租金。得到土地使用权之后，中信信托通过洽谈与花艺绿化工程有限公司达成了合作意向，花艺绿化则以中信信托公司支付农户租金稍高一些的价格从中信信托手中获取土地，进行白皮松的种植。在整个土地流转信托中，三个主体相互监督相互合作。

---

① 张宏斌等：《土地流转信托的"淮滨样本"》，载于《中国农机化导报》2015 年 6 月 30 日。

② 程昭华：《土地流转信托河南萌芽》，载于《大河报》2014 年 4 月 10 日。

3. 新乡枣阁梨乡土地承包经营权流转信托计划——新乡模式①

兴业国际信托有限公司与大豫大美现代农业公司合作，在新乡市延津县进行了创新性的土地流转。在该模式下，由大豫大美先与农民签订流转合同，再由大豫大美把经营权质押给兴业信托。这样一来兴业信托成了土地的承包人，大豫大美则再从兴业信托手中"二次承包"，成为最终的也是实际的经营方，此模式简称新乡模式。

新乡枣阁梨乡农村土地承包经营权流转信托计划于2014年8月30日成立，信托期限118个月。该计划是由兴业国际信托有限公司、河南省大豫大美现代农业有限公司、枣阁梨乡农户、枣阁梨乡当地政府共同参与并实施的信托计划。此计划中，由河南省大豫大美现代农业有限公司牵头并经营土地，兴业国际信托有限公司注资，枣阁梨乡农户提供土地经营权，枣阁梨乡当地政府监督三方运作过程。此土地流转信托模式中，由大豫大美进行计划宣传和实地走访，在政府的辅助、监督下，本着自愿、依法、有偿的原则与新乡市延津县农户签订"土地流转合同"，从农户手中承包土地，获得土地经营权，约定每年每亩付给农户1000斤二级小麦的平均市场价格等额的土地租金，具体数额随市场价格浮动。大豫大美把土地的经营权质押给兴业信托获得融资。从而兴业信托成为土地的承包方，大豫大美则从兴业信托手中"二次承包"成为最终的委托方也是实际的经营方。最后大豫大美和兴业信托按一定的比例进行利润分成。这种土地流转信托合作模式也是一种金融合作模式，由大豫大美与农户直接联系，大豫大美把经营权进行质押，兴业信托则依此向大豫大美授信提供资金支持。

第三节　土地流转信托运作模式的支持体系

要保障农村土地流转信托的健康有序发展，就必须建立与目前农村土地利用和流转状况相适应的以农村土地利用效率最高与保护效果最优为目标的土地信托流转机制架构。

一、市场体系支持

（一）支持培育土地流转经营者

农村土地产权流转根本在于解决"有地无人种、想种无地种"（即谁来种）的问题，因而培育土地经营者是土地产权流转能否顺利进行的关键。目前我国农村土地流转经营者主要有：一般农户、种养大户、工商业主等；主要经营形式有：大户承包型、

---

① 康芳：《新乡市土地承包经营权流转障碍分析》，载于《农业经济》2014年第7期。

农庄经营型、股份合作型、公司经营型、产业化经营型等。重点应支持种养大户与工商业主进行规模化经营，投资高效农业，以发挥其人力、资金、市场与技术的优势。

（二）市场定价与激励约束机制

土地流转信托的关键是建立科学、完善、合理的信托财产定价机制。交易价格要全面体现信托土地的内在价值，同时要均衡各方利益。土地流转信托双方当事人可以根据土地资源供求状况、地理位置、土壤肥力、信托期限等因素来共同对信托土地定价。农业是弱质产业，土地经营的风险大、利润微薄，信托公司如何获利是值得思考的问题。农村土地流转信托关系中的当事人双方在长期利益与短期利益以及信托收益分配等目标上可能存在着冲突。为此，我们可以结合土地流转信托模式的具体特点，对信托当事人的信托行为进行分析，进而设计出与土地流转信托相对应的最佳激励约束机制。

（三）监督与考评机制支持

土地流转后的用途应遵循"不改变土地的农业用途，确保耕地复耕能力，确保耕地总量动态平衡，确保土地资源可持续利用"的原则。要建立监督机制，依法查处土地流转后的违法用地行为，使流转后的土地利用真正做到合理与高效。在土地流转信托运转过程中，如果受托人目标和行为违背契约，信托目标就可能无法实现，委托人的利益就可能受损。因此，有必要建立一种机制，对信托目标偏离的风险进行识别、评价、预警，并加强监管。在土地流转信托的运行过程中，监管部门要对其进行实时阶段性考核。如果经考核确认受托人目标与契约规定的最终目标发生偏差，就要及时进行相应修正，使受托人的利益少受损失。还要及时针对土地流转信托绩效进行评价，作为决策依据。政府要加强对土地流转信托流入者的监督管理。财政、国土、金融监管部门要对信托公司的资金使用、项目建设、公司经营、土地使用等情况进行严格监管，严格防范信托风险。

（四）资金支持

据近年投资测算，目前每整理、开发、复垦1公顷的耕地需要投资4500～9000元；园地需要3000～5500元；林地、牧草地需要投资1800～2750元；渔业用地需要投资15000～28000元。随着土地整理、开发与复垦难度的递增，土地流转经营者所需投入资金量越来越大，为此需要财政部门、金融机构、民间组织等资金上的大力支持。要加强信托与其他金融机构之间的合作。各种金融机构之间的异质化服务有利于提高信托专业化水平，提高金融系统整体服务能力。针对当前农村抵押品欠缺和不足的现状，金融机构要扩大抵押担保范围，如充分利用现行农村政策，创新农民承包土地经营权、土地信托受益权质押担保贷款。在风险可控的前提下，适当调整农业中小企业的信贷准入门槛。发挥农业龙头企业和农村经济合作组织的作用，探索"公司＋专业组织＋农户"等农业供应链融资服务模式。针对农业产业的弱质性，开发"信贷＋保险"产品。国家涉农项目资金和各地财政资金要对农村土地综合整治提供支持，重点投向完善农田水利、道路等基础建设，提高地力，降低生产经营风险。通过财政补贴、财政贴息、担保等措施鼓励土地的有效流转，对开展规模经营的农户根据连片经营的面积、种植的作物不同给予不同的补贴。政府要加强制度体系建设，重点解决实际层面中遇到的具体问题，确保土地流转信托各方获得稳定的经济收益。

二、政策法规支持

土地流转信托是以农民土地承包经营权的确权为基础的。土地所有权、土地使用权和他项权利的确认、确定，简称确权。要依照法律、政策的规定确定某一范围内的土地（或称一宗地）的所有权、使用权的隶属关系。每宗地的土地权属要经过土地登记申请、地籍调查、核属审核、登记注册、颁发土地证书等土地登记程序，才能得到最后的确认和确定。2013年1月31日下发的中央一号文件《中共中央国务院关于加快发展现代农业进一步增强农村发展活力的若干意见》提出，全面开展农村土地确权登记颁证工作。2019年11月，中共中央、国务院发布《关于保持土地承包关系稳定并长久不变的意见》，要求做好承包地确权登记颁证工作。承包地确权登记颁证是稳定农村土地承包关系的重大举措，也是落实"长久不变"的重要前提和基本依据。在2018年底前基本完成确权登记颁证工作的基础上，继续做好收尾工作、化解遗留问题，健全承包合同取得权利、登记记载权利、证书证明权利的确权登记制度，并做好与不动产统一登记工作的衔接，赋予农民更有保障的土地承包权益，为实行"长久不变"奠定坚实基础。地方政府为了减少与信托公司的沟通成本，往往以政府信用作为担保，成为代理委托人，而农民作为实际委托人却隐身在政府背后。这样就无法厘清委托人的实际权利，模糊了政府与市场的边界，不利于土地流转信托市场化的发展。

《中华人民共和国信托法》使我国信托事业的繁荣和发展建立在较为完善的法律规范基础上。在国外，土地信托是信托业务的重要组成部分，然而，我国土地信托发展滞后，要真正促进土地信托经营业务的发展，尚需制定有关规范各种土地信托经营业务的政策法规及实施细则，关于土地投资信托基金如何具体运作、土地信托红利确定的依据、土地信托经营业务的税费制度、土地信托产权的流转补偿与变更登记等问题有待完善。

目前我国关于土地流转信托运行的主要依据是：《信托法》《信托公司管理办法》《集合资金信托计划管理办法》《信托公司净资本管理办法》等相关法律法规。有关农村土地流转的法律法规主要有：《宪法》《物权法》《农业法》《土地管理法》《农村土地承包法》《农村土地承包经营权流转办法》等。《物权法》《农村土地承包法》《农村土地承包经营权流转管理办法》都规定农民承包经营的土地可以流转，但对农村土地承包经营权是否可以通过信托流转并不明确。将土地承包经营权通过信托登记明确为独立的信托财产，这样既不改变《宪法》确认的农村土地承包制度，又能使农村土地流转与信托结合，这就需要修改完善相关法律法规。

三、技术支持

现代农业发展是建立在适度规模经营基础之上的。土地流转信托可以把土地集中起来，形成适度规模，但只有借助农业企业、合作社等第三方才能实现农村土地经营权的真正流转。因此现代农业和土地信托流转是相辅相成、相互促进的关系。流转信托供给的土地数量要与现代农业发展对土地的需求量相适应，供需相互促进。坚持依法自愿原则，通过信托整合农村土地资源，为农业产业发展奠定坚实基础。同时因地制宜，积极发展现代农业产业，提高耕地产出水平。培养农业企业、专业合作社、家庭农场等经济主体。鼓励农业企业对产品深加工，建立冷库、加工厂，延伸供应链。

建立农村土地流转交易市场，扩大土地流转规模。组建与土地信托公司配套的信托流转服务中心，开展公益性服务，承担公共所需的关键性技术的推广和示范引导工作。积极推进农技、农资、农机、农村金融保险、农村流通市场等现代服务体系建设。流转土地的区位、数量、质量、地貌等条件以及补偿标准、流转形式均存在着较大的差异性，建立流转土地信息库，多渠道、多形式向辖区内外及时发布土地资源信息，可增强土地市场透明度，有助于土地高效流转。

农村土地改革的方向已逐渐明确，各地土地改革尝试也逐渐增多。试点先行，带动政策突破。信托介入土地改革的步伐也在加快。信托公司不仅可以发展土地流转信托，促进土地集约化经营，还可以介入对接现代农业发展过程中资金需求和短期流动性资金缺口。在不触动政策底线的前提下，政府应提供优惠政策，鼓励银行、信托公司等金融机构参与土地改革。

第四节　中国特色土地流转信托"三农效益"的评价

土地流转信托在河南省已试水，发展呈现遍地开花的局势。本节基于 AHP 模型对土地流转信托模式的绩效进行评价，为土地流转信托在我国的全面深化发展提供有价值的参考路径。

一、绩效评价体系变量的选取

河南省既是传统的农业大省，也是人口大省，我们对信阳、济源、新乡等地进行了实地考察，并与相关的管理人员和从业人员进行座谈和访问，使意见趋于一致。我们进行系统、全面的归纳、梳理，提炼出若干个一级指标，然后对每个一级指标进行充分细化。选取的一级指标主要是农村效益、农民效益和农业效益。

农村效益选用的二级指标是农村基尼系数实现指数、农村环境改善情况、农村道路的改善情况和农村先进机械使用情况。农村基尼系数反映的是收入差距问题，缩小收入差距，利于社会稳定。农村环境改善情况是保障和改善民生的必然要求。农村道路的改善情况是农村面貌改善和生产生活出行的重要纽带。目前，农村机械化发展的结构不平衡、农村机械化运用基础设施条件差等问题依然存在。

农业效益增加，农民群众增收致富，社会农产品的有效供给增加，增强国家经济实力。农业效益选用的二级指标是单位土地收益情况、农业规模经营情况、农业有效灌溉情况和单位土地吸引投资情况。单位土地收益情况是指从事农林牧副渔等农业劳动获取的收获物的收入。农业规模经营情况是与分散经营向对立的一种经营模式，由农户小规模经营过渡到较大规模的经营是一个相当长的过程。干旱对农业的危害程度呈增加趋势，灌溉对减轻旱灾损失起重要作用，旱灾发生频率、受旱率和成灾率都随灌溉率的增加而减小，所以选取农业有效灌溉情况为二级指标。选取单位土地吸引投资情况指标是因为加大资金投入能够提高农业综合开发能力。

农民效益是土地流转信托的核心。因为土地流转信托的意义在于保障、提高农民的生活水平，同时集约节约土地，搞规模化生产经营，推进城镇化。土地流转信托后的农民经济效益有所提升，社会效益逐步显现。农民效益选用的二级指标是农户就业变化情况、农民人均纯收入情况、农民生活质量改善情况和农民项目参与情况。

二、土地流转信托模式绩效分析过程和结论

河南省进行土地流转信托使河南省的农业发展实现产业化和规模化，符合当前中央农村土地政策——《关于引导农村土地经营权有序流转发展农业适度规模经营的意见》的基本取向，这样既有效地保护了农民合法的土地权益，又开辟了现代农业规模化经营的新思路。进行土地流转信托后，其带来的绩效需要进行综合评价。

（一）实证过程

首先，通过分析影响"三农"综合效益的各种因素，从中筛选出具有重要影响的一些指标，分析它们之间的关系，并建立"三农"综合效益评价的递阶层次结构图（见图5-3）。其次，根据"三农"综合效益评价的递阶层次结构图，由专家小组根据自己较为丰富的知识经验，对同一层次的各指标关于上一层次中的某一指标的重要性进行两两比较，并建立两两比较互反判断矩阵。进而由互反判断矩阵计算出被比较指标对该指标的相对权重，同时进行一致性检验；若 CR < 0.1，即通过了一致性检验，

则最大特征根对应的归一化后特征向量即可作为相对权重。否则，需要重新调整互反判断矩阵。最后，计算各层指标对系统目标的合成权重，进行总排序，并进行总的一致性检验。

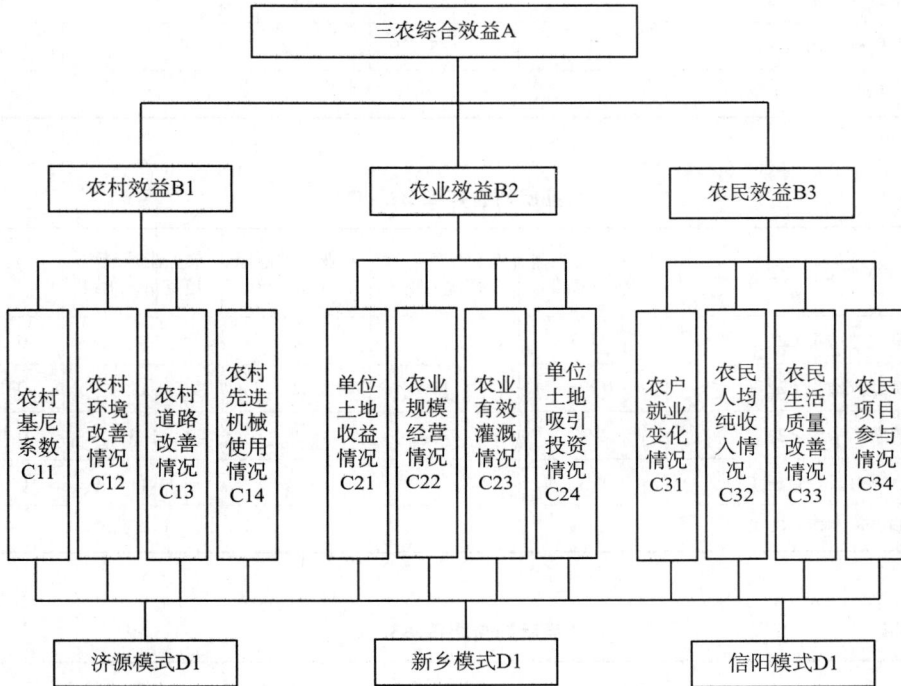

图 5 – 3　三农综合效益评价的递阶层次结构图

通过专家组讨论，建立互反判断矩阵，如表 5 – 1 至表 5 – 16 所示。

表 5 – 1　　　　　　　　　　　　　　互反判断矩阵 A – B

三农综合效益 A	农村效益 B1	农业效益 B2	农民效益 B3	权重 w
农村效益 B1	1	1/6	1/3	0.0960
农业效益 B2	6	1	3	0.6530
农民效益 B3	3	1/3	1	0.2510

$\lambda_{max} = 3.0183$，$CR = 0.0176$

表 5 – 2　　　　　　　　　　　　　　互反判断矩阵 B1 – C

农村效益 B1	农村基尼系数 C11	农村环境改善情况 C12	农村道路改善情况 C13	农村先进机械使用情况 C14	权重 w
农村基尼系数 C11	1	1/6	1/2	1/3	0.0753
农村环境改善情况 C12	6	1	5	5	0.6131

续表

农村效益 B1	农村基尼系数 C11	农村环境改善情况 C12	农村道路改善情况 C13	农村先进机械使用情况 C14	权重 w
农村道路改善情况 C13	2	1/5	1	2	0.1693
农村先进机械使用情况 C14	3	1/5	1/2	1	0.1423

$\lambda_{max} = 4.1820$，CR = 0.0682

表 5 – 3 互反判断矩阵 B2 – C

农业效益 B2	单位土地收益情况 C21	农业规模经营情况 C22	农业有效灌溉情况 C23	单位土地吸引投资情况 C24	权重 w
单位土地收益情况 C21	1	7	4	3	0.5697
农业规模经营情况 C22	1/7	1	2	1	0.1439
农业有效灌溉情况 C23	1/4	1/2	1	1/3	0.0900
单位土地吸引投资情况 C24	1/3	1	3	1	0.1965

$\lambda_{max} = 4.1998$，CR = 0.0748

表 5 – 4 互反判断矩阵 B3 – C

农民效益 B3	农户就业变化情况 C31	农民人均纯收入情况 C32	农民生活质量改善情况 C33	农民项目参与情况 C34	权重 w
农户就业变化情况 C31	1	1/7	1/2	2	0.0989
农民人均纯收入情况 C32	7	1	4	9	0.6407
农民生活质量改善情况 C33	2	1/4	1	5	0.2066
农民项目参与情况 C34	1/2	1/9	1/5	1	0.0539

$\lambda_{max} = 4.0573$，CR = 0.0215

表 5 – 5 互反判断矩阵 C11 – D

农村基尼系数 C11	济源模式 D1	济源模式 D1	济源模式 D1	权重 w
济源模式 D1	1	1/6	3	0.1718
新乡模式 D2	6	1	8	0.7530
信阳模式 D3	1/3	1/8	1	0.0752

$\lambda_{max} = 3.0749$，CR = 0.0720

表 5 - 6 互反判断矩阵 **C12 - D**

农村环境改善情况 C12	济源模式 D1	济源模式 D1	济源模式 D1	权重 w
济源模式 D1	1	1/3	3	0.2510
新乡模式 D2	3	1	6	0.6530
信阳模式 D3	1/3	1/6	1	0.0960

$\lambda_{max} = 3.0183$，$CR = 0.0176$

表 5 - 7 互反判断矩阵 **C13 - D**

农村道路改善情况 C13	济源模式 D1	济源模式 D1	济源模式 D1	权重 w
济源模式 D1	1	3	1/2	0.3202
新乡模式 D2	1/3	1	1/4	0.1226
信阳模式 D3	2	4	1	0.5571

$\lambda_{max} = 3.0183$，$CR = 0.0176$

表 5 - 8 互反判断矩阵 **C14 - D**

农村先进机械使用情况 C14	济源模式 D1	济源模式 D1	济源模式 D1	权重 w
济源模式 D1	1	1/8	1/2	0.0828
新乡模式 D2	8	1	7	0.7798
信阳模式 D3	2	1/7	1	0.1374

$\lambda_{max} = 3.0353$，$CR = 0.0339$

表 5 - 9 互反判断矩阵 **C21 - D**

单位土地收益情况 C21	济源模式 D1	济源模式 D1	济源模式 D1	权重 w
济源模式 D1	1	1/4	3	0.2132
新乡模式 D2	4	1	7	0.7014
信阳模式 D3	1/3	1/7	1	0.0853

$\lambda_{max} = 3.0326$，$CR = 0.0313$

表 5 - 10 互反判断矩阵 **C22 - D**

农业规模经营情况 C22	济源模式 D1	济源模式 D1	济源模式 D1	权重 w
济源模式 D1	1	1/3	1/5	0.1062
新乡模式 D2	3	1	1/3	0.2605
信阳模式 D3	5	3	1	0.6333

$\lambda_{max} = 3.0387$，$CR = 0.0372$

表 5 – 11   互反判断矩阵 C23 – D

农业有效灌溉情况 C23	济源模式 D1	济源模式 D1	济源模式 D1	权重 w
济源模式 D1	1	1/5	1/3	0.1062
新乡模式 D2	5	1	3	0.6333
信阳模式 D3	3	1/3	1	0.2605

$\lambda_{max} = 3.0387$，CR = 0.0372

表 5 – 12   互反判断矩阵 C24 – D

单位土地吸引投资情况 C24	济源模式 D1	济源模式 D1	济源模式 D1	权重 w
济源模式 D1	1	1/6	3	0.1659
新乡模式 D2	6	1	9	0.7644
信阳模式 D3	1/3	1/9	1	0.0698

$\lambda_{max} = 3.0544$，CR = 0.0523

表 5 – 13   互反判断矩阵 C31 – D

农户就业变化情况 C31	济源模式 D1	济源模式 D1	济源模式 D1	权重 w
济源模式 D1	1	1/2	3	0.3202
新乡模式 D2	2	1	4	0.5571
信阳模式 D3	1/3	1/4	1	0.1226

$\lambda_{max} = 3.0183$，CR = 0.0176

表 5 – 14   互反判断矩阵 C32 – D

农民人均纯收入情况 C32	济源模式 D1	济源模式 D1	济源模式 D1	权重 w
济源模式 D1	1	1/5	2	0.1822
新乡模式 D2	5	1	5	0.7028
信阳模式 D3	1/2	1/5	1	0.1149

$\lambda_{max} = 3.0542$，CR = 0.0521

表 5 – 15   互反判断矩阵 C33 – D

农民生活质量改善情况 C33	济源模式 D1	济源模式 D1	济源模式 D1	权重 w
济源模式 D1	1	3	5	0.6479
新乡模式 D2	1/3	1	2	0.2299
信阳模式 D3	1/5	1/2	1	0.1222

$\lambda_{max} = 3.0037$，CR = 0.0036

表 5 – 16
互反判断矩阵 C34 – D

农民项目参与情况 C34	济源模式 D1	济源模式 D1	济源模式 D1	权重 w
济源模式 D1	1	1/4	3	0.2064
新乡模式 D2	4	1	8	0.7146
信阳模式 D3	1/3	1/8	1	0.0789

$\lambda_{max} = 3.0184$，$CR = 0.0177$

在进行了层次单排序及一致性检验后，需要进行方案总排序，这一过程是自上而下地将单准则下的权重进行合成，最终得到的最低层中各方案对于目标的排序权重，即方案总排序权重（见表 5 – 17）。

表 5 – 17
方案总排序

方案	济源模式	新乡模式	信阳模式
权重	0.2128	0.6256	0.1616

（二）实证研究结论

综上实证分析，得出的一般研究结果是：新乡模式优于济源模式，而济源模式优于信阳模式，即新乡模式最优。

三、研究结果分析

信阳模式显示亿丰农机作为河南省农业厅育秧基地，自身拥有较强的农业技术团队和先进的农机设备。然而在实际经营的过程中，亿丰农机却暴露出无法将信托土地、粮食订单、农金服务、农保服务、农事服务等农业生产要素资源有效整合形成高效的粮食生产供应链的综合弊端。与此同时，在运营过程中，亿丰农机更多地将融通资金用于土地流转费用支付以及道路、水利、电力、土地整理等基础设施建设，并未致力于农业技术的提升。这一经营战略使其产品在同类中并未体现出显著优势，以至于整体经营并未达到显著盈利。

济源模式出现了多种协议组合的方式，由不同成分互相签订不同功用的协议，从而构架"经营网"，收获了较为不错的效果。济源模式改变了企业与农户打交道的方式，借助信托公司的资金优势，解决了农民和政府的后顾之忧。既能给农户和企业增收，又能给济源本地带来土地新的增长点。济源市土地流转计划在农企、农户、终端市场之间创造更多的兼容性，消融了传统农业金融服务不对称、产业市场化发育滞后的问题，激活了土地的资本属性，实现市场化有效的增值。花艺绿化公司的加入为土地流转信托了导入产业因素，将知识元素注入"三农"，推动农业集约化、产业化发展。济源模式相比于信阳模式的优越性在于信托公司正确利用了自身丰富的资源平台，整合农业生产、经营、销售等各个环节，寻求到合理盈利，而非单纯依靠政府进行土地流转信托。同时该模式还加大了创新力度，通过与园林公司的合作改变了最基本的土地运营模式。

新乡模式出现了较为成熟的经营质押方式，极大地发挥了信托的作用。相较于前两种模式，此模式相对完善，各成分扮演的角色更加清晰，职责分工更加明确。该模式中大豫大美与兴业信托的经营权质押和"二次承包"关系以及创新性"交互式"关系的建立，极大地保障了资金链的畅通，很大程度上提高了土地流转信托的适用性和生命力，是一种较为成功和成熟的经营模式。三种模式的演变是渐进的，在原有基础上不断改善，力求得到更具生命力的发展模式。土地流转信托是土地流转中的一项制度创新，是深化农村土地经营机制的必然需求，也是促进土地使用权规范有序流转的必由之路。

四、土地流转信托改进的建议

（一）扩大信托资金来源，提高资金融通效率

土地流转信托需要的资金量大、回报期长，因此资金融通的效率和资金来源是亟待解决的问题。在信阳模式中，因亿丰农机在作物收获后必须按合同约定将贷款及租金费用全额转到指定账户，而信托贷款只有在种植下一季作物之前才会重新拿到，资金流动的滞后性不利于种子的提前选定及土地肥力的提升。信托公司应当尽量简化审批程序，积极变革，寻求一条更加健康、更加快速融通资金的渠道，提高资金的融通效率。

（二）加强人才队伍建设，提高综合竞争力

人才是企业发展的决定性因素，是竞争之本、创新之源、经营之要。信托公司要高度重视人才工作，提升人才团队整体竞争力。在土地流转信托中，因为合同订立双方的特殊性，作为受托人的信托公司因专业程度的制约，在订立合同后全权交由第三方在合同约定范围内进行自主管理。由于农民的知识水平相对来说比较落后，风险的承受能力比较低，农民对土地流转的态度又很谨慎，只有信托公司真正考虑农民的利益，提高自己的专业素质，调动自己的管理积极性，才会促进土地流转信托的健康持续发展。

（三）强化风险与合规管理，明确政府自身定位

风险管理工作是信托公司各项工作的重中之重，要保持信托公司平稳、持续发展，

必须牢牢把控风险承担底线，在给定的风险承担水平下实现效益的最大化。政府在土地流转信托过程中是一个服务者而非管理者。我国土地流转信托属于起步阶段，政府应给予一定的政策支持，但是不能过度帮扶，要让市场规则去调整交易双方的权利义务。

（四）完善信托法律法规，推动农业供给侧改革

目前信托业的法律法规主要是"一法三规"，这些法律法规是建立信托业的基本法律框架，其中的一些规定在实践中遇到界定模糊、笼统的问题，给法律法规的实施带来直接影响。在法规中关于土地流转信托方面的内容需要完善，应进一步制定和修改《农村土地承包法》《物权法》《信托法》《担保法》等一系列的法律法规。进一步优化农村产权结构，明确农村集体土地经营权，加强土地承包经营权分离后对土地承包权人和土地经营权人的法律保护，更好地推动农业供给侧改革。

第六章

证券投资信托

第一节 证券投资信托概述

一、证券投资信托简介

根据银监会发布的《信托公司证券投资信托业务操作指引》，证券投资信托业务是指信托公司将集合信托计划或者单独管理的信托产品项下资金投资于依法公开发行并在符合法律规定的交易场所公开交易的证券的经营行为。狭义的证券投资信托是指委托人同信托公司签订信托合同所设立的、主要投资于标准化证券产品的信托计划，属于银保监会监管，依据《信托法》《信托公司管理办法》《信托公司集合资金信托计划管理办法》发行信托计划。广义的证券投资信托包含狭义证券投资信托和证券投资基金。证券投资基金属于证监会监管，依据《证券法》《证券投资基金法》发行基金产品。

证券投资信托区别于一般信托，其将信托资金投资于标准化证券市场产品。证券投资信托的基本业务模式为：投资者（委托人）与信托公司签订信托合同，把资金交付给信托公司（受托人）形成信托财产，运作过程中由托管方代为保管信托资金，证券则托管在证券公司。交易决策根据信托计划的类型，由信托财产的管理人做出，而交易指令是由信托公司或者管理方送交到证券交易所。从运作方式来看，证券投资信托实质上属于信托型的私募基金，其与一般私募基金最大的区别在于具有信托结构、受信托相关法律法规监管。

根据投资产品标的不同，证券投资信托产品可以分为股票类证券投资信托、基金类证券投资信托和债券类证券投资信托。三种证券投资信托产品需满足监管要求，即所投资的证券必须是标准化的、可以在二级市场上流通的。

（1）股票类证券投资信托主要投资于上海或深圳证券交易所上市交易的股票，也可投资于基金、国债、金融债、央行票据、非金融企业债务融资工具（包括短期融资券、中期票据等）、发行主体评级在 AA 级和 AA 以上级企业债和公司债、期限不超过 1 年的债券逆回购、可转债。

（2）债券类证券投资信托投资于银行间债券（国债、金融债、央行票据、企业债、中期票据及短期融资券等）交易所上市流通的债券（国债、企业债、公司债、可转换债券、可分离交易债券、资产支持证券等）、首次公开发行债券、可分离转债及可转换债的网上及网下申购投资、同业存款、货币市场基金和纯债券基金等。

（3）基金类证券投资信托投资于交易所上市流通的封闭式基金［包括上市开放式基金（LOF）、交易型开放式指数基金（ETF）］、开放式基金（包括股票型、债券型、混合型、货币市场基金）、同业存款等。

二、证券投资信托产品的运作模式

（一）信托公司自营信托

信托公司自营信托又称为主动管理信托，信托公司同时担任信托财产的受托人和管理人角色。该模式中，由信托公司组建核心投资管理团队，制定投资决策，信托公司具有信托财产的运用量裁权[①]。信托公司自营信托属于狭义的证券投资信托，其运行按照《信托法》等法律法规进行。信托公司自营信托的基本结构如图 6-1 所示。

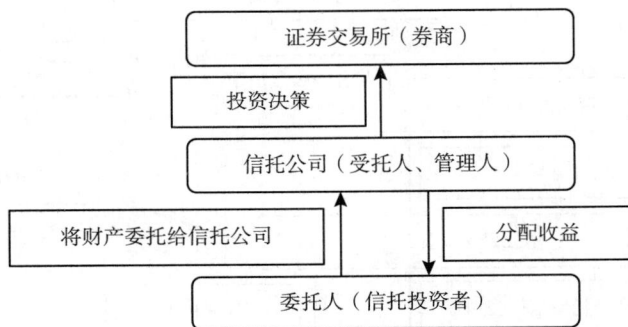

图 6-1 信托公司自营信托的基本结构示意图

该模式下委托人将财产交予信托公司管理，信托公司不保证任何的收益目标，亏损由委托人承担。在取得收益的情况下，信托公司收取一定的费用，剩余收益和本金全部归委托人所有。自营信托的费用结构类似私募基金的管理—激励费用模式。信托

---

① 对资产的运用量裁权，即能够决定投资策略：决定投资产品的种类、投资的期限和渠道、终止投资的方式和时机。

公司收取信托财产2%左右的管理费（通常与盈利情况无关）、收取信托总盈利15%左右的激励费（实际费率情况有所不同）。

（二）阳光私募基金

基金可以分为私募基金和公募基金。公募基金是指在证监会监管下，可以向公众公开发行受益凭证的证券投资基金，投资门槛较低。虽然可以直接向社会公众募资，但是其投资范围、信息披露、利润分配等方面受到严格限制。而私募基金则只能通过非公开宣传的方式，向特定投资者募集资金，投资门槛较高，在投资范围方面受到很少的限制，利润分配方案自由协定，信息披露要求非常少。我国早期的私募基金存在资金来源高度不透明的情况，不利于监管，因此引入信托作为投资人和私募基金公司中间的桥梁，由信托公司向投资者募集资金，然后私募基金公司使用资金进行投资。加入信托结构的私募信息更为透明，利于监管，因此得名阳光私募基金。

阳光私募基金是指在非公众发行的情况下，通过信托公司向特定投资者群体募集资金，由投资顾问机构提供投资决策，投资顾问机构实际上拥有对资金的运用量裁权（这也是阳光私募与信托公司自营信托的最大区别）。在阳光私募基金中需要由第三方进行资金托管，一般是商业银行担任资金托管方。投资者参与阳光私募基金门槛较高。阳光私募基金对投资者最小投资额、总资产和风险承受能力均有要求。阳光私募基金的基本结构如图6-2所示。

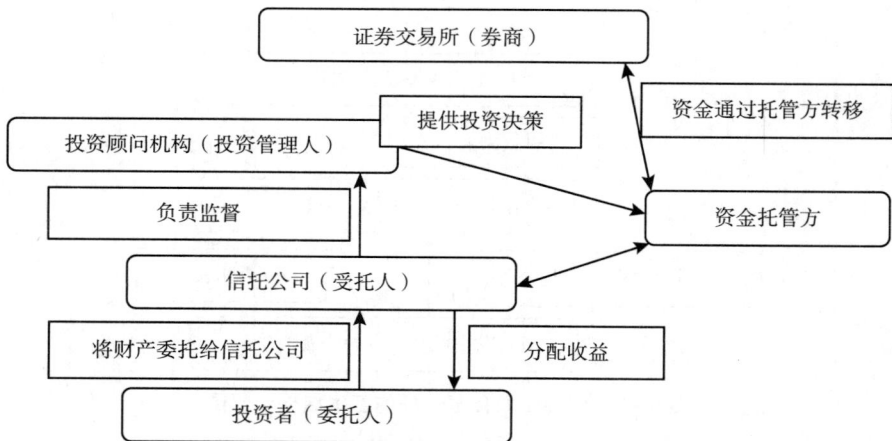

图6-2 阳光私募基金的基本结构示意图

阳光私募基金与一般私募基金的主要区别在于：第一，阳光私募基金借助信托公司发行，经过监管机构备案，资金来源信息比传统私募基金更为公开。第二，阳光私募基金需要定期进行行业绩披露报告（向监管方披露）。第三，阳光私募基金主要投资于二级证券市场，而一般私募基金偏好投资于未上市的、具有高成长潜力的公司。

该模式下，信托公司一般收取信托资产 0.5%～1% 的管理费，投资顾问机构按照私募基金收费模式收费。无论是信托公司还是投资顾问机构，均不做投资收益保障，亏损由投资者自行承担。

从投资决策结构、运行管理理念和费用结构方面来看，阳光私募基金实质上是私募类证券投资基金产品，但是由于其法律主体是信托公司，具备信托产品的典型结构（委托—受托结构），因此也将其归入证券投资信托的范围里来。

（三）结构化信托

结构化信托是通过重新设计信托产品，将信托的收益和风险进行了重新分配。结构化信托的基本结构是优先劣后结构，将投资人的受益权分为优先级和劣后级。优先级资金委托人享有优先受益权，也就是优先受益人。劣后级资金委托人就是劣后受益人，享有投资决策权。享有优先受益权的投资人一般称为优先投资人，享有劣后受益权的投资人称为劣后投资人。优先投资人与信托公司签订信托合约，不参与投资的决策过程，但是可以要求信托公司保证本金安全与一定的收益，在信托合约到期或终止后，剩余信托资产的分配以满足优先投资人的本金和收益目标为主要目标，通常优先投资人只能要求固定的收益目标。劣后投资人与信托公司签订信托合约，且全部投资指令由劣后投资人给出，信托公司负责审核投资指令，在指令符合相关法律法规和信托合约的情况下，必须按照劣后级投资人给出的指令执行。结构化信托具有止损机制，目的是保护优先投资人的权益，劣后投资人则担负着止损机制的成本与风险。当信托合约终止或到期时，在优先投资人按合约提取收益之后（以及信托公司收取费用后），全部剩余的信托财产归劣后投资人所有。结构化信托的基本结构如图 6-3 所示。

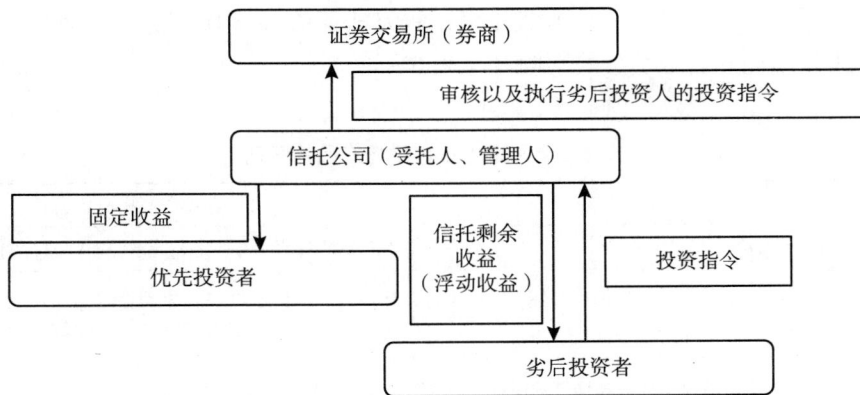

图 6-3 结构化信托的基本结构示意图

根据相关法律，信托参与证券市场交易时必须通过专用的信托证券交易账户，虽然结构化信托的交易决策由劣后投资人做出，但是实际交易指令是由信托公司送达证券交易所的。信托公司具有审核权和拒绝权，如果劣后投资人的指令违犯法律法规或者信托条款，信托公司可以拒绝执行，但是其没有决定投资指令的主动权。从实际效果的角度来讲，劣后投资人掌握着信托资金的运用量裁权。

结构化信托与传统证券投资信托最大的区别在于对风险和收益的重新设计和分配。传统的投资于证券市场的集合型投资产品，无论是证券投资基金还是主动管理型证券投资信托，投资者都必须承担市场波动带来的诸如本金亏损等风险，收益情况则完全由市场行情和资金管理者的投资能力决定。而结构化信托在同样投资于证券市场的情况下，通过止损机制给优先投资人带来了无风险的固定收益、筹集优先级资金，通过让渡投资决策权的方式给劣后投资人提供了高风险高回报的杠杆投资产品。结构化信托所吸引的投资者并非是传统证券投资基金或者信托的偏好者，而是具有偏好低风险固定收益的投资者以及偏好高风险高收益的杠杆投资者。从劣后投资人的角度来看，参与结构化信托的过程实际上是向优先投资人借了一笔钱进行证券投资，因此学者们也把结构化信托归为融资性质的金融活动。

在实务中，结构化信托的劣后投资人通常是由具有丰富经验和专业投资能力的金融机构担任，比如投资银行、私募基金公司等。优先级资金的募集来源主要是通过商业银行销售的理财产品，银行理财产品的最低购买量从数万到数百万不等，对购买者也没有太多限制。因此，相较于前两种信托产品，结构化信托具有独特的募资优势。

三、证券投资信托与公募基金的区别

在投资于证券市场的集合资金产品中，公募基金、私募基金和证券投资信托占据了主要的地位。证券投资信托和私募基金存在诸多相似之处，除了结构方面有所不同外，在资金募集、盈利模式、组织结构和经营方法等方面都比较类似。下面主要对比一下证券投资信托和公募基金的不同（见表 6-1）。

表 6-1　　　　　　　　公募基金和证券投资信托产品的区别

项目	公募基金	证券投资信托产品
募集对象	社会公众	资产规模较大、有一定风险承受能力的特定投资者
服务特点	"批发式"，由基金公司提供统一的产品，投资者只能被动接受	"定制式"，根据投资者需求定制信托产品。投资者可以与基金发起人协商和确定投资策略和目标
信息披露	要求严格，需要定期披露详细的信息，包括投资组合、基金净值等	要求较为宽松，投资更具隐蔽性
流动性	流动性较强，容易变现	流动性差，变现能力弱
管理报酬	以固定管理费用为主	以业绩提成（激励费）为主

第一，适用法律和监管条例不同。证券投资信托产品属于银保监会监管，受《信托法》《信托公司集合资金信托计划管理办法》管辖，而公募基金属于证监会监管，受到《证券投资基金法》管辖。

第二，募集资金方面的不同。公募基金可以面向全部社会公众公开募资，而证券投资信托只能通过非公开的方式向特定投资人募资，禁止利用公共传媒或广告宣传，只能私下里向熟人募集或是口碑相传。公募基金的门槛较低，最低购买额度在 1000 元左右。而证券投资信托的门槛较高，主动管理型信托和阳光私募基金的最低购买额度都在 100 万元以上，结构化信托对于优先投资人的门槛则低一些，但最低购买额度仍为数十万元。在资金赎回方面，公募基金大多为开放式基金，购买者可以随时赎回自己的基金份额，封闭式基金虽然不能随时赎回，但是可以通过二级市场交易变现。而证券投资信托的赎回模式属于封闭式信托，一般在信托发行后的 6 个月内是封闭期，不能进行赎回，6 个月后在每月的特定日期可以赎回信托份额。

第三，管理运作方面的不同。首先，公募基金的投资策略完全由基金公司决定，投资者只能被动接受。而在证券投资信托中，投资者可以参与的投资决策的过程。其次，公募基金公司的主要收入是固定的管理费用，追求基金规模。而证券投资信托公司的主要收入是业绩提成，追求绝对的正收益。从利益捆绑的角度来说，证券投资信托的管理人和投资人之间存在共同利益。再次，公募基金必须定期披露详细的投资组合、每日公布基金净值。证券投资信托的披露要求则较为宽松。最后，风险承担方面存在不同。公募基金完全由投资者承担亏损风险；证券投资信托则提供了风险转移的方式。

四、证券投资信托的监管部门

关于信托业的监管问题，目前我国采取多个行业分开进行监管的方法，参与监管证券投资信托的主要机构有银保监会、中国人民银行、证监会和信托业协会。

（一）银保监会

在银、保监会合并之前，我国的银监会是负责信托业监管的基础部门①，也是最重要的部门。在银、保监会合并后，仍由原银监会的非银司主要负责对信托业的监管。《银行监督管理法》中的规定赋予了银监会各项职能，令其能够监督和管理信托机构。我国信托业务的监管工作通常都是由银监会负责，主要的政策性文件也由银监会出台。

银监会对信托业的监管属于法律监管、行政监管，其监管行为具有法律效力，其

---

① 我国《银行业监督管理法》第二条明确规定，信托公司适用于对银行业的监督管理规定："对在中华人民共和国境内设立的金融资产管理公司、信托投资公司、财务公司、金融租赁公司以及经国务院银行业监督管理机构批准设立的其他金融机构的监督管理，适用本法对银行业金融机构监督管理的规定。"

监管职责主要包括：监督信托公司的备案工作，督促信托公司建设业务管理制度和内部控制制度并向银监会备案；监督信托公司的审计工作，信托公司需要定期向银监会提供审计报告的副本；监督信托公司建立健全的财务会计制度，真实记录并全面反映其业务活动和财务状况；监督信托公司的日常经营活动，信托公司需要定期报送营业报告书、信托业务及非信托业务的财务会计报表和信托账户目录等资料；银监会可以定期或不定期检查信托的日常经营，并有权责令信托公司聘请外部审计机构对其业务和财务状况进行审计；对信托管理人员和从业人员遵守法律法规的情况进行监管以及从业资格审查；对经营陷入困境的信托公司责令整顿、重组或者进行接管。

保监会对信托业的监管主要针对保险行业中的部分混业经营涉及了信托业务，而并非是对信托的专门监管。

（二）中国人民银行

早期由中国人民银行完全负责对信托业的监管，后来这一工作全部移交给了银监会。目前中国人民银行与银保监会共同参与信托的监管，中国人民银行仅参与政策出台等重大事项。

（三）证监会

证监会主要负责统一监督管理全国证券期货市场，维护证券期货市场秩序，保障其合法运行。证监会也是信托业监管体系的重要组成部分，任何经营活动或者投资资产与证券市场挂钩、与基金业务相关的信托产品都在证监会的监管范围之内，其监管行为具有法律效力。

（四）信托业协会

信托业协会对信托的监管多从维护行业健康发展的角度出发，主要以行业共识、约定俗成的信托行业规定、职业道德等方面对信托公司以及信托从业者进行监督和约束。信托协会的监管属于自律监管，其监管权力是银保监会按照法律赋予的，不具有法律效力。

多部门监管带来了复杂的合规要求，增加了信托公司合规部门和内控部门的工作量，导致信托公司的运营成本上升。此外，多部门监管的复杂性增加了信托合规工作的困难。比如在同一类业务上，不同监管方出具的监管要求存在不一致的现象，给信托公司带来了两难选择。虽然证券投资信托所涉及的业务确实遍布多个金融领域，现行的监管机制在某种程度上具有合理性。但是，监管标准和监管主体不统一非常不利于构建标准、稳定的监管环境，不利于信托业的长远发展。除了多监管体系的复杂性问题之外，证券投资信托还面临着相关法律不完善甚至相互冲突的尴尬局面，这一问题的产生与监管机构不统一、缺乏协调工作也是密不可分的。

第二节　管理型证券投资信托

一、管理型信托的分类

管理型证券投资信托可以分为主动管理型（投资类信托）和被动管理型（融资类信托）两个大类。信托公司自营信托属于主动管理型信托，由信托公司负责信托资产的投资工作。而阳光私募属于被动管理型信托，信托公司只负责募集资金，投资工作由第三方投资顾问机构负责。实际上，证券投资信托仅仅是信托业中的一个子分类，在我国整体信托业中，被动管理型（融资类）信托占据更多的份额。

信托在我国发展迅速，短短数年的时间就扩大数十倍，达到 20 万亿元的规模，但直到近几年才有明确的规则区分融资类和投资类信托。按照银监会在 2017 年 4 月中旬下发的《信托业务监管分类试点工作实施方案》和《信托业务监管分类说明（试行）》的规定：主动管理型信托（投资类信托）是指信托公司具有全部或者部分的信托财产运用量裁权，对信托财产进行管理和处分的信托。被动管理型信托（融资类信托）是指信托公司不具有信托财产的运用量裁权，而是根据委托人或是由委托人委托的具有指令权限的指令，对信托财产进行管理和处分的信托。

主动管理型信托的指导思想是"代客理财"，信托公司运用自身专业的投资能力替委托人管理资产，扮演着资金管理人的角色，肩负着保护委托人资金安全、使资金增值的责任。而被动管理型信托的指导思想是"通道融资"，信托公司的主要责任是募集资金，而募集的资金由其他主体进行管理或使用，信托公司不承担管理资金、使资金增值的责任。

由于我国金融业的特殊情况，银行和券商等金融机构在业务方面存在限制，而信托则有很大的灵活性，可以起到"通道"作用。比如结构化信托可以作为交易所融资融券业务的一种替代品，信托公司的功能实际上是替劣后投资人募集资金。银行与信托公司事先合作，通过信托公司发行信托产品为特定客户筹资，银行以购买信托产品的方法绕开监管。巨大的潜在收益、融资类信托的"野蛮生长"，滋生了违规配资、违规借贷、非法募资等一系列问题。

二、主动管理型证券投资信托

"信托"顾名思义，有"信任委托""受托，代为理财"的意思，其本意是一种资产管理服务。因此主动管理型信托产品才能体现信托公司的资产管理能力，属于信托公司的本源业务。然而在我国的证券投资信托产品中，主动管理型信托（信托公司自营证券投资信托）的占比非常小，反而是阳光私募信托和结构化信托占据了主要市场份额。

追根求源，证券投资类信托（最早是阳光私募）自 2007 年开始发展以来，不过短短的 12 年时间，因此在证券投资的专业能力方面，信托公司显然与证券投资顾问机构有差距，毕竟专业的证券投资公司在我国的发展时间更长，已经具备了丰富的经营经验。同时，市场对于集合类证券投资产品的需求又是巨大的，因此信托公司想要在扩大规模的同时保证收益，与投资顾问机构进行合作是必然的。

三、被动管理型证券投资信托

目前我国的证券投资信托以被动管理型为主。在被动管理型证券投资信托产品中，信托公司作为受托人，承担着私募基金正常运作的管理职责。其主要工作是日常管理、产品运营等，主要包括：在信托产品设计时，同委托人、托管方、投资顾问、证券公司等相关方按照法律程序确定各方的权利与责任，并签署具有法律效力的合同；在信托产品成立后，按照信托合同的要求履行交易、估值、申购赎回、利益分配、清算等私募基金正常运作的管理工作。

而担任投资决策和实际投资管理人的则是信托公司以外的第三方，其职责是追求信托财产价值最大化。这个第三方的角色，根据信托类型有所不同，在阳光私募中是投资顾问机构，在结构化信托中是劣后投资人。

（一）阳光私募基金

随着我国经济的持续高速发展，民间财富迅速积累，投资需求也愈发强烈，客观上为私募证券投资基金提供了充足的资金。同时，国内也涌现了一批证券投资经验丰富、历史业绩良好的证券投资顾问机构，主要分布在北京、上海、深圳等地，在天津、广州、成都和各省会城市也有出现。私募基金因为资金运用灵活、潜在收益高的优势受到经济实力雄厚的投资者欢迎。为了使信息透明化，我国的私募证券投资基金加入了信托结构设计，产生了"阳光私募基金"这样的私募模式，并且获得了迅速发展。

从法律结构来看，阳光私募采用了信托的组织结构，并且用书面合同来约定各方的权利与义务。信托公司是产品发行的法律主体，提供产品运作的平台，进行证券交易、核算估值、申购赎回等日常运营工作，同时按照信托合约保障参与各方在合同框架内获得利益。证券投资顾问机构担任投资决策者，决定投资的种类、数量与时机，是阳光私募基金业绩的主要决定因素。托管方进行资金保管，负责保证资金安全，并负有对信托估值进行审核的责任。证券公司提供证券经纪服务和证券托管服务。阳光私募基金实质上属于私募类证券投资基金，其典型的投资限制条款如下：

（1）投资于一家上市公司所发行的股票，不得超过投资时该上市公司总股本的

5%；且信托公司不得以受托人名义持有上市公司总股本5%以上的股份。

（2）投资于一家上市公司的股票时，依买入成本计算，不得超过前一交易日信托财产净值的20%。

（3）投资于权证类资产时，依买入成本计算，不得超过前一交易日信托财产净值的7%。如果被动持有该类证券导致持仓比例超过按合同规定的比例，则须在5个交易日内将该类持仓减持为按合同规定的比例。

（4）不得投资于ST、*ST公司公开发行的证券，如果被动持有该类证券，则须在5个交易日内将该类持仓减持为零。

（5）投资于单一基金，依买入成本计算，不得超过前一交易日信托财产净值的20%（货币基金除外）。

（6）不得投资ETF套利；不得投资于股指期货、融资融券等风险较大的投资品种。

（7）投资于所有创业板上市公司公开发行的证券，依买入成本计算，不得超过前一交易日信托财产净值的20%；投资于一家创业板上市公司公开发行的证券，依买入成本计算，不得超过前一交易日信托财产净值的10%。

（8）不得投资于可能承担无限责任的投资，也不得用于资金拆借、贷款、抵押融资或者对外担保等。如因市场剧烈波动、大额赎回、上市公司合并、信托计划规模变动等因素导致信托财产总值大幅变化可能致使上述投资比例短期内超出以上限制的，不视为违规，但应在5个交易日内进行调整，使之符合投资限制要求。如遇限制流通的客观原因，可调整时间延长时限。

（二）结构化信托

在结构化信托中，法律主体仍然是信托公司，由信托公司提供产品运作的平台，进行证券交易、核算估值、申购赎回、止损机制等日常运营工作。优先投资人通常是商业银行，担任资金借出方的角色，其资金来源主要是通过出售理财产品获得。而劣后投资人担任投资决策的角色，是优先资金的借入方和实际使用方，并且负担着全部信托资产损失的风险。

相比阳光私募基金，结构化信托的通道作用更为明显。对于优先投资人来说，其通过结构化信托把资金"借给"了担任劣后投资人的证券投资机构，获得了本金保证的同时又获得了相对较高的收益。对于劣后投资人来说，其通过结构化信托"借取"了杠杆资金，同时又没有受到类似交易所融资的严格限制。对于银行来说，其通过理财产品的高收益率吸引了储户，同时又绕开"银行储蓄资金不得进入股市"的限制，从中获取利益。总的来说，各方都获得了其他合规金融渠道所不能获得的金融服务。

四、被动管理型证券投资信托的信托关系

证券投资信托，归根结底其本质还是信托产品，应遵守相关法律法规。但是，由

于阳光私募和结构化信托的特殊构造，投资顾问和劣后投资人的结构导致了信托的委托关系出现了异化，具体理由如下：

第一，受托人控制信托财产，才是信托制度的核心要义。《信托法》规定，委托人不能干涉管理处分信托财产。信托设立后，除了《信托法》第20～23条规定的查询权、在特定情形下撤销交易、解任受托人的权利外，委托人不再能影响信托财产的使用，而由受托人负责管理处分信托财产。根据以上法律条款，结构化信托中由劣后投资人决定投资决策的行为显然是不符合《信托法》的。

虽然表面上不符合《信托法》，但是官方对结构化信托尚无明确的定性。

第二，投资顾问不应当成为受托人的"全权代理人"。《信托公司证券投资信托业务操作指引》第21条规定："信托公司应当亲自处理信托事务，自主决策，并亲自履行向证券交易经纪机构下达交易指令的义务，不得将投资管理职责委托他人行使。信托文件事先另有约定的，信托公司可以聘请第三方为证券投资信托业务提供投资顾问服务，但投资顾问不得代为实施投资决策。聘请第三方顾问的费用由信托公司从收取的管理费和业绩报酬中支付。"但是在阳光私募基金产品的实际运行中，投资顾问机构几乎全权接管了信托财产的投资管理工作。

然而，按照《信托法》第30条规定，"信托文件另有规定或者有不得已事由的，可以委托他人代为处理"。2007年银监会发布的《信托公司管理办法》第64条也认可注册资本不低于1亿元人民币或等值的可自由兑换货币的信托公司可以"处理信托事务不履行亲自管理职责，即不承担投资管理人职责"。不同的法律标准导致证券投资信托在实际运行中可能会出现法律漏洞。虽然阳光私募基金的模式在经济层面上具备合理性，但是法律概念模糊的存在会产生对信托委托人、受益人的潜在法律风险。

就我国的证券投资行业来看，专业投资顾问的研投能力显然超过了信托公司，因此市场选择了投资顾问机构和私募基金公司，而信托公司逐渐成为私募基金的筹资通道。面临市场异化和法律问题，银监会和信托业为了减少证券投资信托的风险，强调了投资顾问的资质要求。一是对第三方顾问提出了超出一般投资咨询辅助人员的高要求；二是要求信托公司对投资顾问交易指令的风控指标设置了更高要求。

第三节　证券投资结构化信托

一、证券投资结构化信托定义

证券投资型结构化信托是一种投资于证券产品并采用结构化方法重新分配风险与收益的信托产品。其概念由"结构化产品"衍生而来，而结构化产品并没有一个固定统一的定义，通常是指"运用现代金融工程技术，对已有的债券、期货、期权、互换等基础性金融产品进行重新设计、改造、组合，创造出来的一类金融衍生产品"。结构化过程将金融产品的收益和风险重新组合、设计并分配给具有不同风险收益偏好的投资者。

在《关于加强信托公司结构化信托业务监管有关问题的通知》中，有关于结构化信托业务的明确解释："结构化信托业务是指信托公司根据投资者不同的风险偏好对信托受益权进行分层配置，按照分层配置中的优先与劣后安排进行收益分配，使具有不同风险承担能力和意愿的投资者通过投资不同层级的受益权来获取不同的收益并承担相应风险的集合资金信托业务。"

结构化信托的特征就是按照投资者的风险偏好对信托的受益权进行分层设计。信托受益权被分为优先级和劣后级两大类层级，持有优先受益权的优先受益人享有先于持有劣后受益权的劣后受益人获得信托收益的分配；而劣后受益人只能在优先受益人取得足额按照合同约定的信托收益后，才有权从剩余信托收益中取得利益。表面上劣后受益人似乎处于不利地位，但是整个结构化信托的投资指令是由劣后投资人决定的，劣后受益人是以承担风险的代价获得了潜在的高收益，实际上是进行杠杆投资。在劣后投资人的投资指令不违反信托条例和法律法规的情况下，信托公司必须执行其指令，信托公司是不具备信托财产的运用量裁权的。

二、证券投资结构化信托的模式

在非结构化证券投资信托业务中，以"深圳模式"为代表的阳光私募证券投资业务为主。信托公司在这种信托业务中的主要作用是为私募证券投资产品提供合法的通道，为其提供具备第三方监管条件的估值、核算、披露，提高了产品的可信度和发行能力。然而信托公司并不参与信托资产的投资管理过程——而是将其交由第三方投资顾问公司处理——信托公司的主要作用是提供平台。此外，"深圳模式"下的信托资金通常由商业银行担任资金托管方。

结构化证券投资信托业务模式主要以"上海模式"为主，因上海地区信托公司主要采纳这一模式开展证券投资业务而得名。该模式最常见的运作方式为：信托计划采用优先—劣后分层结构，优先投资人和劣后投资人按比例出资；优先级一般是低风险偏好、期望固定收益的投资人，而劣后级一般是高风险偏好、需要杠杆投资的投资人。信托公司根据优先和劣后投资人的出资比例、所投证券标的流动性等指标制定相应的止损线和止损机制。

"上海模式"中的止损机制和融券业务中的保证金机制有相似之处。当信托本金低于止损线时，信托公司会向劣后投资人发出追加资金通告，要求劣后投资人通过追加资金或者控制仓位等办法，使信托单位净值能够维持在止损线之上，以确保优先投资人本金和收益的安全性。如果劣后投资人无法满足信托公司追加资金通告的要求，则会丧失投资指令权，由信托公司强制平仓。待信托到期时，证券类信托资产全部变现，并优先向优先受益人分配信托利益，在优先受益人按合同收回本金和收益后，剩余信托利益全部归劣后受益人所有。相比深圳模式（阳光私募），在上海模式的结构化证券投资信托中信托公司处于更加核心且重要的地位。通过结构化，信托产品可以满足不同程度风险偏好的投资者的需要，极大地延伸了证券投资信托的适用范围。

除了优先—劣后两层结构化设计这一最基本的结构化方法，证券投资型结构化信托还可以进行更为复杂的设计。比如"优先——一般——劣后"三级受益人结构，优先受益人要求的固定回报率最低，但是最先从信托收益中提取属于自己的回报，而且一般可以要求信托计划设置止损线以确保自己的本金和要求回报100%可以实现。一般受益人要求比优先级更高的固定回报率，但是提取顺序在优先受益人之后、劣后受益人之前，且通常不能要求100%的本金与要求回报的保证（一般受益人可以提出保本要求，但通常不保证收益）。劣后级受益人则无法保证本金与要求回报的安全，但是能够取得所有信托剩余收益，而且有权决定信托的投资决策。在结构化信托中，每个层级的受益人都承担了与收益相符合的风险，按照这个原理，结构化信托还可以进行其他类型的设计。

三、证券投资结构化信托的功能

（一）保护优先投资人的利益

优先投资人不仅可以要求保障本金，还可以在此基础上要求保障一定的收益，而结构化信托实现这一功能主要通过止损机制控制风险。虽然部分监管文件不允许做出保证收益的承诺，但是结构化信托的特殊止损机制确实能做到保证优先投资人要求的收益。

结构化信托产品常见的止损机制为：设定一个能保护优先资金的止损线，假设优先资金占总资金的60%，设置止损线为总资金的70%，在信托存续期内任何一个工作日，当信托单位净值低于止损线时，信托公司会通过要求劣后投资人追加资金。如果劣后投资人无法满足追加资金要求，则信托公司不再接受其交易指令，并对信托计划所持有的全部证券资产逐步进行变现。信托财产全部变现时该信托产品提前终止，将变现所得资金优先分配给优先投资人，剩余部分分配给劣后投资人。

为了控制风险，避免止损机制失灵，一般结构化信托会设置投资限制，比如禁止投资认股权证、股指期货等高风险金融衍生产品；限制单只股票占资产组合的比例、股票行业，提倡分散投资，以避免风险过于集中；限制流动性较差的股票在资产组合中的比例，如新三板和科创板股票。

结构化信托的保本设计不同于其他保本类理财产品，传统保本类产品由发行方承担保障本金安全的成本，而结构化信托通过产品设计，实际上让劣后投资人承担了保障优先投资人利益的成本。

（二）为劣后投资人提供杠杆投资功能

信托财产的投资运用采取劣后投资人的积极指令与受托人（信托公司）的消极指令相结合的方式进行。通常劣后投资人向信托公司发送积极投资指令，包括买卖的标的、时间、价格。信托公司收到指令后需要对指令的内容进行审核监督，如果该指令符合信托合同规定的投资条款，则信托公司需要执行该指令——实际上劣后投资人控制了投资决策权。从劣后投资人的角度讲，参与结构化信托实际上是进行杠杆投资，而优先投资人是资金的借出方。

结构化信托设有杠杆比率限制。杠杆比率是指信托成立时优先级信托资金与劣后级信托资金的比率，该比率与信托所投资的基础资产的类型有关。在没有其他外部信用增级或特殊仓位限制的情形下，主要投资于股票的结构化信托的杠杆比率一般小于2倍，即优先级信托资金金额是劣后级信托资金金额的2倍，而主要投资于银行间市场债券的结构化信托杠杆比率可以达到9倍。

四、证券投资结构化信托的原理

为了更直观地描述证券投资型结构化信托的概念和作用，下面利用简单的两级优先—劣后结构化信托产品设计进行说明。

假设一个投资于股票市场的证券投资型结构化信托产品，优先投资人初始本金2000万元人民币，要求收益为200万元人民币，劣后投资人初始本金1000万元人民币。信托产品存续期间由劣后投资人下达一系列投资指令，产品到期时全部资产变现并分配信托利益，合同期为1年。设置止损线为2500万元人民币，不考虑信托管理费、交易费用等一切其他费用。

（1）若存续期间资产组合的市场价值低于2500万元，触发止损机制，且劣后投资人不追加资金时，信托内资产全部提前变现。此时优先投资人收到2000万元本金和合同约定的200万元收益，劣后投资人损失700万元本金。

（2）若存续期间，信托资产组合的市场价值一直不低于2500万元，不触发止损机制，到期时有以下几种情况：总资产的市场价格介于2500万～3000万元之间，此时信托总资产组合处于亏损状态。假设终值为2700万元，信托的收益率为-10%，优先投资人收益率为固定的10%，劣后投资人收益率为-50%。另一种情况，如果总资产终值大于3000万元，此时信托总资产组合处于盈利状态。假设终值为3200万元，信托的收益率为6.67%，优先投资人收益率仍为固定的10%，劣后投资人收益率为0。假设终值为 3700 万元，信托的收益率为 23.33%，优先投资人收益率仍为固定的 10%，而劣后级投资人收益率达到了 50%。

从结果来看，优先投资人相当于买了一个保证本金和收益的理财产品，而劣后投资人相当于进行了一场融资购买股票的投资，即加杠杆炒股票，也成为融资炒股，而信托方扮演着配资者的角色。

结构化信托可以理解为信托内部的两类投资人之间进行了借贷融资：劣后投资人向优先投资人进行债务融资，将自有资金和融入资金投入相同的证券资产组合，并以信托资产作为偿还优先投资人本金和利息（优先投资人要求的收益）的担保，且提供内部信用增级。与一般融资不同的是，优先投资人对"借出资金"的追索权仅限于合同约定的信托投资收益，在极端情况下信托投资亏损导致净资产低于优先投资人本金时，优先投资人也没有权力对劣后投资人的其他资产进行追索。从借贷的角度出发，劣后投资人的交易行为和承担的风险类似于证券市场上通过保证金交易制度买入证券的杠杆投资者。

证券投资型结构化信托也可以被看作两类投资人之间进行了两笔期权交易。一方面，劣后投资人向优先投资人购买了一个看涨期权，期权费为优先投资人要求的收益金额，行权价格为全部信托初始资金加上优先投资人要求的收益金额，其潜在收益是信托资产的终值超过行权价的部分。另一方面，劣后投资人向优先投资人购买了一个看跌期权，期权费为向优先投资人承担风险，行权价格是止损线或者优先投资人本金与要求的收益之和（在没有止损机制的情况下是后者），其潜在收益是当亏损额度达到一定限额时终止交易。

综上所述，对于优先投资人来说，证券投资型结构化信托的本质是一种结构化保本的信托产品；而对于劣后投资人来说，证券投资型结构化信托则是一种杠杆投资产品。该业务减少了优先投资人的风险但也限制了其收益，放大了劣后投资人的风险但也提高了其获取超额收益的可能性。

五、证券投资结构化信托的应用规则

从投资标的角度出发进行分类，证券投资型结构化信托分为股票类和债券类。股票类主要投资于沪、深证券交易所上市的 A 股股票，也投资于交易所交易的上市开放式基金（LOF）、交易型开放式指数基金（ETF）、封闭式基金和债券、新股及可转债申购、货币市场基金、开放式基金、高流动性的现金类资产。债券类则主要投资于交易所或银行间市场债券及其他债务融资工具。国内对不同类型的结构化信托设有相应的规定和限制。

在"上海模式"证券投资结构化信托的发源地上海，由中国银监会上海监管局牵头组织，各家信托公司共同制定并签署了《上海市信托投资公司结构化证券投资信托业务自律守则》①（以下简称《守则》）。《守则》确定了上海地区信托公司在证券投资型结构化信托业务中应遵守的基本规则，建立在该守则基础上的证券投资型结构化信托的应用规则主要内容如下。

（一）劣后投资人资格

《守则》中规定，劣后投资人必须是具备较强的资金实力、风险承受能力和投资管理能力的机构投资者，其内部应具有专业团队以进行风险识别和评估，且其从未受到过证券监管部门的处罚。但是随着资本市场的发展，现今劣后投资人的范围也在逐渐扩大，具有较强资金实力和风险承受能力的个人投资者也能够作为劣后投资人参与到结构化信托业务当中。

（二）杠杆比例设置

根据信托主要投资资产的类型和占比，《守则》设置了不同的杠杆率（杠杆率＝优先投资人的出资金额∶劣后投资人的出资金额）上限。对于信托资金总额的80%以上投资于股票的结构化信托来说，其杠杆率最大不能超过1.5∶1；对于资金总额的50%~80%投资于股票的结构化信托来说，其杠杆率最大不能超过2∶1；对于资金总额的50%以内投资于股票的结构化信托来说，其杠杆率不能超过3∶1；其他类型的股票投资型结构化信托的杠杆率原则上不能超过4∶1。

（三）投资范围与投资限制

结构化信托所投资的证券品种可以由劣后投资人提出，但是信托公司对执行劣后投资人的指令具有否决权。此外，结构化信托应当投资于流动性较好的证券，投资于与一般收益权的委托人（投资人）有关联的股票或者投资于受托人关联方的证券品种必须提前向全部投资人披露该交易的相关信息，且在任何一个会计年度与任何一个关联方的交易不得超过集合信托的50%。

（四）止损机制设置规则

结构化信托必须设置止损线。止损线由各信托公司自行设定，但最低不得低于根据以下公式计算的信托单位净值：

（1）股票型结构化信托（信托资金80%以上投资于股票）：

信托单位净值＝（1＋预期收益率）×（优先受益权资金/资金总额）/0.81

（2）混合型结构化信托（信托资金50%~80%投资于股票）：

信托单位净值＝（1＋预期收益率）×（优先受益权资金/资金总额）/0.85

---

① 《上海市信托投资公司结构化证券投资信托业务自律守则》，自2006年5月1日起施行。

（3）其他结构化信托：

信托单位净值 =（1 + 预期收益率）×（优先受益权资金/资金总额）/0.89

（五）分散投资要求

每个信托合同持有的任意一家公司证券的总价值不得超过该信托合同下总资产净值的 10% 。同一家信托公司管理的所有信托合同持有一家公司发行的证券不得超过该公司发行证券总额的 10% 。

但《守则》之后由中国银监会发布的《关于加强信托公司结构化信托业务监管有关问题的通知》[①] 突破了单股占信托计划净值不超过 10% 的限制，按其规定，结构化信托可根据各类证券投资品种的流动性差异设置不同的投资比例限制，但单个信托产品持有一家公司发行的股票最高不得超过该信托产品资产净值的 20% 。

（六）受托人复核监督规则

信托公司应注意判断劣后委托人的每一个交易指令是否符合相关法律法规和信托条款。违反有关规定和信托合同约定，有内幕交易、反向操作、操纵市场、明显偏离市场均价等情况的交易指令均应被视为无效指令不予执行。对于其他违规违约行为，可以对劣后委托人采取电话提示、书面警告、提前结束信托计划等措施。

六、结构化信托与证券交易所融资融券业务的比较

作为功能比较相近的业务，我们将结构化信托与证券交易所融资融券业务进行比较。融资融券业务是指证券公司借给客户资金供其买入上市证券，或者证券公司借给客户证券供其进行卖空交易。融资交易指投资者以其信用账户的资金和证券为担保，向证券公司借入资金并买入标的证券。在交易过程中由证券公司为投资者垫付资金完成证券交易。表面上融资融券业务是证券交易所中的一种业务，而结构化信托则是一种信托类金融衍生品，两者似乎没有交集，但是结构化信托能够为有杠杆交易意向、愿意承担风险并成为劣后受益人的投资者提供杠杆交易机会，因此和融资交易产生了"竞争"关系。对于投资者来说，相较于交易所融资业务，通过结构化信托进行杠杆交易有如下利弊。

（一）结构化信托的优势

1. 投资限制少，标的股票丰富

根据 2019 年 8 月更新的《融资融券交易实施细则》，交易所融资融券业务标的从

---

① 《关于加强信托公司结构化信托业务监管有关问题的通知》，自 2010 年 2 月 10 日起实行。

950 只沪、深股票扩大到 1600 只。而结构化信托的投资范围更广，甚至可以参与创业板股票交易。对于融资者来说，更少的限制意味着投资操作的上限更高。

2. 集资金运用灵活

交易所融资业务需要给每笔融资建立保证金账户，投资者需要满足每个账户的保证金需求，在账户达到追加保证金要求时必须追加资金。而结构化信托是将资金集合起来"借给"投资者构建资产组合，当资产组合的其中某一只股票出现大幅下跌时，只要信托总资产仍在止损线之上，就不必立即追加资金。通过资金的集合作用，结构化信托使杠杆投资者的资金运用更加灵活。

3. 资金来源广

从行业整体角度看，交易所融资交易的资金来源仅限于交易所自有资金，截至 2019 年 8 月 9 日，上交所最新的融资余额是 5312.41 亿元，深交所的融资余额是 3511.67 亿元，总量不到 9000 亿元。截至 2018 年 12 月 31 日，银行理财产品余额则是 32.10 万亿元人民币。显然结构化信托的筹资来源更为广阔。

4. 利率风险较小

如果中国人民银行规定的同期金融机构贷款基准利率调高，证券公司将相应地调高融资利率，交易所融资交易投资者将面临融资成本增加的风险。而在结构化信托中，"借贷成本"（即优先级资金要求的收益）是按合约提前约定的，不受市场利率波动影响。

（二）结构化信托的劣势

门槛相对较高，对于结构化信托融资功能的实际使用者——劣后投资人来说，门槛通常在 3000 万元以上，且其必须是金融机构。但是融资融券业务的门槛相对较低，部分券商允许向资产 50 万元、开户满 6 个月的投资者提供融资融券业务。同时，对结构化信托的监管工作尚未成熟。结构化信托产品游离在合规与违规之间，监管风险较大。

七、伞形信托

伞形信托是结构化信托的一种特殊的形式，由于其结构类似伞形而得名。伞形信托的基本结构是指同一个信托产品中包含两个或者两个以上不同类型的子信托单元，投资者可以根据个人需要选择其中一个或多个子信托进行投资。

常见的伞形信托采用的是母子信托模式，其中母信托是信托公司管理的信托计划，作为独立的法律实体存在，设有一个信托专用的证券交易账户，信托公司作为独立主体使用母信托账户进行证券交易。母信托下设子信托，构成了母信托内部的虚拟交易系统，子信托账户实际上是由信托公司设置的虚拟账户，不是独立的法律主体。每个子信托可以设立不同的投资风格，投资者的交易在子信托中进行，子信托募集的资金在信托公司的虚拟交易系统中进行交易。伞形信托具有较高的杠杆率，且投资范围限制较少，规模扩张速度极快，不利于金融市场的正常监管。监管规定，融资融券都在证券交易所内进行，而伞形信托不在交易所内交易，且具有融资、配资、杠杆功能，属于场外配资。不受控制的伞形信托规模迅速扩大，聚集了大量资金进入资本市场，增加了金融市场的风险。

2015 年 4 月 16 日，证券业协会召开了融资融券业务通报会，要求不得以任何形式开展场外股票配资、伞形信托。2015 年 7 月，监管层发布《关于清理整顿违法从事证券业务活动的意见》，要求券商彻底清除违法违规的配资账户，伞形信托正式退出证券市场。

第七章

中小企业信托

随着社会化大生产的发展，中小企业需要在广泛的范围内筹集资金。而信托公司可以在短期内将分散在社会上的闲散资金集中起来，筹集到扩大生产、规模经营所需要的巨额资本，从而增强中小企业的发展能力。

第一节　中小企业信托概述

一、中小企业信托定义

党的十九大之后，我国供给侧结构性改革和经济转型进入深入攻坚阶段，伴随着经济发展方式转变、增长动力转换和经济结构优化，我国经济逐渐由高速增长转向高质量发展，进入全新的发展阶段。中小企业作为现代经济生活中最具活力的组成部分，不仅是促进我国技术进步和经济发展的重要推动力量，还是实现高科技成果转化和产业化的主力军。凭借其规模小以及灵活性经营的特点，中小企业能对市场的各种信号做出快速反应，因此在满足人们多样化需求、缓解就业压力、促进技术创新和保持社会稳定等方面具有突出优势。然而，目前我国中小企业能够获取的金融资源与其在经济发展中的地位并不匹配。内源融资一般会受融资规模的限制，而中小企业的外源融资仍然依赖于传统渠道，即银行和政府财政资金。但是，银行的借款周期较长、借款企业准入标准较高，再加上中小企业自身高风险、可抵押物匮乏、信息不对称等特点，银行通常会将资金贷给信用条件优良的大企业，导致中小企业可以从银行融得的资金少之又少。同时，通过上市直接募集资金对于中小企业来说也存在困难，上市要求信息披露充分，而大部分中小企业尚处于起步阶段，前期急需运营资金突破其发展瓶颈，苛刻的上市条件使一些拥有新兴技术和产品市场的中小企业望而却步。融资困难已经成为中小企业发展的主要制约因素，在不利于其自身发展的同时还会影响我国经济的健康运行。

信托作为天然的产融结合工具，能够横跨资本市场、货币市场和实体经济领域，在缓解中小企业融资困境方面具有其他融资方式不可比拟的优势。信托灵活的产品设计和富有弹性的融资条件使其能够集中社会上大量的闲置资金，而自身独特的投融资平台又将募集的资金投向资金需求巨大的社会发展和经济建设领域，融通资金的同时提高了资金的配置效率。鉴于信托的独特优势，中小企业借助信托融资渠道可以达到降低信息成本和代理成本的目的，不仅能有效控制风险，还能获得较为可观的收益。因此信托是解决中小企业融资难问题的出路所在，可以成为推动科技成果转化和技术进步的重要力量。

中小企业信托是指中小企业与信托公司合作，委托信托公司为其发行信托计划以达到获得募集基金的目的。其一般分为两种形式：中小企业单一信托和中小企业集合信托。顾名思义，单一信托是单指一家中小企业与信托公司合作，而集合信托是多家中小企业在名义上作为一个整体与信托公司进行沟通交流，发行信托计划募集资金，将所募集到的资金运用到参与集合信托的各中小企业中，但要结合企业自身情况。在集合信托中，各中小企业之间并不存在债务担保等关系，各自为独立个体，融资过程中所产生的费用不受其他中小企业的影响。中小企业信托是金融产品创新所产生的结果，它为不仅投资者提供了更加多样的投资方式从而降低其投资风险，同时也为中小企业融资提供了更多的途径，为金融市场添加了更多的活力。

二、中小企业信托特点

（一）成本优势

中小企业大多数通过银行贷款进行融资，与信托相比，不仅成本高，而且条件审核非常严格。民间借贷的成本更是高于商业银行。中小企业信托融资环节短，融资业务项目化。相比之下中小企业信托的融资成本远低于商业银行和民间借贷等融资方式。一部分中小企业在没有条件获得银行借贷的条件下往往会选择信托这一融资途径（成本往往可以被大多数中小企业所接受），以解决其融资需求。

（二）满足企业中长期资金需求

中小企业通过信托公司采取单独或集合方式发行信托计划筹集社会资金，将筹集到的资金以其他多种方式投资到中小企业领域，通过这种方式获得融资所发行的信托产品的期限可分为2年、3年和4年，属于中长期的投资方式。中小企业本就面临着资金匮乏的问题，更缺乏能维持其持续发展的中长期资金，稳定的中长期资金支持往往能够决定一家中小企业的存亡。中小企业信托的中长期特性不仅能够解决中小企业缺乏资金的困境，更重要的是能够为其提供中长期资金支持，同时也节约了很大一部分时间成本。

（三）融资速度快

通过银行信贷获得资金的成本较低，来源可靠，但对于大多数中小企业来说，其企业规模不能达到法律所要求的范围，且银行信贷审批过程烦琐，耗费时间长，不能满足中小企业对资金的迫切需求。采用信托的融资方式，过程仅仅涉及信托人，只要信托项目是可以执行的且投资决策以及风险控制在法律所要求的范围内，经过信托机构审批即可。信托简单的融资方案和简洁的审批环节使得整个融资项目耗时短、融资速度非常快。总的来说中小企业信托为中小企业提供了一个更加高效便捷的融资渠道，为中小企业融资提供方便。

（四）融资条件富有弹性

目前中小企业融资的方式很多，如债券市场、股票市场、中小企业私募债等，但这些融资渠道对于中小企业来说门槛高，进入条件比较严格，加上部分融资方式的规章制度不完善、法律不健全等问题，使得很多融资能力差、发展水平低的中小企业不能通过这些渠道进行融资。中小企业信托的进入限制少，设置门槛低，通常可以凭借设备、经营权、商标权、租赁权等资产来得到资金。当中小企业进行集合信托的方式来进行融资时，多个中小企业作为一个整体，取长补短，弥补单个中小企业流动性差、融资风险大的缺陷，加上信托办理流程简单，能够有效解决中小企业的融资难的问题。

三、中小企业信托的作用及意义

（一）降低中小企业融资风险

信托财产有一个独特的特点，既独立于委托人又独立于委托人未设立信托的其他财产同时也独立于受托人与受益人所固有的财产。中小企业信托融资当然也具备这种特点，在中小企业破产时，债权人对信托财产不享有追索权，这在很大程度上降低了中小企业的融资风险。中小企业本身在经营的过程中就承担着很大的经营风险和流动性风险，因此采用信托的方式进行融资无疑也为投资者提供了一份保障。尤其是在中小企业集合信托中，众多企业作为一个整体，通过这种方式也可以有效地降低各中小企业的非系统性风险。

对于中小企业来说，信托公司在满足中小企业融资需求的同时，会对信托产品进行严格的筛选，并做好融资前的尽职调查，通过灵活多样的风险应对措施来降低和规避融资过程中出现的各类风险，同时对中小企业的日常管理规范、财务督察起到一定的监督作用。中小企业信托本身是一种契约型行为，在这种契约行为下委托人、受托人、受益人三者的权利相隔离，所有参与者按信托契约履行相应的责任，全面降低了各种风险。在中小企业信托融资的过程中，不需要像上市公司一样对外披露企业的财务信息、提供充足的抵押担保物，但要满足外部投资者的收益要求，这样一来中小企业融资速度加快的同时也避免了中小企业与资金供给方之间信息不对称的问题及抵押担保物不足的问题。

（二）扩大中小企业融资渠道

由于信托的受益权和所有权相分离，也就是说信托财产具有独立性，信托融资方式具有多样性。一般来说中小企业信托融资可以采用债券、股权投资、企业资产证券等融资方式。中小企业长期存在融资贵、融资难的问题，加上我国中小企业的行业分布不均匀且整体数量多，导致资金需求不稳定，信托的融资方式具有多样性很好地解决了这些问题。信托根据中小企业自身状况合理有效地利用资金，避免了资金浪费同时也解决了金融市场上资金需求不稳定的问题。

在相关法律法规和监管政策不断完善的背景下，信托公司的经营成果、管理水平、资产规模等都发生了极大的变化，中小企业信托以信托机构为媒介，把社会上闲散的资金聚集起来，通过信托制度和信托业务将所积聚的资金转化为社会发展和企业发展所需要的资金，再利用其专业的理财优势，有效地运用资金，让其流向更高效的部门。在这种融资模式下，中小企业不再局限于向银行申请贷款或者发行股票、债券等融资方式。近几年来，中小企业信托融资的规模发展迅猛，加上信托公司社会公信力的提高，信托成为中小企业融资的有效方式，在一定程度上进一步使中小企业的融资渠道更加的完善。

（三）整合社会资源

信托公司的部分股东具有比较深厚的社会产业背景，在中小企业信托融资的过程中，信托公司对自己的各种资源（包括产业经验、资源）进行整合，更有助于对中小企业进行分析，同时对中小企业融资产生一定的支持和引导作用，加快我国的产业优化升级，促进经济结构更加完整。

（四）推动金融体系更加完善

一直以来我国都是储蓄率较高的国家，尤其是我国居民更愿意将自己的资金以储蓄的方式保有，各类企业也大多数以间接融资为主。信托本身会将货币市场与资本市场联系起来，促进资源的优化配置，积极引导社会闲散资金投资于中小企业，将储蓄资金转变为投资资金，在满足投资者投资需求的同时也解决了中小企业融资的问题。根据中小企业信托融资的特点，信托融资所产生的利益和风险由投资者自行承担，这样一来不仅可以分散风险，优化金融市场结构，而且可以降低金融体系风险，推动金融体系更加完善。

第二节　中小企业信托运作模式

一、债权信托

债权信托是指债权人将其在经济活动中所拥有的象征债权的借据、定期存款单、保险证书、票据等作为信托财产委托受托人催收、管理、运用的信托。这些债权通常是银行的贷款，也可以是企业的应收账款。信托公司在投资购买债权时，会对债权投资的风险进行评估，并采取必要的措施控制风险。我国的很多企业由于多种原因，相互之间存在三角债，所拥有的债权不仅占用企业的流动资金，使短期资产长期化，同时也严重影响了企业的经营。开展债权信托，由专业化的信托公司承担债权的管理、清理、处置，并利用受益权的转让机制和资产证券化技术，变现债权资产，这不仅改善了企业的资产状况，而且提高了资金的周转速度，为企业融资开辟了新的渠道。

（一）集合信托贷款融资

中小企业集合信托贷款融资是多家中小企业联合起来（这些企业一般是由银行或政府筛选推荐的），由信托公司统一为它们设计并发行信托品，筹集需求资金，然后信托公司将筹集的资金分配到各家中小微企业，它们各企业自确定资金需求额度并自行承担债务，各企业之间不存在债务担保关系，而是共同委托担保机构为所有参与企业承担担保责任。中小企业集合信托贷款融资参与机构有：信托公司（负责设计发行信托产品）、政府部门（筛选推荐企业、提供担保或财政资金）、商业银行（推荐企业或代理发行信托产品）、担保机构（担保公司提供担保、再担保公司提供再担保）、中小企业（资金需求方）。该信托融资模式资金来源广泛，包括财政资金、机构投资者资金和个人投资者资金。

（二）集合信托债权基金

由牵头的专业机构作为信托顾问，负责运营，发起信托计划。信托公司负责信托发行，商业银行负责信托管理，以银行理财产品形式对外发行，利息高于同期银行存款利率。产品可以通过银行柜台交易或私下转让。所发行的信托产品由政府财政资金（或专项引导基金）、社会一般公众资金和风险投资机构共同认购，所募集的资金投向经过筛选的参与计划的企业。

财政投入的资金，需要还本，但是不要求利息回报。政府、银行和一般社会公众资金由担保公司提供全额担保。风险投资机构以"劣后"方式认购，可以获得远高于社会公众投资者所获利息率，但是因为没有担保，存在一定风险。此外，在产品设计上引入股权质押和期权：当筹资企业不能按期偿还债务时，将以部分股权偿还债务，在满足触发条件时，风险投资可以入股筹资企业。

（三）政策扶持型结构化集合信托

政策扶持型结构化集合信托模式是指政府（或由政府牵头组建的融资平台公司）、风险投资机构、银行（向个人投资者发行理财产品）作为信托计划的委托人和受益人，信托公司作为受托人，投资咨询公司、信用评级公司作为投资顾问，并由政府组建的投资引导公司、行业协会作为信托资金监管主体。其中"政策扶持型"一方面是指该信托计划由政府专项扶持基金认购，无须从信托计划中分取收益，以保证降低中小企业的融资成本；另一方面是指由政府牵头，由政府及相关行业协会进行担保，体现政府信用，提高广大投资者的信心。"结构化"是指该信托计划采取信托贷款与股权信托两类模式共同进行，两种模式收益、风险均有差异，以吸引不同风险偏好投资人长期认购。"集合信托"是指信托投资公司办理资金信托业务时，可以按照要求，为了共同的信托目的，将不同委托人的资金集合在一起管理。

政策扶持型结构化集合信托模式是在中小企业集合债权基金的基础上，新增个人投资者作为投资主体，提倡第三方中介机构进行企业信用评级，创新引入股权信托模式对广大中小企业进行融资，运用集合资金信托的形式，实现了企业扶持中小企业发展的政策意图，拓展了委托人的投资渠道，增加了支持中小企业发展的资金来源；设计了优先、次级、劣后受益人的风险、收益分配结构，解决了不同市场主体对风险和收益的差异化需求，降低了融资风险；力图充分发挥政府政策杠杆效应，形成一个长效中小资金扶持模式，以促进经济发展，扶持中小企业壮大发展，最终实现政府、投资人、金融机构、中小企业共同获益的多赢效果。

集合资金信托计划通过投资人信托收益权和融资企业成长性分类的不同层次的结构安排，实现风险与收益相对应的收益分配，该计划是以中小企业为资金投向，一部分以信托贷款的形式贷给中小企业，到期以还本付息形式退出，另一部分可以以股权信托的方式对有发展前景的企业进行投资，到期股权回购退出或继续长期投资。信托资金来源包括政府、各类风险投资基金、通过发行银行理财产品获得的资金，资金来源多元化，并依据投资方风险偏好程度的不同，对其投资方进行分层，设计出相应的收益率和受益权的优先级与其风险相匹配，这与集合信托计划中的资金投向也相匹配。

由信托公司发起信托计划，所发行的信托产品由政府的专项支持基金、机构的投资资金以及通过购买银行理财产品的个人投资者的投资资金等共同认购，所募集的信托基金将以股权信托或信托贷款方式，投向经筛选、符合一定条件且能够体现政府扶持意愿的优质中小企业。

(四) "优先—次级结构集合信托" + "债转股"

这一计划以体现中小企业主管部门、私募股权投资者（PE）等战略投资者、隐含政府信用的担保机构的主导作用为前提，引入战略投资者、隐含政府信用的担保机构以解决信用增级和风险分散的问题，引入银行以解决产品销售和资金募集的问题，引入财政贴息资金以解决进一步降低企业融资成本的问题，引入银行、战略投资者及券商等机构以解决为中小企业持续发展提供后续系统性服务的问题。该计划第一步可支持符合条件的若干中小企业进行债务融资，第二步可撮合符合条件的中小企业面向战略投资者将债务融资转换为股权融资，以加快上市步伐。该计划可在广东省广州、深圳、佛山、东莞、中山、珠海、汕头等中小企业数量多、资质较好的地市推广。

二、中小企业股权融资信托

股权信托是以股权投资方式将信托资金用于实业项目投资的资金信托。利用股权信托的方式，信托公司将募集来的信托资金按信托合同的约定投资于约定项目，成为项目公司的股东，然后以股东身份参与投资项目管理，通过股东大会或者董事会监控投资项目，及时了解投资的用途，确保项目按计划实施，规避管理者的道德风险，确保投资人的利益。

信托公司作为受托管理人，负责项目的投资运作，获得信托管理费和超常业绩奖励，而信托投资人（委托人）则可以分享高于贷款利率的股权收益。通过股权投资信托，不仅解决了中小企业的资金需求，也使投资者在项目不亏损的情况下获得了一定的收益。信托公司以投资者的身份购买相关公司的股权，当信托合同到期时，如果想变现，信托公司可向不特定投资者溢价出售相关公司的股权以获得直接收益，或者在未来将股权转让给相关公司。运用这种方式，信托公司必须在购买股权前与相关公司签订协议，约定由后者在未来某一时间将前者持有的股权以约定的价格回购，信托公司获得的是事先约定的股权转让溢价收入。如果不想变现，信托公司可替委托人转为普通股股权方式，收取长期股权投资收益。

(一) 股权信托融资的方式

股权信托即信托公司对中小企业企业进行注资，成为股东并行使股东权利，承担相应的责任和义务。中小企业获得的权益性资本具有无须归还、债权人有限追索的特点。

1. 阶段性持股

阶段性持股是指信托公司对中小企业进行增资扩股，成为企业的股东，待信托期限结束后，所持股份被溢价回购的一种股权投资模式。可采用两种方式退出：一是由相关企业或其他股东进行回购；二是信托到期后向不特定投资者溢价出售股权。其运作流程如下：中小企业与信托公司就股权融资进行沟通及调查，形成融资方案；按约定条件（一般指原股东或关联方签署股权回购协议或股权回购担保合同等）设计信托产品，并得到监管部门认可；向社会投资者发行资金信托计划募集资金；信托公司以阶段性股权投资方式向中小企业注入资金，成为"优先"股东（即在信托期间内该股权只要求取得一个合理回报，无须与中小企业分享最终利润，若企业清算则优先级高于其他股东）；中小企业运作开发项目，信托公司对现金流进行管理监控（有的甚至向企业关键岗位派驻人员，控制企业经营风险）；原股东或关联方在信托期满按约定价格回购股权，或信托公司向不特定投资者溢价转让股权，信托资金退出并实现收益。这种模式的优点是既实现了中小企业的融资目的，又增强了其信用等级。通过增加中小企业的资本金，在不提高公司资产负债率的情况下优化了公司的资本结构，提高了资金的使用效率。

2. 优先股

信托公司对中小企业进行增资扩股后，在公司章程中约定只享受固定的回报，超额部分归其他普通股东所有。阶段性优先股是指信托公司对中小企业进行增资扩股，成为企业的股东，待信托期限结束后，信托公司将股权转让给中小企业或其他股东，可以通过股东分红和溢价转让股权回收本金和取得部分投资收益。通常，信托公司阶段性持有优先股，只要求在阶段时间内取得一个合理的回报，无意介入中小企业的管理经营，也不要求与中小企业分享最终利润成果。通过增资，不仅可以调整中小企业的资产负债结构，也可以满足企业项目资本金的需要，且并不丧失对项目的实际控制权。

（二）股权信托融资的应用：集合资金股权信托

一般采用集合资金股权信托的模式对中小企业进行融资。这种模式兼顾了投资的收益性与安全性，较好地克服了贷款模式投资方式单一、抗风险能力弱的不足，代表了集合资金信托未来的发展方向。其优点是既可以解决《公司法》对有限公司股东人数的限制，也能突出地体现少数股东的地位。在信托期限内，信托公司可以派驻董事、监事甚至财务总监等管理人员，充分运用股东权力对信托资金进行有效监管，有效地监督和约束公司行为，促进公司经营和管理的规范化，保证委托人的投资权益不受损害。集合资金股权信托一般采用增资扩股设立，通过订立投资协议实现信托股权资产的退出和转让。在信托期满后，公司原有股东可溢（折）价受让信托持有的股权，委托人也可以选择继续持有公司股份。

三、特定资产收益权信托

随着中小企业的进一步发展、经营管理更加科学化、企业规模的不断扩大，企业逐渐进入成熟期，各项经营都已经走上正轨，无论是与上游的供货商还是下游的客户都建立比较稳定的关系，这段时期中小企业的各项资产也随之增加。针对这一阶段中小企业的融资需求特点和企业自身情况，可以采用特定资产收益权信托融资模式。

这种中小企业信托融资方式是由信托公司设计并发行特定资产收益权信托，向投资者公开募集资金，将募集到的资金用于受让中小企业特定资产的收益权，企业将由该资产产生的收益支付给信托公司，信托公司再将收到的信托收益分配给投资者。在这种信托模式下，信托公司可以采取的风险控制手段包括：事前的尽职调查，详细地了解企业某项资产的价值以及未来的收益；信托计划成立后，信托公司密切关注企业的生产经营情况，随时关注该项资产的管理情况，确保企业能够按时支付信托收益；对于某些资质相对较差的中小企业，信托公司可以要求它们寻找担保公司为本次信托计划提供担保；当企业发生支付问题时，信托公司可以将该项资产转让或者拍卖以确保信托利益的及时支付。

这种模式在信托公司的业务中属于较为成熟的模式，因而运用起来相对比较简便。运用这种信托融资模式还可以充分发挥信托投资方式的多样性的优势，这里的特定资产包括一切能够带来现金流的资产，包括企业的应收账款、应收票据、持有的上市公司的股权、债券、固定资产、存货、生产设备、厂房、土地使用权，甚至包括商标权、专利权、企业自身股权收益权等各类有形和无形资产。通过这种信托融资方式能够极大地拓展中小企业的融资方式，从而更好地满足中小企业的不同资金需求。

四、融资租赁信托

（一）一般运作路径

由中小企业找到信托公司进行洽谈，信托公司开始对中小企业进行尽职调查，根据中小企业目前的状况设计并发行中小企业融资租赁信托计划，同时由信托公司与设备制造商进行沟通。当募集到资金后，由信托公司运用信托资金向设备制造商购买设备，并将设备出租给中小企业。中小企业运用该设备进行生产，并且按照信托合同约定，按期支付信托公司设备租金。信托公司在收到租金后再按照信托资金合同约定向投资者分配收益，信托计划到期后，在中小企业支付完所有的租金后，可以得到设备的所有权。通过这种融资租赁信托模式可以有效地解决处于成长阶段的中小企业所面临的设备不足、资金不足的两难问题。

（二）融资租赁信托借贷模式

融资租赁信托借贷模式是指信托公司通过发行信托计划筹集到资金，再将资金借贷给融资租赁公司使用。

1. 信托公司与租赁公司合作模式

融资租赁公司和信托公司互相合作，各自发挥优势，融资租赁公司拥有专业的经验、优秀项目的客户资源，信托公司对外发行融资租赁集合信托计划，然后将筹得的资金作为商业借贷给融资租赁公司使用，融资租赁公司以借得的资金继续开展融资租赁业务，以租赁公司归还借款的本息作为投资者收益的保障。在这种模式下，信托公司能够发挥自身募集资金和体现其相较于融资租赁公司资本雄厚的优势，通过金融借贷获取收益，而租赁公司通过信托公司获得贷款融资增加企业现金流，缓解了中小融资租赁公司融资困难的问题。

2. 信托公司与银行、租赁公司合作模式

信托公司依托银行的客户资源，通过与银行的合作，由银行对客户发行信托公司开发的融资租赁理财产品，信托公司以此募得资金设立单一信托计划，通常在这种模式下，由银行指定融资租赁公司，信托公司将该信托计划中的信托资金借贷给融资租赁公司，信托公司凭收回的本息保障投资人获取稳定信托收益。

这两种信托借贷模式不同于简单的两种制度的相加，过程中信托公司会发行信托产品，在实质上来讲，其基础法律关系是金融借贷法律关系，金融借贷有其依据的现有法律规定和限制性的条文，是一种极为重要的融资手段。

（三）融资租赁租金资产收益权信托

资产收益权信托的模式是指信托公司受让融资租赁公司的应收租金，并将募集到的资金作为转让款交付给对方使用，即资产收益权转让。融资租赁租金资产收益权信托（以下简称租赁资产收益权信托）是融资租赁公司选择一个或多个融资租赁项目可收取的租金收入构成融资租赁租金收益权，信托公司通过发行资产收益权信托计划，以募得的资金受让租金收益权，一般该种受让以一定折扣的方式体现，一方面保障了信托公司扩大金融杠杆取得效益的作用，另一方面也是融资租赁公司缩短资金占用期间的代价，待信托期限届满，一般会约定由融资租赁公司回购融资租赁租金资产收益权，以保证投资者获得信托收益。其实质是租赁资产收益权的转移。

1. 租赁资产收益权受让集合信托模式

融资租赁公司拥有租赁物，信托公司可以利用这个优势将一个或连续多个租赁项目预期可能产生的租金收入作为租赁资产的收益权进行受让，信托公司以此对外发行资产收益权信托计划。受让收益权的资金就是信托筹得资金，信托计划完结后，融资租赁公司可通过回购的方式取回资产收益权，由此来保障投资者的收益。

2. 租赁资产收益权受让单一信托模式

这种模式是建立在资产收益权信托和银行筹资渠道的基础上的，银行利用客户资源对外发行理财产品，交由信托公司设立单一信托计划受让租赁资产收益权。信托期完结后，租赁公司以回购收益权的方式保证信托收益的安全。

（四）信托制度下租赁资产证券化模式

租赁资产证券化信托的基本模式为由融资租赁公司作为发起人，选择租赁资产（债权）构成资金池出售给作为特殊目的机构（SPV）的信托公司，信托公司委托专门中间机构完善交易。另外，信托公司还将委托评级和采取措施增加信用评级。承销团队销售完成后，信托公司以募集的资金向融资租赁公司支付购买租赁资产的对价。信托能实现资产证券化真实出售的目的和风险隔离的需要，最终保障投资者的投资利益。与租赁资产收益权信托的模式相比，租赁资产证券化信托的模式主体较多、法律关系较复杂，尤其是其证券化的过程会影响信托公司能否发债。在此种模式下，资产证券化与信托紧密相连，将融资租赁的预期收入加以证券化，然后借助信托制度"风险隔离"的功能，充分调动市场资本，进行流动，但是根据我国现在的情况，此种模式有待进一步规范。

五、中小企业信托其他模式

（一）信托 + 小额贷款公司

信托公司向合格投资者募集资金设立中小企业集合信托计划，由小额贷款公司提供客户资源，信托公司将募集到的信托资金用于向小额贷款公司提供的客户资源发放信托贷款。借款人提供的借款担保由信托公司指定评估机构进行评估，小额贷款公司协助信托公司与借款人签订借款合同、抵押合同等信托贷款文件，完成信托贷款发放。小额贷款公司在信托计划中充当财务顾问的角色并且认购一定份额的次级信托单位；同时负责完成借款人的甄别选择，核实借款用途，落实还款来源及担保措施，负责信托贷款的一线管理和贷后管理，并协助受托人对借款人提供的担保进行有效管理。委托人在开放期赎回信托单位或信托贷款本息未能及时足额收回的，由小额贷款公司以次级信托资金承担全部补足责任，在优先级信托资金安全退出后，借款人的抵押权或其他担保权利转由小额贷款公司承继。

该模式交易结构简单，不存在任何阻碍合作的法律或政策障碍，信托公司直接与借款人产生债权债务关系，便于信托公司对贷款项目进行风险控制。小额贷款公司股东和实际控制人提供连带责任保证担保，可以降低项目风险。信托公司需要与借款人逐一签订《信托贷款合同》《抵押合同》等信托交易文件。由借款人数量不确定、金额不一致、用途不一致、贷款期限不一致所导致的管理成本上升，可能会对信托公司的贷后管理工作构成一定的压力。为了解决这个问题，信托公司可以利用小额贷款公司对中小企业了解深入的特点，委托小额贷款公司进行管理，有效防范企业违约风险。

小额贷款公司要认购开放期时委托人赎回的信托单位和信托贷款到期不能还本付息部分所对应的信托单位，这两种情形的发生情况具有不确定性，因此对小额贷款公司的资金流动性具有较高的要求。

（二）专利池信托计划

专利池信托计划是指专利池的专利权人将专利技术的许可权、收益权等委托给受托人（即金融信托机构）发行信托产品，进行融资的一种信托业务。信托公司会挖掘和包装受托专利的技术特点及市场价值，用于向社会投资人发售受托专利形成的风险投资收益期权，或者通过吸纳风险投资基金，来建立转化专利的资本市场平台，进而获得资金流。

美国近年出现了一种被称为技术单位投资信托（technology unit investment trust）的信托产品，同不动产投资信托类似。信托被拆分为多个"单位"出售给投资者，每个"单位"即是享有这一固定资产组合权益的所有权凭证。而技术单位投资信托就是专门对技术进行投资的单位投资信托。根据投资标的不同，单位投资信托可以变化终止期限，持有长期债券投资的能够保留 20～30 年，持有股票投资的也可获得一年甚至几年的资本收益。当信托结束时，标的证券将被还给持有"单位"的投资者或再投资于其他信托。目前拥有技术但尚不能产生现金流的企业，可以先将技术交给信托公司按不同技术主题进行组群化，也即我们所说的专利池。相似的技术专利集中于同一主题下，组成技术专利池。比如 80 个关于生鲜货物包装新材料的专利组成的专利池，100 个关于人工智能专利组成的专利池，25 个基于移动支付专利组成的专利池等。专利所有者依其在技术单位投资信托中所占的份额取得投资。投资者一旦购买技术单位投资信托，就代表其获得了专利池相应部分的权利并拥有了对未来现金流的对应请求权。

（三）大额定向合作模式

大额定向合作模式是指由第三方担保机构参与的中小企业信托融资模式，对于中小企业来说，或者通过信托公司引入担保机构，或者直接与担保机构合作并由其推荐信托公司进行合作。该类业务类似普通的工商企业贷款，只是其融资主体自身规模小、缺乏有说服力的担保物。该模式适用于融资主体为担保公司推荐的大客户，或者是中小企业与信托公司已确定融资方案后引入第三方担保公司作为增信，交易结构简单，权利义务明晰。但鉴于该种模式一般为单一定向合作，融资额较大，也需要重点关注其违约风险，防止担保公司承担过度风险。

（四）"资金池类"模式

"资金池类"模式是指信托公司通过连续分期或者分笔滚动式发行，形成"资金池"，特定为某地区、某行业企业融资的模式，具有"滚动募集、集合运作、期限错配、分离定价"的特征。目前市面上的"资金池"模式有两种：一种是滚动发行，所募资金用于单一项目，允许随时申购和赎回，实现短期资金投长期项目，通过"一对一"或"多对一"的方式来实现时间错配降低资金成本；另一种则是以开放型基金的模式实现资金和项目上"多对多"的方式。"资金池类"模式对信托公司的资产配置能力和项目管理能力要求极高，而且在国家对非标资产池监管日益严厉的环境下，该类业务的生存空间势必要被压缩。但理论上加大对资金池中"标准资产"的配置仍具备后续可行性。

（五）路衢模式与桥隧模式

路衢模式是一种以财政资金为引导，依托债权信托基金吸引社会各方资金有效参与的中小企业信托融资模式。其通过财政资金引导、担保公司的不完全担保以及风险投资公司的劣后投资，借助于集合债权信托基金的平台，积极有效地吸纳社会资金，实现了对中小企业的融资支持。路衢模式与桥隧模式相似，都是基于"股权＋债权"的"投贷联动模式"中的一种相对规范化、高端的合作模式，虽具体形式各有不同，但是都能为处于初创期或者成长期的中小企业融资。

桥隧模式最开始引入风险投资与上下游企业作为第四方，一般来说是第四方与企业订立有条件的期权收购合同，约定未来企业发生财务危机无法如期偿还债务之时将会以优惠的股价参股，为企业带来现金流偿付债务，维持企业经营，避免破产，以此保留企业价值的一种做法。创业初期的中小企业往往更加青睐债权融资，不会轻易采用稀释股权的权益融资，而桥隧模式则为风险投资机构提供了一个投资高成长中小企业的切入点。路衢模式就是在桥隧模式的基础上升级拓展的。

路衢模式与其他模式的不同之处在于除了中小企业、信托和担保方三方参与之外，引入风险投资与政府，形成了"政、信、企、保、风"多方参与的新模式。路衢模式能为中小企业低成本地筹集其发展所需资金，有效解决融资难的问题，实现政府扶持中小企业发展的政策意图。一旦项目出现风险，股权投资机构资金将被用来优先代偿，以此确保优先级受益人正常回收本息，并且通常担保机构对劣后级对应收益不提供担保，因此风险投资机构的投资风险大，而与之相对的，该信托计划在优先偿还一级、二级受益人之后的收益全部都归劣后级的风险投资机构所有，因而收益较高，这也与风投机构的属性相匹配。路衢模式通过设计优先、次级、劣后级受益人的风险与收益结构，满足了不同市场主体对风险和收益的差异化需求，降低了融资风险，从而实现了各金融主体、金融资源最大程度的整合与优化，达到了共赢的目的。由此，路衢模式也为信托公司指明了新的业务发展方向。

第三节　多属性决策中小企业信托投资

一、变量的选取与模型的构建

管理大师德鲁克说过，企业存在的价值是创造绩效。如果不创造效益企业就不可能存在，企业不存在了，员工还能存在吗？如果中小企业没有效益，企业就要解散。

（一）变量的选取

中小企业存在的价值是创造绩效，是让员工成长，是担负社会责任。德鲁克的这个观点，最精准地说出了企业存在的价值。企业首先要创造绩效，才能保证其健康发展，才能谈论给予员工成长的平台和机会，才能承担社会责任。因此，在变量的选取上，本文选取人力投入回报率、净资产收益率（ROE）、总资产报酬率（ROA）、投入资本回报率、经营活动现金流/净利润、速动比率、流动比率、营业周期、应收账款周转率、总资产周转率、营业收入、净利润 12 个变量作为多属性决策科技型中小企业的影响因素。

（二）多属性决策模型的构建

中小企业往往会受财务指标、治理结构等多种因素的影响，这些影响因素不仅复杂，而且体现出部分信息已知部分信息未知的不确定性特征。因此，对中小企业的综合质量进行评价要从多方面考虑，多属性决策模型评价是比较适宜的。

设方案集为 $X = \{x_1, x_2, \cdots, x_m\}$，属性集为 $C = \{c_1, c_2, \cdots, c_n\}$，方案 x_i 关于属性 c_j 的属性值为 a_{ij}，从而构成决策矩阵 $A = (a_{ij})_{mn}$。当属性权重向量 $w = (w_1, w_2, \cdots, w_n)^T$（其中 $w_i \geq 0$，$\sum_{i=1}^{n} w_i = 1$）未知时，可以采用信息熵的方法确定权重向量。然后使用加权平均算子（WA）求出各方案的综合属性值，按照综合属性值大小排序对方案进行排序择优。具体步骤如下：

步骤 1　根据实际问题构造决策矩阵 $A = (a_{ij})_{mn}$。

步骤 2　由于各属性的类型不同，将决策矩阵 $A = (a_{ij})_{mn}$ 规范化为 $B = (b_{ij})_{mn}$，其中：

$$b_{ij} = \begin{cases} \dfrac{a_{ij}}{\max\limits_i \{a_{ij}\}}, & \text{当 j 为效益型时} \\ \dfrac{\min\limits_i \{a_{ij}\}}{a_{ij}}, & \text{当 j 为效益型时} \end{cases}, \quad i=1, 2, \cdots, m; \ j=1, 2, \cdots, n$$

步骤 3 计算属性 c_j 的信息熵：

$$E_j = -\frac{1}{\ln m}\sum_{i=1}^{m} r_{ij}\ln r_{ij},\ j = 1, 2, \cdots, n$$

当 $r_{ij} = 0$ 时，规定 $r_{ij}\ln r_{ij} = 0$，其中：

$$r_{ij} = \frac{b_{ij}}{\sum_{i=1}^{m} b_{ij}},\ i = 1, 2, \cdots, m;\ j = 1, 2, \cdots, n$$

步骤 4 计算属性权重向量 $w = (w_1, w_2, \cdots, w_n)^T$，其中：

$$w_j = \frac{1 - E_j}{\sum_{k=1}^{n}(1 - E_k)},\ j = 1, 2, \cdots, n$$

步骤 5 计算每个方案的综合属性值：

$$z_i(w) = \sum_{j=1}^{n} w_j b_{ij},\ i = 1, 2, \cdots, m$$

步骤 6 根据 $z_i(w)$，$i = 1, 2, \cdots, m$ 的大小对方案进行排序择优。

二、中小企业多属性决策应用

中小企业所寻求的目标是企业所有活动的根，所有的单位、部门和岗位角色的活动都只能从这个根上来判定其价值。企业所寻求的目标就像一棵树的根，树干也好，树枝也好，树叶也好，它们的存在、它们的作用都是因树根的存在，根据这一内在的规律，把为实现企业目标的所有经营活动事项都找出来，逐项分析，以判断它存在的必要性，从而做出取舍。本文选取挂牌新三板的中小企业为研究对象，通过多属性决策模型，推出挂牌新三板中小企业的综合能力。

步骤 1 根据实际问题构造决策矩阵 $A = (a_{ij})_{mn}$（见表 7 - 1）。

表 7 - 1 　　　　　　　　　　决策矩阵

证券简称	人力投入回报率（ROP）（%）	净资产收益率（ROE）（%）	总资产报酬率（ROA）（%）	投入资本回报率（ROIC）（%）	经营活动净收益/利润总额（%）	速动比率
捷安高科	129.5789	28.7263	22.6062	28.4299	83.6317	3.0874
万特电气	44.4397	8.1177	6.1587	8.0555	50.2480	2.2418
众智科技	211.7742	24.1407	24.9378	24.0808	78.3575	6.6669
畅想高科	78.0257	16.8985	15.5785	17.1254	89.8364	5.1891
升华感应	39.6280	9.8238	6.9436	8.3270	64.9096	1.5070
熔金股份	67.7137	15.1485	12.7281	14.3074	89.0394	2.2113
三和视讯	96.4036	18.9076	17.4918	18.8659	32.1901	3.4661

证券简称	人力投入回报率（ROP）（%）	净资产收益率（ROE）（%）	总资产报酬率（ROA）（%）	投入资本回报率（ROIC）（%）	经营活动净收益/利润总额（%）	速动比率
深冷能源	131.1060	11.2340	6.8444	8.9174	83.8860	1.5993
众智软件	108.8392	39.7643	34.7682	39.0653	97.9503	4.4894
富耐克	151.9499	8.0356	7.0314	7.1334	75.4899	0.6436
天迈科技	96.7058	18.4105	13.2324	15.5130	85.2499	2.0450
翱翔科技	65.6868	11.7067	9.6485	9.2200	88.9057	1.0668
德平科技	124.3902	14.5326	13.0775	13.8610	82.6001	6.1475
东方碳素	304.0949	22.2811	21.0045	21.5439	97.8554	0.4253
景安网络	46.5206	6.6648	5.4596	5.0090	77.0489	0.6459
中业科技	98.6827	10.7742	10.5939	10.3229	81.0020	2.1480
慧云股份	206.5522	3.2660	3.4104	3.1421	54.8570	3.4841
盛源科技	1215.0341	21.8091	17.3038	19.4182	94.9486	0.5880
睿恒数控	289.9738	33.3791	21.9068	30.6358	99.4109	0.8691
雪山实业	69.5655	6.4318	6.7871	6.3968	82.3318	9.8613
水木环保	130.0003	8.8084	8.0100	8.1797	71.3888	1.8692
西施兰	157.0863	11.0306	10.9861	10.6170	92.6730	14.3418
未来能源	33.2404	4.0937	2.8227	4.4159	61.7341	0.7309
中天新能	246.9053	10.9628	10.0214	10.7062	99.8772	1.6904
龙兴钛业	189.2053	40.1900	23.2275	27.7333	87.1623	0.6839
慧联电子	80.6765	7.7531	6.9475	6.7092	77.1751	0.9780
森电电力	100.8801	11.8340	6.1598	10.7213	100.2004	1.2624
绿宇新材	12.5447	5.0395	2.7033	4.8988	36.3141	0.8746
东方世纪	46.2907	11.1264	7.9032	10.4760	81.3629	2.8852

证券简称	流动比率	营业周期（天）	应收账款周转率（次）	总资产周转率（次）	营业收入（元）	净利润（元）
捷安高科	3.5068	268.7343	2.4578	0.7590	269367592.2400	73160460.3200
万特电气	2.9323	546.6755	1.3418	0.4710	75690907.8600	9660495.1000
众智科技	7.5837	141.9992	7.3520	0.8209	119247807.9300	31804680.8300
畅想高科	6.1037	328.3555	1.7413	0.9057	71980315.5600	11401638.4800
升华感应	2.2788	341.3530	2.9405	0.5934	20514168.9400	2419603.6000
熔金股份	2.8744	232.4224	2.7357	1.1206	346265383.9700	30223077.1300

证券简称	流动比率	营业周期（天）	应收账款周转率（次）	总资产周转率（次）	营业收入（元）	净利润（元）
三和视讯	4.8186	236.7939	4.0343	0.9313	20634110.9100	3824287.5900
深冷能源	1.6232	17.2913	23.8067	1.2593	752122154.3800	32432601.5000
众智软件	4.5744	233.3451	1.8123	0.9789	151130317.1800	47212932.1000
富耐克	1.4625	637.0561	3.3986	0.2988	236109443.8300	42706468.2500
天迈科技	2.3765	274.6339	2.1165	0.6927	365343579.9900	58339313.3500
翱翔科技	1.8010	228.0474	7.5407	0.8122	73593248.9700	6224164.9000
德平科技	7.1295	235.6995	4.2239	0.6062	26549216.7400	5355265.8000
东方碳素	3.7385	356.2727	74.7941	0.7910	210943038.3600	47929331.8000
景安网络	0.6492	55.9484	6.5267	0.5326	190763725.0500	7239032.2900
中业科技	2.1494	6.2770	59.3867	1.8441	153721410.2600	7134823.6900
慧云股份	4.1055	797.9259	0.6630	0.1305	127352552.4400	26787450.6400
盛源科技	0.6450	24.8902	48.6425	0.8457	500167517.3500	83459486.9300
睿恒数控	1.5012	264.8866	6.5066	0.9161	81218022.8200	16583477.5700
雪山实业	14.5898	167.3552	4.8635	0.7556	54424476.9600	4483564.8700
水木环保	2.1224	263.7766	2.3653	0.3806	35945074.9300	5859815.0800
西施兰	14.8954	408.3969	1.6240	0.3388	40090800.0700	11559572.5000
未来能源	1.2866	490.2651	1.6201	0.5651	33148454.4200	1095281.9900
中天新能	2.2051	294.1446	1.7439	0.8288	72436825.2500	6261550.3500
龙兴钛业	0.8725	41.2626	40.9741	1.6956	100983959.0800	11482034.0600
慧联电子	1.4206	390.3506	1.8987	0.4060	91091295.4500	8858021.6400
森电电力	1.8968	213.0184	3.3857	1.2736	186648351.8900	8893210.9700
绿宇新材	1.2492	80.3817	54.2426	1.1402	40427200.8200	946797.4100
东方世纪	2.9858	277.6792	1.5373	0.7837	36985901.7300	3345614.8400

步骤2　将决策矩阵 A = (a$_{ij}$)$_{mn}$ 规范化为 B = (b$_{ij}$)$_{mn}$（见表7-2）。

表7-2　　　　　　　　　　　　规范化矩阵

证券简称	人力投入回报率（ROP）（%）	净资产收益率（ROE）（%）	总资产报酬率（ROA）（%）	投入资本回报率（ROIC）（%）	经营活动净收益/利润总额（%）	速动比率
捷安高科	0.1066	0.7148	0.6502	0.7278	0.8346	0.2153
万特电气	0.0366	0.2020	0.1771	0.2062	0.5015	0.1563
众智科技	0.1743	0.6007	0.7173	0.6164	0.782	0.4649

证券简称	人力投入回报率（ROP）（%）	净资产收益率（ROE）（%）	总资产报酬率（ROA）（%）	投入资本回报率（ROIC）（%）	经营活动净收益/利润总额（%）	速动比率
畅想高科	0.0642	0.4205	0.4584	0.4384	0.8966	0.3618
升华感应	0.0326	0.2444	0.1997	0.2132	0.6478	0.1051
熔金股份	0.0557	0.3769	0.3661	0.3662	0.8886	0.1542
三和视讯	0.0793	0.4705	0.5031	0.4829	0.3213	0.2417
深冷能源	0.1079	0.2795	0.1969	0.2283	0.8372	0.1115
众智软件	0.0896	0.9894	1	1	0.9775	0.313
富耐克	0.1251	0.1999	0.2022	0.1826	0.7534	0.0449
天迈科技	0.0796	0.4581	0.3806	0.3971	0.8508	0.1426
翱翔科技	0.0541	0.2913	0.2775	0.236	0.8873	0.0744
德平科技	0.1024	0.3616	0.3761	0.3548	0.8243	0.4286
东方碳素	0.2503	0.5544	0.6041	0.5515	0.9766	0.0297
景安网络	0.0383	0.1658	0.157	0.1282	0.7689	0.045
中业科技	0.0812	0.2681	0.3047	0.2642	0.8084	0.1498
慧云股份	0.1700	0.0813	0.0981	0.0804	0.5475	0.2429
盛源科技	1.0000	0.5426	0.4977	0.4971	0.9476	0.041
睿恒数控	0.2387	0.8305	0.6301	0.7842	0.9921	0.0606
雪山实业	0.0573	0.1600	0.1952	0.1637	0.8217	0.6876
水木环保	0.1070	0.2192	0.2304	0.2094	0.7125	0.1303
西施兰	0.1293	0.2745	0.316	0.2718	0.9249	1
未来能源	0.0274	0.1019	0.0812	0.113	0.6161	0.051
中天新能	0.2032	0.2728	0.2882	0.2741	0.9968	0.1179
龙兴钛业	0.1557	1.0000	0.6681	0.7099	0.8699	0.0477
慧联电子	0.0664	0.1929	0.1998	0.1717	0.7702	0.0682
森电电力	0.0830	0.2945	0.1772	0.2744	1	0.088
绿宇新材	0.0103	0.1254	0.0778	0.1254	0.3624	0.061
东方世纪	0.0381	0.2768	0.2273	0.2682	0.812	0.2012

证券简称	流动比率	营业周期（天）	应收账款周转率（次）	总资产周转率（次）	营业收入（元）	净利润（元）
捷安高科	0.2354	0.0234	0.0329	0.4116	0.3581	0.8766
万特电气	0.1969	0.0124	0.0179	0.2554	0.1006	0.1158
众智科技	0.5091	0.0442	0.0983	0.4451	0.1585	0.3811

证券简称	流动比率	营业周期（天）	应收账款周转率（次）	总资产周转率（次）	营业收入（元）	净利润（元）
畅想高科	0.4098	0.0191	0.0233	0.4911	0.0957	0.1366
升华感应	0.153	0.0184	0.0393	0.3218	0.0273	0.029
熔金股份	0.193	0.027	0.0366	0.6077	0.4604	0.3621
三和视讯	0.3235	0.0265	0.0539	0.505	0.0274	0.0458
深冷能源	0.109	0.363	0.3183	0.6829	1	0.3886
众智软件	0.3071	0.0269	0.0242	0.5308	0.2009	0.5657
富耐克	0.0982	0.0099	0.0454	0.162	0.3139	0.5117
天迈科技	0.1595	0.0229	0.0283	0.3756	0.4858	0.699
翱翔科技	0.1209	0.0275	0.1008	0.4404	0.0978	0.0746
德平科技	0.4786	0.0266	0.0565	0.3287	0.0353	0.0642
东方碳素	0.251	0.0176	1	0.4289	0.2805	0.5743
景安网络	0.0436	0.1122	0.0873	0.2888	0.2536	0.0867
中业科技	0.1443	1	0.794	1	0.2044	0.0855
慧云股份	0.2756	0.0079	0.0089	0.0708	0.1693	0.321
盛源科技	0.0433	0.2522	0.6504	0.4586	0.665	1
睿恒数控	0.1008	0.0237	0.087	0.4968	0.108	0.1987
雪山实业	0.9795	0.0375	0.065	0.4097	0.0724	0.0537
水木环保	0.1425	0.0238	0.0316	0.2064	0.0478	0.0702
西施兰	1	0.0154	0.0217	0.1837	0.0533	0.1385
未来能源	0.0864	0.0128	0.0216	0.3064	0.0441	0.0131
中天新能	0.148	0.0213	0.0233	0.4494	0.0963	0.075
龙兴钛业	0.0586	0.1521	0.5478	0.9195	0.1343	0.1376
慧联电子	0.0954	0.0161	0.0254	0.2202	0.1211	0.1061
森电电力	0.1273	0.0295	0.0453	0.6906	0.2482	0.1066
绿宇新材	0.0839	0.0781	0.7252	0.6183	0.0538	0.0113
东方世纪	0.2005	0.0226	0.0206	0.425	0.0492	0.0401

步骤3　计算属性 c_j 的信息熵分别为：

$E_1 = 0.8575$，$E_2 = 0.9442$，$E_3 = 0.9459$，$E_4 = 0.9455$，$E_5 = 0.9917$，$E_6 = 0.8765$，$E_7 = 0.8973$，$E_8 = 0.6728$，$E_9 = 0.7361$，$E_{10} = 0.9675$，$E_{11} = 0.8751$，$E_{12} = 0.8544$

步骤4　属性权重向量 $w = (w_1, w_2, \cdots, w_n)^T$ 为：

$$w_1 = \frac{1 - 0.1425}{1.4355} = 0.0993, \quad w_2 = 0.0389, \quad w_3 = 0.0377, \quad w_4 = 0.0380, \quad w_5 = 0.0058,$$

$w_6 = 0.0860$, $w_7 = 0.0715$, $w_8 = 0.2279$, $w_9 = 0.1838$, $w_{10} = 0.0226$, $w_{11} = 0.0870$, $w_{12} = 0.1014$

步骤5 每个方案的综合属性值为：

$z_1(w) = 0.2715$, $z_2(w) = 0.0888$, $z_3(w) = 0.2627$, $z_4(w) = 0.1642$, $z_5(w) = 0.0761$, $z_6(w) = 0.1835$, $z_7(w) = 0.1447$, $z_8(w) = 0.3430$, $z_9(w) = 0.2750$, $z_{10}(w) = 0.1435$, $z_{11}(w) = 0.2158$, $z_{12}(w) = 0.1071$, $z_{13}(w) = 0.1612$, $z_{14}(w) = 0.3965$, $z_{15}(w) = 0.1115$, $z_{16}(w) = 0.4908$, $z_{17}(w) = 0.1229$, $z_{18}(w) = 0.5168$, $z_{19}(w) = 0.1899$, $z_{20}(w) = 0.2009$, $z_{21}(w) = 0.0885$, $z_{22}(w) = 0.2390$, $z_{23}(w) = 0.0472$, $z_{24}(w) = 0.1139$, $z_{25}(w) = 0.3016$, $z_{26}(w) = 0.0799$, $z_{27}(w) = 0.1223$, $z_{28}(w) = 0.1978$, $z_{29}(w) = 0.0965$

步骤6 根据$z_i(w)$, $i = 1, 2, \cdots, m$的大小对方案进行排序择优：

$z_{18}(w) > z_{16}(w) > z_{14}(w) > z_8(w) > z_{25}(w) > z_9(w) > z_1(w) > z_3(w) > z_{22}(w) > z_{11}(w) > z_{20}(w) > z_{28}(w) > z_{19}(w) > z_6(w) > z_4(w) > z_{13}(w) > z_7(w) > z_{10}(w) > z_{17}(w) > z_{27}(w) > z_{24}(w) > z_{15}(w) > z_{12}(w) > z_{29}(w) > z_2(w) > z_{21}(w) > z_{26}(w) > z_5(w) > z_{23}(w)$

经过多属性决策模型分析，可以看出挂牌新三板中小企业的发展能力、营运能力、风险控制能力以及成长能力等都对企业综合实力构成显著影响。从挂牌新三板中小企业综合实力排序中可以看出，盛源科技、中业科技、东方碳素、深冷能源、众智软件、富耐克等企业排名靠前。新三板企业综合实力不仅仅依靠单一因素的作用，而是多种因素相互作用对其产生影响。

首先，新三板中小企业发展能力评价的重要内容之一是对企业技术创新能力进行分析。经过多属性决策模型分析，盛源科技、东方碳素、睿恒数控、中天新能、众智科技的人力投入回报率（ROP）比较高，人力资源在企业生存和发展中发挥着重要作用。同时，提高企业的发展能力，要提高企业的净利润和营业收入，深冷能源、盛源科技、天迈科技、熔金股份、捷安高科的营业收入较高，盛源科技、捷安高科、天迈科技、东方碳素、众智软件的净利润较高。创新能力来源于企业进行研究开发和其他技术性活动的智力资本，净利润和营业收入越高，企业发明和运用专利、专有技术等技术知识的能力越强。企业的发展主要依靠以技术创新、模仿和转化为核心的连续新市场开拓和驱动组成。由技术水平决定的产品和服务的独特性、功能性、质量、价格和时间等是制约企业成长的重要因素。要优化人员结构，落实全员激励。针对高居不下的企业人力成本问题，一方面要继续加大成本费用控制的力度；另一方面要积极优化人力资源结构，不断完善激励考核体系，以人才效能提升为目标，根据企业的发展战略、经营策略和业务需求，统筹配置人才资源，有效提高人均产出，增强企业经济效益。

其次，新三板中小企业应提高企业营运能力，加快总资产周转率，降低营业周期。企业的营运能力状况直接影响其未来资本扩张的可能性。中业科技、龙兴钛业、森电电力、深冷能源、绿宇新材的总资产周转率较高，万特电气、富耐克、慧云股份的营业周期较短，说明总资产周转越快，企业在一定时期内资产经营规模扩张的速度越快。利润和现金流量是通过资产的使用来实现的。如果企业资产营运能力低，企业不仅不能创造足够的利润，而且可能导致其逐步走向亏损甚至破产的境地。所以，营运能力越高，盈利能力越好。

再次，成长能力是指新三板中小企业发展壮大的速度和潜力，它反映企业未来的发展前景，直接体现企业成长性的水平和可持续性。投入资本回报率表明，企业经营规模的扩张程度，反映了企业实现价值最大化的扩张速度，回报率越高，表明增长速度越快，企业市场前景越好。众智软件、睿恒数控、捷安高科、龙兴钛业、众智科技的投入资本回报率（ROIC）较高，其从不同方面反映企业的成长能力，数值越大，企业的成长能力越强。东方碳素、中业科技、绿宇新材、盛源科技、龙兴钛业的应收账款周转率较高，表明科技型中小企业占据并保护现有市场、开发潜在市场和消费群的能力较强。良好的市场拓展能力是维持企业持续成长的前提，体现为企业通过统筹、利用内外资源满足目标市场消费者的需求以实现自身生存和持续发展的一种能力。

新三板中小企业风险控制能力主要是指企业的偿债能力。西施兰、雪山实业、众智科技、德平科技、畅想高科的速动比率和流动比率都比较高，其风险控制能力较强。风险控制能力对企业的成长性有重要的影响。

最后，新三板中小企业应努力提高企业资本投资收益的盈利能力。龙兴钛业、众智软件、睿恒数控、捷安高科、众智科技的净资产收益率（ROE）（平均）较高，众智软件、众智科技、龙兴钛业、捷安高科、睿恒数控的总资产报酬率（ROA）较高。盈利能力是衡量企业经营业绩的重要指标。主营业务鲜明率也就是经营活动净收益与利润总额的比率可以表达收益的持续性，是衡量收益质量水平的重要指标。森电电力、中天新能、睿恒数控、众智软件、东方碳素的比率较高，该指标越高，说明企业收益持续性越强，收益质量越好。

经过多属性决策模型分析，得出盛源科技、中业科技、东方碳素、深冷能源、龙兴钛业等新三板企业排名比较靠前，综合实力较强，信托公司可以优先投资。能否开发出更好的更新换代产品，是影响行业内企业盈利水平的主要因素。企业所处的细分行业正处于高速发展阶段，企业将在主导产品技术和市场日趋成熟的基础上，通过募集资金项目的投入，提高现有的研发及生产的技术水平，提升产品更新换代的速度和市场竞争能力，扩大生产规模，实现企业盈利能力的可持续增长。

三、信托投资助力中小企业发展

资金是中小企业生存的血液，也是其持续发展的推动力。长期以来，融资难一直是制约中小企业发展的瓶颈。信托公司在多属性决策研究的基础上，选取排序靠前的中小企业，可以直接进行股权投资，也可以与相关产业合作，设立产业基金，满足中小企业多层次、多元化需求。在我国现行的金融体制下，中小企业可以依托信托，解决企业与信托之间的对接问题，最终破解企业融资难的问题。信托公司根据企业发展状况提供不同的融资方式，能更好地服务中小企业。

（一）债权信托投资

债权投资是中小企业通过信托公司融入资金的途径之一，一般是信托公司根据中小企业的融资需求发行集合信托计划，之后将募集到的资金以贷款方式发放给挂牌新三板企业。

债权信托投资根据运作方式的不同又可以分为普通信托贷款投资模式和债权投资基金模式。普通信托贷款投资模式属于融资类业务，通常是信托公司首先对企业进行评估和筛选，确定最后的贷款对象，然后根据贷款企业的资金金额、期限以及用途发行信托计划，最后将募集到的资金发放给企业（见图 7－1）。信托计划的资金来源比较广泛，包括机构投资者资金、财政资金和个人投资者资金。

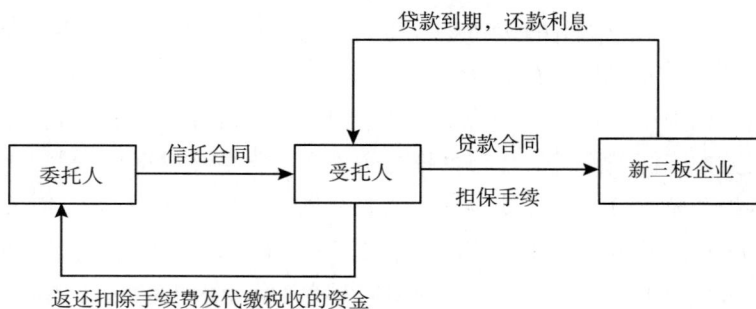

图 7－1　债权信托运作模式

债权投资基金模式的实质仍然是信托贷款，属于债权投资类业务，操作模式更加灵活。在支持企业发展，鼓励地方政府通过资本注入、风险补偿等多种方式增加对信用担保公司的支持政策出台之后，为缓解中小企业"贷款难"问题，X 信托公司采用"信政合作"的方式，集合 A 银行理财资金、B 集团政府引导基金、C 公司的资金，向注册地中小企业发放信托贷款，在严格控制风险的前提下，积极发挥信托优势，扶持中小企业的健康发展（见图 7－2）。其与普通信托贷款融资模式的不同之处在于发行信托计划时没有确定贷款的企业，而是先确定贷款企业的标准和信托计划的设计方案，随后向社会发行债权基金类产品募集资金，形成资金池，最后筛选符合贷款标准的中小企业。

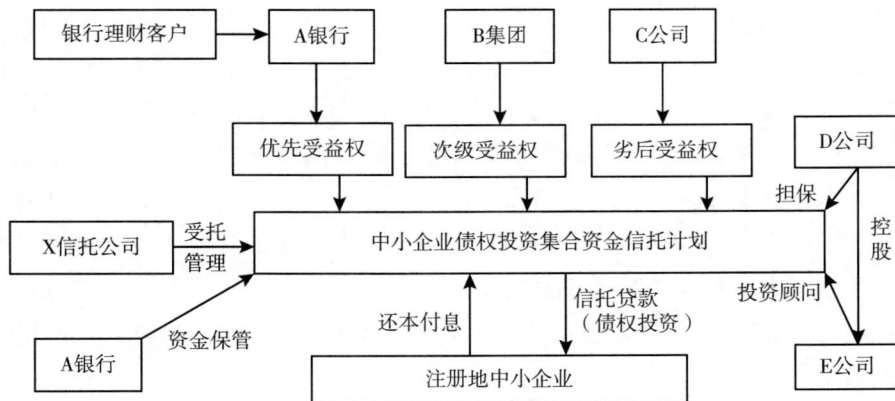

图 7 - 2　交易结构简图

（二）股权信托投资

信托公司利用股权方式投资中小企业，向社会发行信托计划，将募集到的资金以股权方式投资于企业的约定项目，在信托计划存续期间，信托公司成为企业的股东并以股东身份参与投资项目的运营管理。信托公司通过股东大会或董事会监控投资项目以及时了解投资资金的用途，规避企业管理者的道德风险，确保项目的实施进度和投资人的利益，有时信托公司甚至会向企业派驻人员（担任企业的管理人员）来控制经营风险。当信托计划结束后，信托公司有两种退出方式：一是由相关企业或企业其他股东回购所持有的股权；二是向不特定投资者溢价出售股权。在不想变现的情况下，信托公司还能替投资人转为普通股以获得长期股权投资收益。

信托公司作为受托人负责投资项目的具体运作，通过信托管理费和业绩奖励获取收益，而信托计划的投资者即委托人可以获得企业的股权收益。所以股权投资不仅能够满足企业的融资需求，在项目不亏损的情况下还能使投资者获得一定的收益。信托公司如果通过阶段性持股对企业进行增资扩股成为企业的股东，在实现企业融资目的的同时，还能增强其信用等级，通过增资调整企业的资产负债结构，不断提高资金的使用效率。另外，如若信托公司阶段性持有优先股，通常情况下代表其只要求在一段时间内享受一个固定的回报，无意介入企业的日常管理经营，也不与企业分享最终利润，并且超额部分归企业其他股东所有。但如果企业清算则其优先级高于其他股东，这样，在不丧失对项目实际控制权的情况下，满足了企业项目资本金的需要，同时优化了企业的资本结构。

（三）创新信托投资

信托市场是一个充满活力、吸引力、竞争力的市场，它将成为众多新三板企业成长的摇篮。在这个摇篮中发展壮大的企业，一定会给中国经济注入新的血液。

1. 信托夹层投资

"夹层投资"一词起源于华尔街，最开始是指介于投资次级债券和垃圾债券之间的债券等级，随后应用到企业投资领域，经过演变成为风险和回报都介于优先债务和股本投资之间的一种投资方式，具体指企业或投资项目借助夹层资本进行资金融通的过程。夹层就是在优先级和劣后级之间加入了一层杠杆，那么夹层投资可以被看作在传统的债权和股权之间增加了一个夹层。夹层融资非常灵活，其具体条款可以根据借贷双方的实际情况而定，也能根据双方的特殊需求做出调整，包括付款事宜也可以根据企业的现金流状况确定。最常见的夹层投资形式是次级贷款，但也可以采取优先股或者可转换票据的形式。

对于融资者来说，采用夹层融资的融资费用低于股权融资，并且具有类似债权的优点，比如可以采用像债权一样的固定利率的方式。夹层债务也要求融资者按期还本付息，但其利率水平通常高于优先债务，超额部分的收益来自现金收益和股权收益两部分。对于投资者来说，夹层融资又体现出类似股权的优点，因为夹层融资的权益低于优先债权。夹层资本本质上是一种长期无担保的债权类风险资本，并且收益和风险都介于企业债务资本和股本之间。投资者可以选择将一部分融资资金转换为企业的股权以便从资本升值中获利，例如转股权、期权、认股证等。如果企业发生破产清算，清偿顺序首先是优先债务提供者，其次是夹层资本提供者，最后是公司股东。信托夹层融资是夹层融资的一种衍生融资模式，信托制度不仅具有独特的权利重构和风险隔离功能，而且能够灵活地满足市场主体的多样化需求，因此信托制度与夹层融资交易结构之间具有良好的对接性，为中小企业融资开拓了新的渠道。

2. 附担保公司债信托融资

附担保公司债信托也称为公司债信托，开展这项信托业务的最终目的是达到一次性向公司债券的集合债权人提供担保的法律效果，其实质是在民法担保原理的基础上对信托模式的导入。

附担保公司债信托的设计运用信托制度的机理，实现了对公司债的担保，是非常具有实践价值的。在美国、日本、韩国、中国台湾等国家或地区，附担保公司债信托业务都已成熟开展。附担保公司债信托提供了一个较好的担保制度，可以有效地克服传统的依赖保证担保的公司债券发行制度的缺陷。

3. 收益权信托融资

收益权信托是在对相关财产的未来收益进行评估和信用增级的基础上，通过信托关系将收益权转移给信托公司，发起人将因信托关系所拥有的受益权向社会公众进行出售的过程。它是企业的专利权人将专利技术的许可权、收益权等委托给受托人发行信托产品，进行融资的一种信托业务。信托公司会挖掘和包装受托专利的技术特点及市场价值，用于向社会投资人发售受托专利形成的风险投资收益期权，或者通过吸纳风险投资基金，来建立转化专利的资本市场平台，进而获得资金流。

　　中小企业代表着市场未来的发展方向，要推动产融结合，发挥好融合创新的作用，实现信托公司与企业优势互补，有效降低企业融资成本，为企业提供综合性金融服务，帮助企业缩短融资链条。信托公司应结合自身经验与优势，不断创新业务形态，从广度与深度上满足企业的投融资需求。信托作为服务业，应当真正做到以中小企业为中心，以服务企业为出发点。推动创新机制转变，寻找与新三板企业的最佳契合点。发展专业化能力，为新三板企业制定专业化的"量身定做"服务。信托公司具有结构化的投资经验，应加强结构化投融资思维和能力。加强市场引导，建立良好的企业服务机制。

第八章

家 族 信 托

第一节 家族信托概述

一、家族信托定义及特征

（一）家族信托的概念

家族信托是一种信托机构受个人或家族的委托，代为管理、处置家庭财产的财产管理方式，以实现富人的财富规划及传承目标。资产的所有权与收益权相分离，富人一旦把资产委托给信托公司打理，该资产的所有权就不再归他本人，但相应的收益依然根据他的意愿收取和分配。家族信托的主要目的是为财产委托人提供一套机制，以最省税的方式将自己的财产有计划地传承给信托受益人。

家族信托是信托机构的一种管理手段，它可以传承、管理以及保护家族或个人的财富。以信托机构的视角进行解析，作为众多信托业务之一的家族信托，其设立的过程是十分完备的。首先，委托人需要将名下的合法财产交托给值得信任的受托人，受托人会根据委托人的不同需求设立相符合的家族信托，进而管理委托人托付的财产，然后，定期分配相关的财产给指定的受益人。其中，受托人可以是第三方机构，也可以是相关的个人。这样做的目的是有效地传承、管理和保护这些财产，同时避免这些财产在继承中出现损失。家族信托的结构与传统信托类似，受托人、委托人、受益人、信托标的物及信托合约构成了一个完善的家族信托。委托人是发起家族信托的人，也是拥有信托财产的人。在整个家族信托的过程中，财产的受托人与财产的受益人都是由委托人进行指定。受托人是管理家族信托的人，根据委托人的需求对其拥有的财产运作操控，并且遵从委托人的要求分配收益给受益人。在这个过程中，受托人能够获取一定的报酬。受益人是信托财产的实际受益者，通常是委托人本身以及委托人的家族成员。信托标的物是委托人发起家族信托中的托付财产，可以是公司的股权或是股票，也可以是流动资金或基金、存单等，值得注意的是，这些都必须是能够转移所有权的财产。信托合约是合同的一种类型，是由信托财产的委托人与管理财产的受托人签订的。它可以对各方的行为进行约束，督促各方完成合约中的条款，同时它也是保障各方权益的一种有效手段。

（二）家族信托的特征

家族信托作为专门针对以家族财产为核心进行有效管理和传承安排的信托业务方式，呈现出其特征。

第一，家族信托财产的混合性。信托财产是受托人因承诺信托而取得的财产，是受托人按照委托人的意愿加以管理或者处分的对象。由于家族信托涉及整体家族或家庭财富的综合性安排，而这些财富构成中除现金资产以外，大量资产体现为股权、不动产，同时可能还持有大量动产、金融产品投资份额，以及获得的专利、版权、商标等知识产权等。

第二，家族信托受托人的多元性。家族信托由于存续时间较长，委托人的信托目的十分丰富和多元化，既有投资理财，侧重于保值增值；也有侧重于财产保护和传承，进行税收策划、财产隔离和规划，满足财富的风险隔离和传承需求；还有实现公益目的、回馈社会等需求。因此将家族信托简单地分为营业信托或民事信托并不容易，在实践中担任家族信托的受托人主体也就不可能局限于营业性信托机构，还可能包括委托人信任的亲朋好友、律师事务所、会计师事务所、第三方理财机构等。

第三，家族信托管理的复合性。家族信托是以事务管理为主要特色的财富管理服务。在家族信托中，受托人不仅包括对家族财产的管理、处分，还包括对家族事务的管理，包括股权和不动产等财产管理、家族治理、子女教育、家族文化传承等。我国仍处于经济快速增长和财富积累时期，现阶段家族信托设立时往往对财产的保值增值目的提出了更多考量。因此，信托机构投资管理运作能力方面的优势很大程度上成为委托人关注的重点，家族信托管理呈现出兼具财产管理和事务管理的特征，无论是营业性的信托机构，还是律师事务所、第三方理财等民事信托受托机构，都需要能够提供信托管理的综合化服务。

二、家族信托的运作模式

家族信托严格意义上说是一个"舶来品"，在刚传入中国时并没有得到人们的关注，在国内也没有得到实质的进展。但随着近年来个人和家庭财富快速增长，人口老龄化态势愈加严重，家族信托的地位也逐渐提高。老一辈高净值个人迫切需要将财富安全的移交给家族后辈，这是国内家族信托发展的源动力。随着家族信托市场的扩大和业务机遇的增加，各类机构纷纷介入家族信托领域，家族信托进入了蓬勃发展期。普益标准 2018 年发布的研究报告显示，截止到 2017 年底，开展家族信托业务的信托公司约 30 家，合计约有 3000 单的存量产品，存量家族信托的规模总共达到 500 多亿元。其中，业务规模超过 100 亿元的公司有中信信托、建信信托。中信信托的业务单数大约有 700 单，建信信托的单数大约有 219 单；业务规模在 50 亿元以上、100 亿元以下的公司有中航信托、外贸信托和长安信托，业务单数分别为 209 单、275 单、500 单；业务规模在 20 亿元以上、50 亿元以下的公司共有 5 家，其中，华能贵诚信托 92 单、山东信托 170 单、上海信托 200 单、北京信托 284 单、平安信托 980 单（见图 8 - 1）。

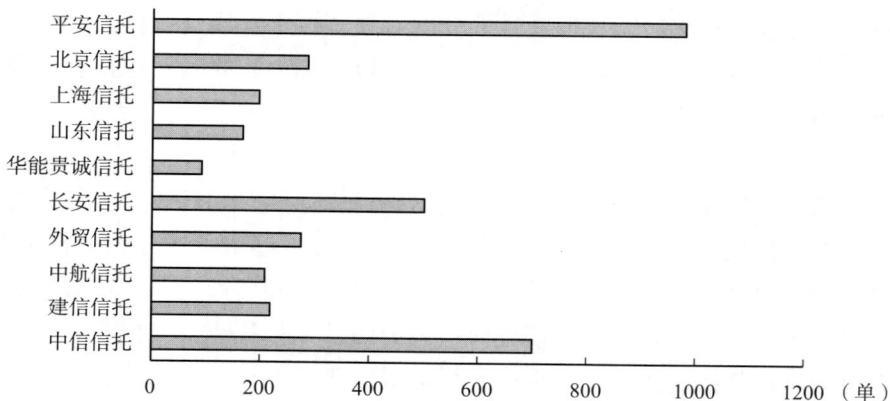

图 8 - 1　家族信托业务单数

资料来源：普益标准。

（一）信托公司主导的家族信托

在信托公司主导的家族信托中，信托公司起主导作用，信托财产投向何方以及信托产品模式该如何设计这些问题均由信托公司进行决策。一般这种信托公司经营的时间都比较长且大都依附于有强大实力的金融集团，正是借助于金融集团本身庞大的客户资源和内部专业投资管理人才的能力，信托公司才具备主导家族业务开展的资格。而信托公司作为家族信托业务的起源地，在产品设计以及专业人才资源等方面具有无可比拟的优势。而且，银监会发布的《关于信托公司风险监管的指导意见》中明确指出，家族信托业务是业务转型的重点方向，信托公司应该特别注意家族信托业务的开展。目前，存在于我国市场上的家族信托财产通常都是单一资金，虽然在基金的门槛方面存在些许不同，但是大部分信托公司对于资金的最低要求都是 5000 万元人民币。信托公司进行主导的家族信托通常合同期限会被设定为 50 年，由委托人和受托人一起管理，这种做法的目的是委托人能够对信托有最大程度的控制权。且受托人必须要在规定的时间及时汇报家族信托的运作和管理情况，这样可以有效避免受益人和委托人的相关利益受到侵害。在家族信托的运作期间，受托人在经过委托人的同意之后，可以根据外部情况的变化做出相应的应对措施，改变信托财产的投资方式。同时，委托人同样会对受益人进行一定的限制，如果有侵害其他受益人利益的情况发生，委托人可以直接取消其受益权，这样也是为了避免受益人之间相互争夺信托财产的情况发生。而在收益分配上可以根据实际情况选择恰当的分配方式，通常可以选择一次性进行分配或者非定期进行分配来满足委托人不同的需求。

在 2013 年，平安信托推出了"平安财富·鸿程世家"①（见图 8 - 2），这是国内第一个家族信托产品，而这个家族信托产品就是由平安信托进行主导的。该产品是单一资金信托，资金作为唯一的信托财产，信托资金的最低门槛是 5000 万元，这些资金的管理由平安信托和委托人一起进行，平安信托将会采取组合投资的方法将资金投向基建、物管或集合资金计划等多个方面，这些投资取得的收益可以选择一次性分配的方式分配给受益人，也可以根据实际情况选择按比例分配、附带条件分配和非定期定量分配等多个方式分配给受益人。在这种家族信托的运作模式中，委托人享有极大的权限，委托人能够指定继承人充当受益人，也可以在信托的运作过程中变更受益人或增加其他的受益人，同样也能根据自己的要求对受益人提出额外的限制条件。这款产品经平安信托的推出之后引起了社会各界的反响，被誉为国内家族信托的破冰产品，同时也是信托公司主导家族信托模式中最经典的案例。在这款产品中有三个优势：第一，它是可撤销、定制化的信托。依据信托合同中的约定，这笔资产由平安信托和委托人共同管理，信托在设计之初就体现出了重视委托人需求的理念，它能够依据委托人的具体想法及特殊偏好定制产品。在信托的实际运作过程中，它能够依据委托人的风险偏好和具体情况随时调整资产的投资方向和运作策略。在受益人的设立上，这类信托能够随时变更受益人，也能限制受益人的权利和增加其他受益人。第二，产品的运作情况完全透明地呈现在委托人面前，信托资产利益的分配多样化。在收益分配方面有一次性分配、附带条件分配、非定期定量分配和按比例分配四种方式供委托人选择。家族信托不但能够保障委托人家族后代的基本生活，还可以通过附带条件分配的方式对受益人进行有效的约束，避免家族后代因分割财产问题造成矛盾。同时，对信托资产的整体运作可以把家族利益统一起来，将家族成员团结起来，继承人依据信托约定可以参与管理，也可以监督受托人对资金的管理，但从其他的继承人手中获取不正当利益是决不允许的。受托人可以定期或者不定期的与委托人（受益人）沟通信托资产的运作情况，沟通的方式可以选择邮件沟通也可以当面进行正式报告。在进行重大决策之前，平安信托会让委托人在充分了解运作情况之后提出自己的意见，受托人在综合委托人的意见和实际情况之后做出相应的决定。倘若委托人去世，平安信托将会依

---

① 董方冉：《家族信托传承财富基业》，载于《中国金融家》2018 年第 4 期。

照相关法律或签署的相关条款处置信托财产。第三，对信托资金采用投资组合的方案分散风险，同时信托机构对信托的年化收益采取固定和浮动相结合的收取办法。"鸿程世家"这种单一的资金信托主要针对各类基金会和全国五百强等高端客户销售，它的资金主要投向证券、物管、基建以及集合信托计划，预计的年收益将会在4%～5%上下浮动，而信托资金的1%作为固定管理费的年费率，若出现年收益超过4.5%的情况，则浮动管理费是超出部分的50%。平安信托在运作这个信托业务时有三个最显著的特点：首先，平安信托的前中后台可以通力合作，各自规范好自己的行为，形成了一个完整的业务闭环；其次，业务团队专注信托资金的配置，通过平台化的运作模式形成主动管理的独特优势；最后，平安信托精细化管理家族信托的运作，从多个方面满足委托人的差异化需求。

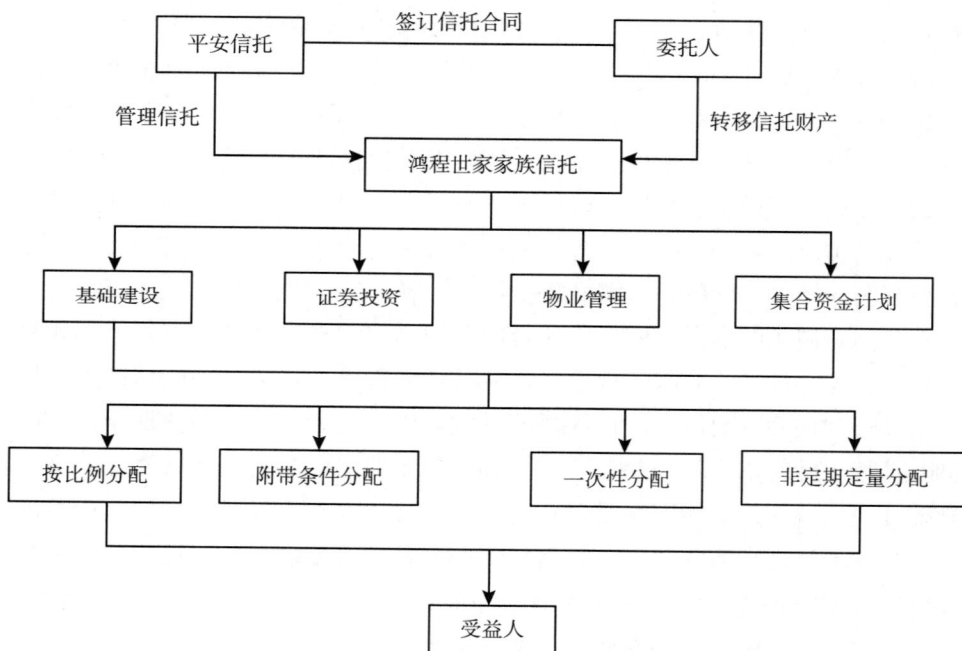

图 8 - 2　鸿程世家家族信托流程图

（二）私人银行①主导的家族信托

自从家族信托的概念引入国内之后，除了信托公司在关注家族信托业务以外，私人银行和第三方财富机构也都在关注这一领域。实际上，依据兴业银行和波士顿咨询公司联合发布的《中国财富传承市场发展报告》，高净值人群在进行家族信托业务的选择时，首先会关注私人银行。以私人银行为主导的模式就是家族信托在国内的第二种

---

① 私人银行指的是银行内部的业务，是一种银行的金融服务。

运作模式。在此种模式中，私人银行起主导作用。私人银行拥有专业的产品营销团队和优质的客户资源，可以提供给客户保险产品、信托产品等不同的金融产品，同时可以给客户提供便捷的购买渠道和专业的顾问服务。其中，私人银行独立完成信托产品的设计和信托资金的投向，信托公司只作为一个通道存在，处于被动地位。这种信托模式资金的最低门槛是 2000 万元人民币，且必须是不可撤销的、全权委托的产品，这种规定也是出于对信托财产的风险隔离考虑。为了达到传承家产和财产隔离的目的，委托人设立了家族信托，信托的受益人通常都是委托人的后代。私人银行作为主要决策机构的家族信托模式中，信托的收益一般可以分为定期分配和不定期分配两种方式，正常情况下受益人通过定期分配维持其基本生活，但如果遇到买房或生病等特殊情况时，不定期分配就会发挥其作用，帮助受益人渡过难关。而商业银行和信托公司作为家族信托的受托人，可以根据各自的优势发挥其作用。财产托管和业务咨询是商业银行需要承担的职能，对资产进行合理的配置管理是信托公司需要承担的职能，受托机构会按比例获得报酬，收费比例的高低是由信托设计架构的难易程度决定的。另外，这种模式的目标客户一般都是超高净值人群，这些人除了有传承财产的需求之外，还会要求将资产进行全球布局。鉴于客户的多种需求，律师事务所以及会计师事务所等一些专业的第三方机构也纳入到了这个体系之中。这些第三方机构咨询费用的收取也会从信托收益中分配。

招商银行和外贸信托合作的信托模式是私人银行主导的家族信托运作模式的经典案例。[①] 在该模式中，私人银行充当投资顾问的角色，同时也是优质客户资源的提供者，在招商银行为外贸信托提供客户资源后，外贸信托机构出面与客户签署信托合同，而招商银行作为信托实际运作的主导者，负责制定资产配置方案，选择资产投资领域。在资产的配置方案中，私人银行能够基于客户提供的收益目标制定合理的投资策略，在通过决策委员会的同意之后正式实施信托计划。该信托的目标客户通常是家族资产 5 亿元以上的超高净值客户，信托期限是 30～50 年，资金的最低门槛是 5000 万元人民币。且为保障资金安全，这种信托被设定为不可撤销信托。信托的受益人是委托人的后代，信托的投资领域涉及货币市场，资本市场等多个领域。此外，信托财产的收益分配有两种形式，一种是一定比例的定期分配，另一种是最终分配。受益人可以通过定期分配领取薪金，在遇到创业、买房和婚嫁等特殊情况时，也可以由外贸信托分配收益给受益人（见图 8-3）。这种模式主要有三个优势：第一，银行作为信托运作过程中的主导机构，信托公司虽然是参与者但也发挥了自身的作用。例如在家族信托中后期的法律合同制作与产品方案设计中，信托公司在这些方面更具有优势。而且不仅招商银行要与委托人签订协议，外贸信托同样也要参与协议的签订，承担一部分责任。这些都与一般的银信合作有区别且一定程度上优于一般的银信合作。第二，招商银行

---

① 本案例由作者根据中国信托业协会的《2014 年信托业专题研究报告》相关信息编写。

和外贸信托一起收取超额管理费以及年费，利益共享。依照托管资产的比例收取年费，委托人的状态以及信托的难易程度决定信托收费的比例高低。若委托人参与到信托管理中，信托的收费比例会相对低一些，若委托人完全退出信托管理，收费比例则会相对高一些。而对于超额收益管理费来说，招商银行和外贸信托会依照行规分别按一定比例收取。另外，招商银行把行内资产打包装进信托资产包，不但在信托这一端能够收取一定的项目咨询费用，而且在客户这一端也能够收取一定的投资顾问费用，一举两得。第三，第三方机构纳入信托运作过程中后，它们能够提供专业且收费低的法律咨询和税务策划等服务。法律咨询和税务筹划是设立家族信托必不可少的因素。其中，家庭关系中的基金设立、婚姻资产保全和境外资产保全都属于法律咨询；而利用离岸公司和信托等因素进行移民及家族跨境投资税务规划，财富传承的税务规划都是税务筹划的一部分。在现存的法律框架之内，境外资产不能被境内资产控制，即使通过设立信托的方式也解决不了境外资产的隔离问题。因此，目前最恰当的处理方式就是境内资产设立境内信托进行管理，而境外资产则单独设立一个境外信托进行管理。在设立境外信托时通常会产生巨额的咨询费，而在招商银行为主外贸信托为辅的这种信托运作模式中，会计师事务所和律师事务所等第三方机构提供的专业服务收费通常较低。

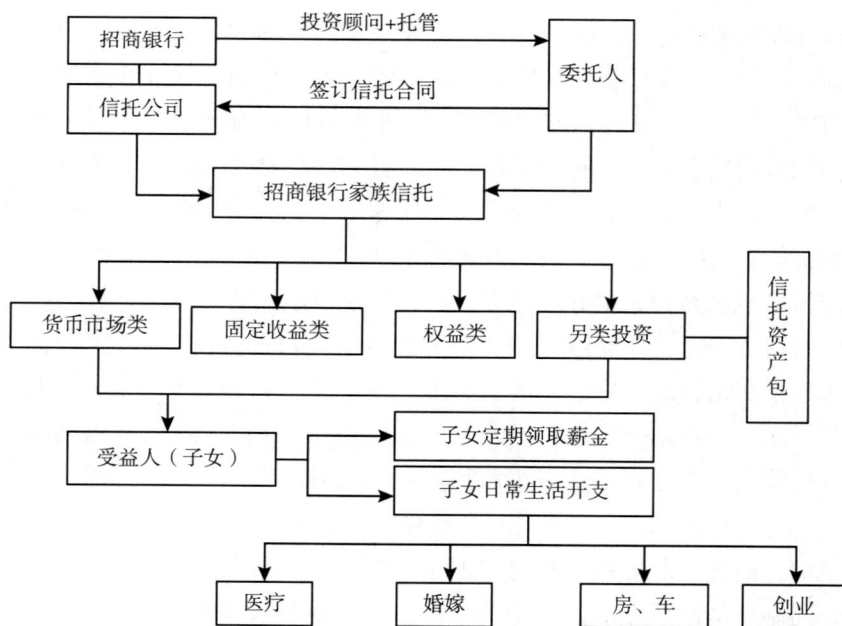

图 8-3 招商银行家族信托流程图

（三）私人银行和信托公司合作的家族信托

在私人银行和信托公司合作的家族信托中，私人银行和信托公司一起管理信托资产。在设计信托产品、分析潜在客户及客户需求等方面发挥出各自的优势，建立起一种战略合作关系。传承家族财富、隔离财产风险、财富保值增值是此类信托最主要的目的。商业银行和信托公司为了满足高净值客户的不同需求，专门组建了一支家族信托项目团队。这支团队是由法律顾问、财务顾问、投资顾问和项目经理等组成的，它可以把最合适的家族信托解决方案提供给高净值客户。这种信托通常是单一形式信托，且不可撤销。委托人是单个自然人，信托公司是受托人，商业银行负责提供财务咨询与管理服务，受益人可以根据委托人的需要进行指定和变更。在信托财产的收益分配方面，主要有定额分配和不定额分配这两种形式。

2013 年出现了北京银行和北京信托合作的信托模式，这是私人银行和信托公司合作运作家族信托的经典案例[1]（见图 8-4）。这种模式下的产品期限较短，一般不低于5 年即可，产品的门槛较高，一般最低门槛是 3000 万元人民币。在这种模式运作的初始阶段只能以现金作为受托资产，以后将会根据高净值客户的不同需求逐渐引入房产或股权等信托财产。"家业恒昌"系列就是典型的单一资金信托，它可以为委托人量身定制一套信托方案，使委托人实现多种目的。在受托财产增值保值的基础之上，北京银行还可以帮助受益人参加更多的培训活动，掌握更多的生活技能。这种模式主要有三个优势：第一，信托产品的经济效益高，信托收益分配机制非常灵活。这类产品能够多角度多方面对资产灵活配置且收益较为可观。而定额收益分配方式和不定额收益分配方式是信托收益的两种不同的分配制度，这两种分配方式能够根据委托人的不同目的灵活选择。其中定额收益分配方式主要是出于对受益人维持日常所需的考虑，而非定额收益分配方式对受益人来说则带有一定的奖惩约束。第二，这种信托模式能够将资金分为一个个小账户，对资金进行合理运用并且实现统筹管理。受托人主要将资金投向 I、II、III、IV 四类项目，这四类项目是按照收益率和流动性由低到高排列的，在实现财富传承需求的基础上，尽可能地为客户创造更高的收益。第三，这种信托模式不仅有合理的退出机制，而且有非常完善的风险防护措施。受托人在实施具体的方案时需要充分考虑委托人的意见，在信托资金的实际运作过程中，被投资企业需要提供超额的抵押担保。除此之外，方案中还需要对资产配置的比例和资金投资的比例进行一定的约束。这些措施可以最大限度地减少风险。在信托资金退出过程中可以采取定额和不定额的收益分配方式，在将收益进行合理分配并缴纳税金之后，剩下的收益可以继续进行投资，在信托合约期限结束的那一天向受益人（委托人）分配所有的收益，而原本的信托财产可以依照原状进行分配。

---

[1] 《银行＋家族信托渐成新气象北京银行等 8 家上市银行开始大布局》，载于《证券日报》2018 年 9 月 7 日。

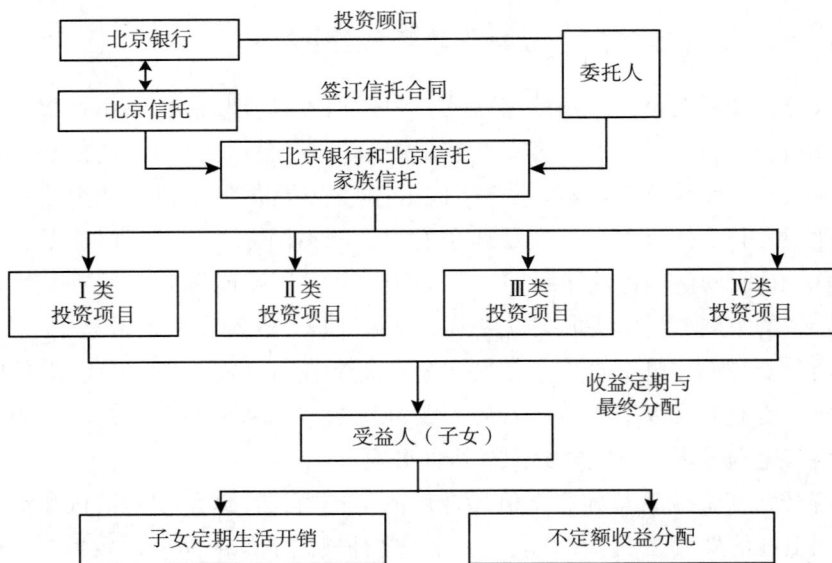

图 8-4　北京银行和北京信托家族信托流程图

（四）保险公司和信托公司合作的家族信托

在保险公司和信托公司联手推出的家族信托中，保险服务和信托服务能够合理地结合起来，可以让家族信托的设立门槛大大降低，是类家族信托的一种。这种信托是通过保险赔偿请求权进行设立的，这要求委托人必须首先购买一款保险产品。在保险赔偿生效之后，受托人会自动获得这种保险赔偿请求权，在受托人处理好相关事项之后，保险赔偿就会转化为现金。此时，受托人就会依照委托人事前的意愿和要求成立信托，并承诺对资金实施有效管理进而将资金的收益分配给委托人的后代，以维持他（她）们成长过程中因各项事务的开销所需。这类信托不但要承担管理财产的责任，还需要给委托人提供保险理赔的服务。这种信托模式因为整合了财产管理和事务管理，又被叫作保险金家族信托。

在 2014 年，信诚人寿携手中信信托推出了一款专业化定制的寿险产品（见图 8-5）。这款产品同时具备了事务管理职能与资产管理职能，是"保险＋信托"模式的经典案例。[①] 这款产品设计的思路是：在购买这款产品之后，若客户发生保险事故，可以为客户提供不同的三种选择。第一，对保险金可以采取分期领取的行为；第二，对保险金可以采取一次性领取的行为；第三，保险金将会自动转入信托公司，信托公司会把保险金作为信托财产投向固定收益类、权益类以及货币市场类等市场，取得的收益将会用于完成保险人的委托。这种保险金家族信托可以将保险公司和信托公司各自的资源

---

① 袁吉伟：《保险金信托的模式、案例及展望》，南方财富网，2016 年 2 月 24 日，http：//www. southmoney. com。

达到最大化的利用，充分利用它们的优势达到最优的效果。首先，受益人的范围变得更加宽广。保险仅能够解决一代人的财产，但是把信托这个因素注入其中之后可以扩大受益人的范围，同时也能够增加信托的期限周期。其次，门槛条件变得更加贴近大众。以往信托模式的门槛最少可能都需要达到 3000 万元人民币，但因为保险具有杠杆效应，所以加入了这种效应后可以降低门槛资金，同时也能够减少资金的利用成本。再次，保险公司和信托公司携手合作，可以为资金提供双保险。一方面，被保险人的风险可以由保险转移；另一方面，信托能够发挥其隔离财富风险的作用。最后，这种模式可以提高现金流的流动性以及稳定现金流的收益性。保险是投保人一项稳定的财产，在投保人遇到资金难题时可以抵押保单来获得一定的现金流，这种方法不但更加简便高效，而且付出的资金代价也更小。除此之外，保险的预期收益率一般来说都是相对固定的，因此未来的现金流更加稳定，出现风险的可能性较小。

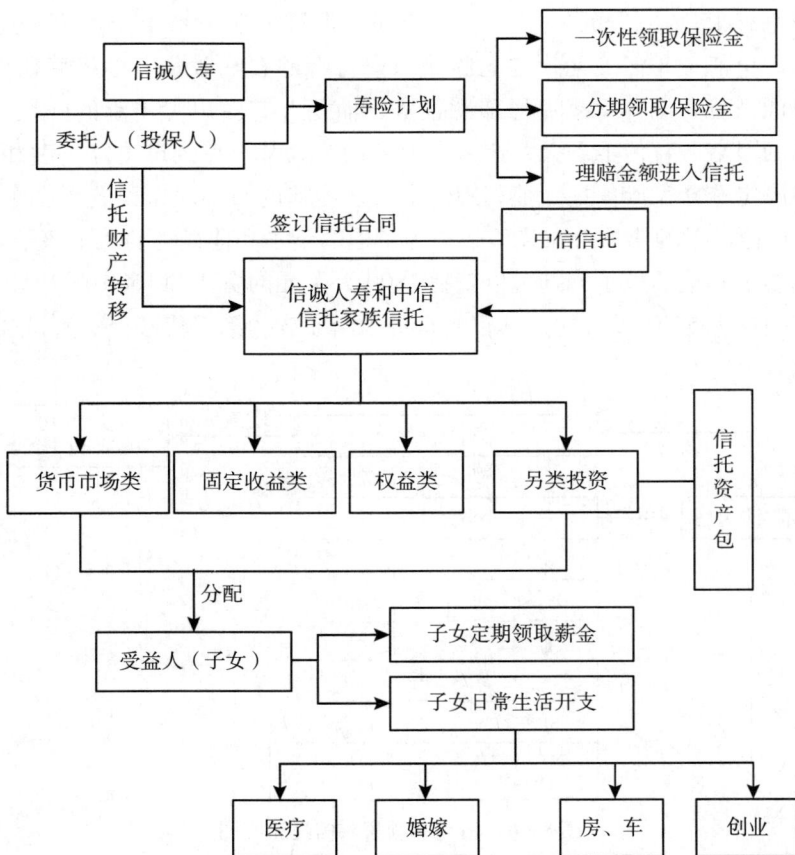

图 8-5　信诚人寿和中信信托家族信托流程图

第二节　国内外家族信托案例比较

一、洛克菲勒家族信托案例①

（一）家族背景

洛克菲勒家族的传奇是从约翰·洛克菲勒开始的，正是他创建的石油公司开启了美国的石油业。他积累的财富无数，具体的财富持有量到现在都无法准确计算。在小洛克菲勒 43 岁时，老约翰就给了他累计约为 4000 万美元的资产，而在那一年，小洛克自己的资产就有 1500 万美元左右。在老约翰去世后，遗留给了小洛克一笔巨大的遗产，这笔遗产价值 4.8 亿美元，是老约翰原先持有的石油股票。小洛克在得到这笔财产后并没有像当时其他的富豪那样随意投资，而是一直在思考传承的问题。他要将这笔来之不易的财富一直传承下去，让洛克家族始终繁荣。在经过不停思考和对比之后，小洛克最终决定选择家族信托。他利用传承自老约翰的石油股票设置了多个信托计划。（见图 8 - 6）他设置的第一个家族信托是为了他的妻子和他最爱的六个孩子。在这个计划中，他的妻子和他的孩子分别可以获得 1800 万美元的资产和 1600 万美元的资产。第二个信托是他在 1952 年设置的，其目的是传承给家族的第三代甚至一直持续。

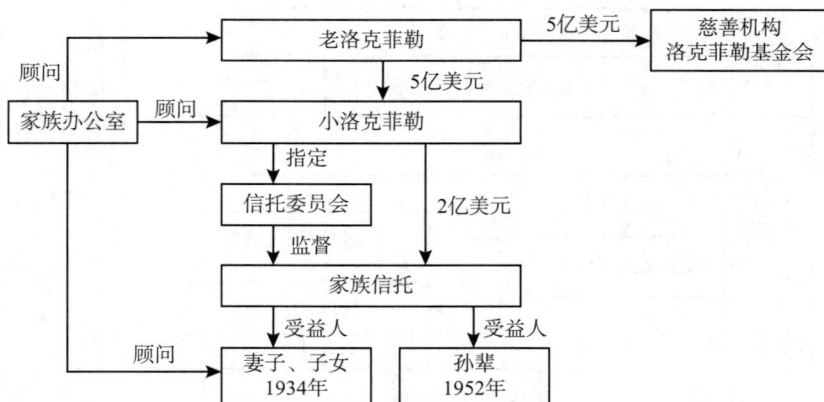

图 8 - 6　洛克菲勒家族信托流程图

---

① 唐婧：《家族信托——洛克菲勒家族财富传承的"防火墙"》，中国网，2019 年 8 月 21 日，http：//finance. sina. com. cn/roll/2019 - 08 - 21/doc - ihytcitn0732529. shtml。

（二）家族信托的要素

委托人是小洛克，小洛克设置的信托形式是不可撤销的，这种形式意味着信托一旦成立，小洛克就失去了财富的掌控权，但这样做在避税方面能起到很好的效果。洛克家族的信托计划中受托人有两个。在1934年的信托计划中，国民银行是受托人；在1952年的信托计划中，富国银行是受托人。小洛克的后代是受益人，每个家族成员都有对应的信托协议，并且在协议中对所有的受益人都有要求。首先，对于小洛克的妻子儿女来说，只能获得信托的收益，绝对不允许动用本金；其次，对于剩下的家族成员来说，只有年满30周岁才能有资格动用属于自己的那一份本金，在这之前只能够享受收益；最后，任何人动用本金都需要经过信托委员会的判定，若不使用本金则会自动顺延到下一代。信托的财产约为2亿美元，主要由股票及债权构成。信托的收益分配主要是每年的分红。

在这些信托计划中，信托委员会扮演着关键的角色，它的一部分成员是金融高管及学者，另外一部分成员则是洛克家族核心子弟。它拥有对信托资产的绝对处置权，甚至有更换委托人的权力。而在信托计划之外的财富则是由家族办公室负责管理，在洛克家族中同样起到不可替代的作用，它可以提供会计、法律、投资等几乎所有的服务，是洛克家族的运行中枢。

（三）信托方案效果

小洛克设立的家族信托取得了非常不错的效果。第一，他将约2亿美元的资产注入信托中，到1974年，信托资产就达到了7亿美元，足足增长了5亿美元，实现了财富跃增；第二，不可撤销的信托计划可以帮助后代子孙持续享受利益，并且可以合理合法地避免美国的遗产税；第三，由各界专家组成的信托委员会能够有效地管理信托财产，即便委托人逝世也能继续信托计划，并且对家族成员随意使用本金的情况有监督作用；第四，家族办公室不但可以全方位支持家族的运行管理，实现财富增值，而且可以传递家族理念，培养出更优秀的后代。

二、我国家族信托案例分析

（一）案例背景资料

宋先生今年52岁，经营一家民营企业，通过多年奋斗积累了一些资产。宋先生的妻子今年48岁，年轻的时候一直协助宋先生管理企业，但是为宋先生生下了一儿一女后就不再过问企业事务，在家做全职太太，专心照顾孩子。宋先生和宋太太的父母都在世，但是年纪都大了且都有一些老年疾病。宋先生与宋太太早年迫于生活，很早就离开了学校，所以他们希望自己的孩子能有知识、有文化，因此特别重视教育。平日里宋先生的工作非常忙碌，而宋太太因为久不与社会接触也只会做些基本的理财，近些年的积蓄只能够去银行购买一些低收益的理财产品。但是宋先生的企业存在着一定的风险，宋先生的父母年事已高，两个孩子还只是在上高中。随着宋先生的年纪越来越大，宋先生越发忧心财产传承的问题，因此设立了家族信托来达成自己的目的（见图 8 - 7）。

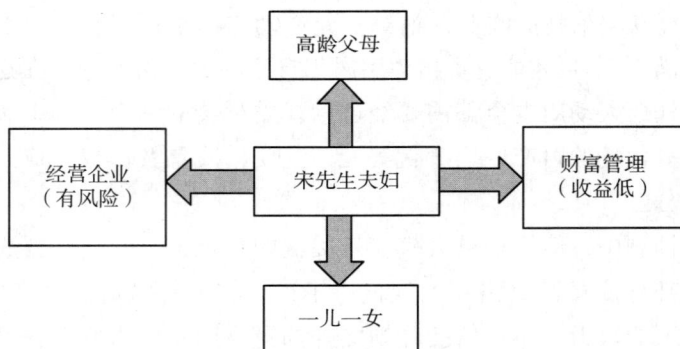

图 8 - 7　家族信托图示

（二）设立的信托方案

鉴于宋先生与宋太太的需求和财产状况决定设立一个为期 30 年的家族信托，信托资产为 4000 万元人民币，由私人银行和信托机构来管理这笔财产，10 年之后才能分配收益。到时候宋先生和宋太太可以分别领取 20% 的收益，宋先生夫妇的儿女可以分别领取 20% 的收益，宋先生的父母和宋太太的父母可以分别领取 10% 的收益。在这个信托计划的前 10 年是财富增值阶段，会把这笔财产分散投资，追求稳定的收益。之所以决定 10 年才分配收益主要有两个原因：第一，10 年后宋先生的儿子和女儿应该正处于婚嫁阶段，需要买房买车以及工作，到时候生活开销会比较大，此时分配有助于子女渡过难关；第二，10 年后宋先生夫妇正面临退休，在退休前宋先生夫妇完全有能力照顾家中的老人和孩子，而退休后则需要依靠家族信托来继续以往的生活。在这个信托结束之后，宋先生的儿子和女儿可以平分剩余的财产。

除此之外，在这个计划中还有一些额外条款以应对突发状况，若有这些情况出现则可以提前获得收益，且不影响本来的收益。对于双方父母来说，若发生重大疾病可以申请以信托财产支付，金额以医院出具的发票为准；若是双方父母中有人出现死亡的情况，则全部丧葬费用都由信托财产支付。对于宋先生的子女来说，若是成功拿到世界排名前 200 的录取通知书，则可以申请每一年度的学费支付和固定的生活费用，这样是为了激励子女能够更好地学习。若是子女第一次婚嫁，则可一次性申请 200 万元人民币；若是有孩子出生，也可一次性申请 200 万元人民币。

在这个信托计划存在的 30 年间，将有专业机构打理资产。预计前 10 年的收益率是每年 10%，则 10 年后的财产为：$4000 \times (1 + 10\%)^{10} = 10375$（万元）。若之后的 20 年每年的投资收益仍是 10%，那么每一年都可以为全家提供 1037 万元人民币（见表 8 - 1）。

表 8 - 1 信托计划收益分配表

时间	本金（万元）	年收益（%）	分配收益情况	受益人	收益金额（万元）
信托计划成立	4000	—	不分配	—	—
前 10 年	10375	10	不分配	—	—
后 20 年	10375	10	收益进行分配	宋先生夫妇	415/年
				父母	207/年
				女儿	415/年
信托计划到期	10375	10	所有信托财产分配	大儿子	5187
				小女儿	5187

（三）信托方案的效果

从宋先生的案例来看，宋先生是民营企业的老板，民营企业收入并不稳定，而且风险相对较高。宋太太因为做家庭主妇多年，与社会有一定的脱轨，理财知识较为缺乏。而宋先生夫妇上有年纪较大的父母，下有两个读高中的孩子，宋先生需要为家人的未来着想，且宋先生和他的妻子都重视子女的教育，并希望他们的孩子能够接受更高的教育。因此，宋先生夫妇主要有三个需求。第一，宋先生夫妇希望自己及家人的生活有保障；第二，宋先生夫妇希望可以增强抵抗风险的能力；第三，宋先生夫妇希望子女有良好的教育。

为此，信托公司为宋先生及他的家人设计了合理的家族信托模式。首先，针对第一点，这个信托计划在十年后每年都为宋先生及家人提供可观的收益，这些收益足够宋先生及家人过上高质量的生活；其次，针对第二点，这个信托计划在前 10 年一直以稳健的投资为主，预计每年都会有 10% 的收益，完全符合宋先生的要求；最后，针对第三点，在这个信托计划中额外加上了"取得世界排名前 200 位学校录取通知书"这一项，足以促使儿女认真学习，完成了宋先生的特殊需求。总的来说，家族信托的设立已经达到了宋先生和他妻子的目标。

三、中美家族信托案例的比较

在对中国和美国的家族信托案例比较后，可以看出我国的家族信托尚有不足（见表 8 - 2）。

表8-2 中美家族案例对比

项目	中国	美国
期限	短	长
家族委员会	无	有
财产类型	现金	现金、动产、不动产
后代理财能力	未考虑	考虑
传承家族理念	未涉及	包涵

第一，中国的家族信托期限一般较短，这和中国在这方面起步较晚有很大的关系，但同时也有委托人的因素。一方面是委托人对第三方机构的耐心和信心不足，另一方面是很多委托人在这一点上的需求较低。而美国的家族信托时间都很长，甚至是永久信托，并且为了家族能够世代传承一般都采用不可撤销的形式。第二，中国的家族信托产品中目前还没有家族委员会的存在。一方面是因为我国的客户资金量较小，不足以设立家族委员会，另外一方面也是因为我国目前还缺乏这方面的专业人才和相关的经验。而美国的家族信托中会设立家族委员会，这一点对于拥有庞大资金的家族尤为重要。第三，对于财产类型来说，我国目前只有资金作为财富类型，而美国的受托资产类型包括股票和现金等多种类型。我国做不到这一点是因为目前这方面的法律仍不完备，转让其他财产容易产生高额费用。第四，我国的信托产品还没有考虑过后代的理财能力问题，在上面的案例中，信托到期之后就将所有财产都分配给了子女，若是子女性情懒惰、不思进取，很容易就会将财产败光，导致家族衰落。而在美国的案例中不会对后代分配所有财产，并且对动用本金这方面有严格的限制。第五，中国目前的家族信托产品还没有考虑过对家族理念的传承。在上面中国的案例中，只是单纯的对子女考入名校有要求，但在兴趣、个性、能力等其他方面并没有做任何要求，也没有足够的激励措施，缺乏家族理念的传承。而美国可以把家族办公室作为一个榜样，以此激励后代奋发向上。

我国的家族信托产品相比较美国来说还有较大的差距，但在设计上也取得了不错的成果，委托人的需求也能通过产品得到不同程度的实现。这对于家族信托业务刚起步的我国来说已经是很大的成功了。接下来，只要我国能解决家族信托中关于受托人、委托人及法律方面的难题，相信我国的信托业务会向前迈进一大步。

第三节 家族信托面临的问题

在经过国内外家族信托的比较之后，可以发现我国与外国相比还有差距。家族信托在受托人、委托人和相关法律方面都存在一定的制约因素。受托人的管理和运营经验不足导致了业务开展不畅；委托人的认识不足导致了业务推广较慢；而相关法律的缺陷则会导致家族信托运作模式缺乏生存土壤，在大环境上先天不足。

一、受托人自身存在不足

受托人在家族信托中扮演着很重要的角色，因为具体的运行过程主要都是由受托人来主导。而在我国，受托人一般都是信托机构。如果信托机构自身存在不足，影响人们目的的实现，那么即使有再多的优势人们都不会再关注这种类型的家族信托产品。

首先，缺乏管理经验，缺少高精尖专业人才。当然，这和我国家族信托起步较晚有很大的关系。因为开始的时间较晚，我国在这方面还没有一个完备的人才培养体系。由于业务的特殊性，除了要接触到大额资产外还会涉及许多法律问题，这并不是一两个人才就可以解决的问题，这需要一个团队来运作，团队中金融人才、法律人才和会计人才都是必不可少的。受限于管理经验，许多地区都无法开展家族信托的模式。这项业务只能在我国经济发展水平较高的地方才能进行运作，这对业务的推广产生极大的影响。另外，没有十分丰富的管理运营经验就无法接触到真正的大额资金客户，因为传承财富对高净值客户来说只是最基本，最基础的要求，除此之外，他们还需要把资产进行全球布局，实现完善的配置。而国内的信托公司还没有能力进行跨境资产管理。

其次，缺乏运营经验。第一，家族信托需要的门槛资金过于庞大。门槛资金高带来的最严重的问题就是市场空间小。一般的高净值人员可能也想加入家族信托，但是限于个人资金没有达到要求就放弃了这种想法。这无形中损失了大批的客户。另外，境内机构接受的信托财产一般都是资金，但是有许多高净值人员拥有的不动产较多，且流动资金少，而不动产一时间也没法变现或不想变现，这种情况下也无法办理此种业务，流失了很多有潜力的人员。这种对资金方面的限制将许多客户拒之门外，十分不利于家族信托在国内的开展。第二，家族信托的产品种类较少，产品结构僵化。很多情况下，能否打开市场其实与产品的种类和结构有很大的关系。家族信托业务会面临很多的家族客户，而每一个家族客户的情况都不同，追求的目的也不同。从资产方面来说，有些家族的资产重心可能在于不动产，而有些家族的资产重心在于股票，还有些家族的资产重心是艺术品和收藏品。从继承人方面来说，有些家族的继承人迫切希望自己创业，不想一直生活在父辈的光环下，而有些家族的继承人想要尽快接管企业，把企业打理得更好，还有些继承人想要逍遥快活无拘无束的生活一辈子。从家族成员方面来说，有些家族的成员庞大，主系成员和支系成员一起生活，但是有些家族的成员可能很少，甚至一脉单传。面对不同情况的客户需要有不同的产品可供选择。但是我国目前只有四种模式化的产品，这些产品只能应付市场上一小部分的家族客户，而剩下的一大部分家族客户则会面临无产品可挑选的情况。在产品种类和结构方面，信托机构还有很长的路要走。第三，家族信托产品没有特色，核心竞争力低。因为国家对信托牌照有严格的管控，所以各家信托公司的紧迫感并不强，只想凭借国家给予的政策和少有的牌照优势来挣钱，而不深入思考创新发展。这导致了现在的市场上家族信托产品同质化现象十分严重，随之带来的就是伤人伤己的价格战。价格战为家族信托业务带来的伤害是巨大的。一方面，高净值人员长期接触的都是高端产品，他们有识别产品的眼光，而面对如此没有创新的产品，他们并不会为此买单。另一方面，价格战会导致各家信托公司在家族信托业务的收益降低，信托公司缺少深入开发产品的动力。长此以往，会出现一个恶性循环，家族信托的地位会越发不利。

最后，我国的信托机构缺乏有效的监督。在历史上信托机构曾经大范围的出现过债务危机的情况，其中很重要的原因是存在许多违规操作。我国对于信托机构的监督机制并不完备，不利于信托机构的稳健运营。

二、委托人对家族信托认识不足

首先，家族信托在国内的发展时间并不长，很多人只是听说信托公司有这个业务，但是具体的情况其实并不了解。还有一部分人虽然了解家族信托的业务，但是由于实践者较少，对它缺乏信任，不相信家族信托可以帮助他们解决面临的传承难题。同时也是因为在国内起步晚，很多人没有设立家族信托来管理财产的意识。其次，很多人以理财能力的强弱来决定是否开展业务，但是没有认识到理财只是家族信托一个很小的方面，在其他方面家族信托存在着别的产品无可比拟的优势。单纯的凭借理财能力强弱就否定了家族信托，这是十分不明智的。最后，很多人目前并没有紧迫设立家族信托的需要，这与国内的遗产税情况尚未明确也有极大的关系。但事实上，从历史的发展角度来看，遗产税的征收是大势所趋，而很多人没有前瞻性，不能认识到这一点。

三、信托财产权属规定不明确

信托财产问题是每一个设立家族信托的人最重视的方面。这些是他们一生的奋斗所得，也是传承家族的重中之重。因此，如果无法明确信托财产所有权的归属，这对于我国所有的家族客户都是一个打击且对于我国的家族信托推进也是非常不利的。关于信托财产所有权的归属方面，在信托计划完成之后没有争议，我国的《信托法》对这一点有完善的规定，对于结束之后的种种情况该如何抉择均有说明。而在信托设立的之前也没有争议，因为设立之前财产必然是属于委托人的，这一点无可非议。但是家族信托在设立到结束这一阶段存在问题，有争议的也是这一部分。我国法律关于在这期间财产所有权也没有明确的定义。在《信托法》中只是说明了委托人将财产委托给受托人，但是并没有说转让给受托人，对于这期间的财产问题没有一个肯定的解释，这对于我国的家族信托实际操作会产生巨大的影响。这对资金方面的信托设立影响较小，但是如若设立不动产家族信托或是权益类的家族信托，必然会受到一定的影响。这同时也是制约我国家族信托业务范围扩大的重要因素。正因为法律回避这方面的问题，信托机构才没有底气设立多业务范围的家族信托模式，也由此导致了产品结构的单一。

推动家族信托中关于财产所有权的完备，这不仅是家族客户关心的问题，同时也是财富管理机构和信托公司关注的主要方面。只有明确了这方面的内容，家族客户才能无后顾之忧地把业务交给信托公司管理，同时信托公司也可以有底气增加受托资产的种类，放心大胆地拓展业务范围。

四、信托登记制度存在缺陷

家族信托只有进行信托登记才具有合法性，未进行信托登记的不能受到法律的保护，在法律意义上，这个信托就是无效的。信托登记制度最主要的作用就是维护信托财产的合法性，让信托财产有充足的法律依据，能够真正受到法律的保护，这样可以避免信托财产被侵蚀，真正维护财产的安全。我国的法律中在信托登记这一方面虽然有所涉及，也明确说明信托财产要进行登记，但是对登记的具体内容规定得非常模糊。对资金有明确的保护，但是类似于不动产和股权等其他种类资产没有过多的提及，这说明别的资产是否具有合法性还是一个值得商榷的问题，而国内的家族信托能否确保这些财产能得到有效传承也是一个未知数。信托登记制度在以下几个方面存在问题。第一，信托登记中关于信托补办登记的时间没有明确的规定。虽然法律条款中有明确规定对于没有办理登记手续的信托可以申请进入补办程序，但是补办的时间却没有一个明确的说明。第二，信托的登记程序不够清晰。在家族信托的登记程序中有两个登记手续是需要办理的。其中一个是信息登记手续，这个登记手续的目的是对信托财产进行公示；还有一个是信托计划中的财产权利登记手续，这个登记手续的目的是了解转移原因继而转移财产。但是法律条款对于这两个登记手续的办理究竟是分开进行还是一起进行并没有一个明确的规定，程序不够清晰。第三，关于信托财产种类的登记还不明确。虽然在《物权法》中规定了要登记的财产类型，但是需要思考的是在信托的实际登记问题中是否仅限于物权法中规定的类型，而对于规定中没有涉及的其他类型是不是要在其他方面进行公示还没有一个准确的说法。第四，没有制定关于信托登记程度的法律条款，类似于信托运作的细节以及信托文件中的条款是否还有别的补充协议等都没有明确规定要进行登记。

五、相关税务制度不明确

税务制度不明确在很大程度上会打击家族信托的业务开展。因为在整个家族信托的过程中存在三个主体，分别是受托人、委托人和受益人。但是在税务制度方面没有明确哪个主体需要缴税，哪个主体不需要交税。这样的后果就是在家族信托的每个关键环节都会对三个主体征缴税款。这种做法会极大地削弱家族信托避税的作用，让家族信托失去这方面的优势，变得平淡无奇。在国家的税收制度方面并没有考虑到信托财产收益权和所有权分离的特点，因此不同税种都会对信托资产进行追缴，重复征税现象十分明显。这样会让很多持非现金财富的人的投资领域变得狭隘，同时也会降低人们设立家族信托的热情。出现这种情况主要在于两个方面。一是上文提到的财产所有权的归属还不够清晰，这影响了税务机关对于这方面税务的处理。二是虽然我国各种税收法规中都有实际课税税收执法原则，但实际中并没有很好地体现。而在家族信托中则非常需要这样一个有针对性的税收制度，这一点在信托的设立、存续以及清算等环节都有体现。首先，家族信托设立初期信托财产的转让是否属于财产转让这一点的性质还不够明确，税收部门在这个环节依据财产转让来收取税款的可能性很大。而财产的分类不同则会对应不同的税务类别。比如说想要对不动产进行产权的转换，则要收取契税以及印花税（双方都要缴纳）还有营业税（两年以上可免）等，而想进行股权转换则要收取印花税及企业所得税等。对于艺术品和古玩字画方面，成功拍卖之后才需要缴税。对流动现金来说则不用收取税费。其次，家族信托进入分配阶段之后需要将获得的收益分配给受益人，此时可能会涉及不同税种的征收。若是进行股权、房产以及艺术古玩和现金对受益人分配时则会有不同税费产生。如果是房产进行分配的话则是转移后才产生税费，如果是艺术古玩分配的话，只有拍卖才会涉税。最后，清算阶段意味着信托关系走向结束，而在此时，将会有一个财产转移的过程——即受托人转移给委托人。这个时候的税收环境与前文设立时的环境相同。我国税法对于此阶段的说法也不明晰，在这个阶段有可能将信托财产的所有权的变化作为财产转让。如果是这样，那么就要实施税务收取行动。当然，税收环境也不会一直不变，如果在具体行动时能根据家族信托的特殊性证明相关的信托资产，那么税务机关很可能会谅解并且根据情况再决定是否征税。

第四节 家族信托发展的趋势

一、受托人的素质逐渐提高

受托人在家族信托中的地位十分重要，若受托人自身存在不足，会大大影响家族信托的实施。

首先，应当制定提升管理能力的方案，同时进一步完善对人才的培养。我国非常欠缺在家族信托运作模式方面的人才，全方位的人才更是凤毛麟角。在这个充斥着强竞争的市场中，缺失人才就意味着落后，不仅会落后于国内相似类型机构，而且会落后于国外的机构。不能根据不同的需求探索出相适应的个性化定制道路是问题最凸显的部分。而这个问题的解决之道就落脚于人才二字。拥有了强大的人才团队就可以探索出完善的培养体系，就可以将专业能力不断地传向后辈，这样在市场中才有一争之力。同时，集思广益下可以将家族信托产品越做越好，冲破产品限制的瓶颈，增加市场份额。对于在信托行业工作的人员来说，更要努力学习财富之道，用敬心、静心、尽心的态度处理和规划财富。财富传承不仅需要人力资本管理，同时还需要智力资本管理，这就对现有人员的能力提出了更高的要求。现在更多的是要把模式设计作为重头戏，着重加强此方面的能力。信托公司可以有针对性地在这方面提升人员素质，对现有的工作人员以加薪或升值的奖励来激发其动力，同时制定出合理的人才战略计划机制，并在此基础上，吸引更多的外界人才加入，这样才能进一步推动信托管理专业团队的建设。

其次，丰富家族信托业务运营经验。第一，创造新方法为家族信托门槛降低寻找解决之道。在这条道路上，中信信托和信诚人寿联手推出的保险金信托走出了第一步。它可以利用杠杆增加资金持有率，比如，超过五百万的理赔金只需要客户花费两三百万就可以得到，这样不仅可以将保险注入到家族信托中，更重要的是能够让家族信托的资金要求下降，为家族信托的业务发展提供了完全不同但又十分有效的设计新思路。保险和信托的创造性结合有了保险金信托的诞生，这不只是对保险理赔金一次性方法的变换，也能借助此方式合理利用理赔金，让信托机构对这笔理赔金进行规划，使其依据设立人的想法决定保险金归属，避免争夺。怎样开辟新渠道、如何增加信托资金规模等都是信托公司前进道路上的问题，而保险金信托则是一个很好的尝试，各家信托公司应该以此为启发，在这条道路上继续探索更多新的方式。第二，金融和非金融机构要加强合作，同时在合作中不能仅限于同种类的机构，不同种类的机构更应该放弃门户之见，加深合作。家族信托涵盖的领域会有很多，除专业信托机构之外，还需要律师团队、会计团队及私人银行机构，这些团队都会有用武之地。会计团队和律师团队应利用自身不可替代的专业性发挥其作用，信托机构需要定位自身的发展方向，在这些团队中居中协调，而私人银行要在客户资源和管理方面发挥作用。参与的每一个机构都有自己独特的职能，同时都是各自领域的佼佼者，这样的组合必然会产生质的变化，助力家族信托发展。关于这个理念，国内已有先行者，华润信托想打造一个家族信托平台，它选择了保险、券商和银行等多个机构作为合作伙伴共同发展，并且承诺资源共享且同进同退，共同承担风险。第三，把突破点放在产品和客户这两方面，提高核心竞争力。有了突破点就有了目标，在实施过程中需要解决很多问题。一方面，借鉴海外的财产管理进而制定出符合国内情况的管理制度。妥善的管理是提升信托机构在客户心中信任感的重要方式，管理制度如果能够得到完善，那么客户就会放心地将自己奋斗一生的财富进行托管，反之，若管理水平较差，即使在别的方面再积极争取也没有底气。另一方面，应当深入了解客户多层次的需求，提升配置方案的设计能力，发挥信托机构区别于其他机构的资产管理跨界能力，拓展家族信托的产品深度。

二、普及家族信托的理念

在国内开展家族信托不可缺少的一个环节就是要提高委托人的认识，增强委托人财富保障的意识。要达到这一点，信托机构必须要取得境内客户的信任，用自身优质的产品获得投资者认同。这就要求境内的信托机构要真正深入了解投资者的需要。投资人想通过家族信托达到怎样的目的？不同的委托人对家族信托产品的要求有什么不同？不同客户的不同需要会对家族信托运作模式产生怎样的影响？这些都是需要考虑的问题。定位客户需求之后才能为不同委托人量身设计不同的产品。由于家族信托的本土化程度不深，许多投资者对家族信托并没有一个完整的认识，因此也缺乏对它的信任。这种情况下，加强投资者理念上的宣传教育是当务之急。对于这种宣传可以在线上与线下两方面同步开展。在线下，信托机构可以组织员工每周进行家族信托工作总结，以 PPT 的形式汇报对家族信托的认识，并且将其中最完善的部分打印出来进行宣传。信托机构可以选择和当地的大地产商进行合作，在其旗下的高端社区将其宣传资料放入免费阅览区，这样不仅避免低端轰炸式的宣传，又达到了传播的效果。前期主要对高端社区客户进行宣传，之后可以慢慢推广到平民阶层。比如可以在机场，高铁站或火车站的阅览区放入家族信托的推广资料，提高家族信托的全民认知度。在线上，可以利用微博，微信甚至是当下流行的抖音进行宣传。比如在微博中开启对家族信托运作模式的话题讨论；在微信上开启个人公众号，传播家族信托的核心理念和最新进展；在抖音上记录家族信托运作模式开展的点点滴滴。甚至可以为家族信托定制一款 App，在这款软件里人们可以得到关于家族信托的所有信息。同时，参考"粉笔App"，在这款软件中可以加入网络课堂，为想了解家族信托的客户提供一种有效的学习途径。这种方式不但可以减少家族信托的宣传费用，而且可以随时把握客户的需求并做出及时的反馈。

三、信托登记制度逐渐完善

信托内容登记模糊的问题可以用以下手段进行完善。第一，完善家族信托当事人基本信息，比如录入受托人及委托人和受益人的家庭身份信息，进而了解他们的具体情况；第二，记录受益人收益情况；第三，完善信托财产信息，增加录入信托财产种类；第四，将以上信息整合之后分类录入家族信托的基本信息中，并且将其中的种类按重要性依次排列顺序；第五，再将每一份完整的家族信托进行编号登记，便于整理。考虑到每一份家族信托的隐私需要，可以对查询主体进行分级，级别越高的主体可以了解的信息范围越大，信息的精准度越高，而一般级别的主体只能够了解大概的内容，核心信息不会向其开放。这种方法不但可以避免信息泄露，而且能够维护交易安全。至于信托登记地的问题，建议继续使用在所属地登记的方法。但是考虑到要进行公示的问题，可以在所属地登记之后再进行全国范围的统一备案。日本在信托权属方面的登记比较合理，我国可以在现行体制的基础上参照日本的做法合并权属登记机构和信托登记机构。这样一来，重复登记的问题就可以得到避免，不但为当事人省时省力，还可以减少登记机构办事人员的工作量，节省开支。现行的权属登记仍然需要在所在地进行办理，比如若想办理住宅、公寓等所有权的转移，需要去当地的房产局进行办理；若想转移车辆的所有权则需要去车牌当地的车管所申请。目前权属登记不可以在异地进行，相应的，建议家族信托的登记也采用同种方法，比如若把住宅公寓等作为信托财产，那么就由当地房管局登记信托情况；若把车辆作为信托财产，那么就去当地的车管所登记信托信息。除此之外，还要考虑到不需要登记的信托财产类型，可以将这些不需要登记的财产进行标注，考虑其需要公开的特性，可以在标注中明确注释财产类型和数量以及受托人的相应信息，再将标注的信息固定在明显位置以供查看。最后关于登记程序，我国的财产转移登记手续和家族信托登记手续究竟是分开进行还是合并进行目前仍存在疑问。对此，建议合并成同一程序一次性办理，这样符合上文的同一机构办理原则，也不会和现有的所属地登记冲突。从现实意义和操作便捷度来看，家族信托的登记程序与财产所属的登记程序没有必要分开，究其原因，家族信托登记本身就属于权属登记，若是分开不仅程序烦琐而且耗时较多。综上，应该变革我国的权属登记机构，在原有职能的基础上加入信托登记的职能。在实际的办理过程中，为了避免各类财产交叉导致信托财产辨认不清的问题，可以采取注释信息的方法，对信托财产进行分类标注，有利于推动家族信托的发展。

四、完善的配套税收体制

家族信托在国外受到热烈欢迎的一大重要因素就是可以减免税负。资产较少的客户不会太在意税费的收取，因为产生的税费额度较小。但对于拥有巨额财产的超高净值客户来说，单一项税费收取的金额可能就足够一个三口之家生活一辈子，这是任何人都不能轻视的一笔资产。我国境内家族信托落后于境外家族信托，税费的收取方式是最主要的问题。我国的税制在家族信托的每个运作程序中都存在，这样就容易产生多次收费的现象。若能解决重复征税的问题，我国的家族信托必能踏入坦途。对此，有两方面的建议。第一，建议税收制度遵循受益人纳税原则。若是受益人交纳税款，那么就不能再对信托本身进行征税。因为家族信托在实践中只是作为一个媒介，媒介的两端是受益人和委托的财富。明晰了纳税的主体就不会再有无端征税的情况产生。并且在向受益人征税的过程中要注意一个问题，受益人只需要根据获得的收益交纳税费，而没有获得的财产部分则可以不必交纳费用。比如说，信托财产的总额是 1000 万元，按照分配原则，受益人今年可以获得 60 万元收益，那么受益人只需要根据 60 万元的金额来交税费，剩下的 940 万元则不会计入征收范围，这也符合发生主义原则。受托人利用信托资产取得的收益最终还是会向受益人分配，受益人是利益既得者，因此，应由受益人纳税。第二，参照公益信托的税收优惠政策，进行家族信托的税收改革。成立家族信托后，若将资金运用于慈善事业可以抵扣税费。具体操作过程中可以采用百分比分层税率的方式。比如说将所有家族信托财产的 10% 用于公益活动，那么就可以享受到与公益团体相同的税率标准。随着用于慈善活动的家族信托财富百分比的增加，享受到的税率也会逐渐降低。这种方法不但可以引导越来越多的高资产人群热心公益，而且能够以税率的降低来激励人们对家族信托的热情，一定程度上也可以防止资金外流的情况发生。

五、家族信托的创新发展

虽然国内家族信托起步晚，但是其广阔的发展前景是毋庸置疑的。家族信托的进步需要依靠创新来实现，只有不断对家族信托进行创新才能紧跟时代的潮流。

第一，以互联网大数据化的特性为基础建立家族信托的风险防控体系。大数据技术的运用有助于提升信托财产的安全管理。大数据技术以云计算平台为根基可以对各种类型、各种结构的交易数据进行追踪处理，不论多么复杂的数据经过处理都会变得一目了然。具体与家族信托进行结合之后，可以解决各环节信息不对称的问题。在传统的家族信托中，受托机构运用资金的方式是不透明的，换言之，委托人对此并不知情。而对于委托人的企业经营情况受托机构同样也不清楚，双方都没有互相得到消息的途径，缺少了消息传递的渠道。如何建立起这种渠道来确保消息传递的及时性与准确性？这就需要大数据的运用。大数据可以为家族信托的委托人和受托人提供一条安全通道，在这条通道中，受托人能够随时掌握家族企业的动态，并依此进行相应的风险防范。而委托人能够随时了解家族财产的运作过程以及运作结果，并以此为基础进行风险屏蔽。同时由于家族信托方案繁多，资产管理不易，受托机构可利用大数据化的特性实时监控每个家族信托方案的实施，确保实施效果以及明晰资金运行。

第二，以互联网强参与感的特性为基础建立家族信托的共享体系。强参与感的魅力在于每个人都能乐在其中，家族信托产品的制定可以通过互联网让更多的人参与进来。从参与家族信托产品制定到最终的产品定型，每个人都为此贡献了自己的智慧及灵感，这种真实的成就感是任何事物都无法替代的。对于用户来说，增强了对家族信托的认识，参与到了实际的设计过程，开阔了自己的视野。同时，亲手参与的家族信托产品就如同自己的孩子，亲眼见证着孩子从蹒跚学步到健步如飞，这种满足感也足以让人沉迷。对于信托机构来说，外界事物的加入可以促进其更快的成长，加快其创新的步伐。著名的小米手机就曾经让群众参与手机的深度设计，这不仅为小米提供了制作灵感，同时也为小米笼络了一批忠实的拥护者，信托机构亦能如此。开放家族信托的设计，可以为其聚拢更多的人才，提供更多的思路，群策群力之下必然会创造出更符合大众口味的产品。

第三，以互联网平台化的特性为基础建立家族信托宣传体系。家族信托对普罗大众来说还是一件新奇的事物，很多人可能都未曾听闻，更谈不上对其具体的组织架构或运作模式的了解。当务之急是要在投资人的心目中建立起家族信托的概念，在经过基础了解之后再推广家族信托的优势就会吸引很多人的注意。将平台特性与家族信托结合可以快速探索出一条有效的宣传之路。比如自媒体就是一个宽广的平台，在自媒体中可以建立一个家族信托俱乐部，将家族信托的目标人群聚集在其中，并通过自媒体的影响力将其发散出去，这样就会产生传播效应，打开家族信托的市场。微信和论坛也是一个很好的传播途径，在微信中可以开发一个公众号专门为家族信托服务，除了每天更新家族信托新闻之外，可以更新一些新奇的产品，增加其阅读量。在论坛中则可以建立一个家族财富管理之家，通过定期增加新的有关家族信托的话题来扩展家族信托的知识。这些平台在普及家族信托的文化之外，还可以不断反馈客户的信息，加强对家族信托的品牌认同感。

第四，以互联网极致特性为基础打造家族信托服务体系。极致的特性要求信托公司要把客户的体验放到首位。其中，客户的体验必须是全方位且多角度的，单纯地靠一个环节吸引客户是不牢靠的，必须在整体环节都能让客户体验到优质的家族信托服务。随着各种金融机构进军家族信托市场，家族信托的产品也会越来越精细化，同时，同质化的产品也会有很多。同样的家族信托产品如何才能打动客户，这就需要将家族信托的产品完善到极致。比如说，简化家族信托合约的手续，线上签约与视频认证相结合，既提高了效率又确保了安全性。在家族信托具体操作中，可以追求精细管理与资产配置优化结合的做法，提高家族信托的竞争力。同时，时刻遵循极致化的特性进行家族信托运作模式的设计，辅之以客户的需求为导向，占领家族信托市场的制高点。

第五，以互联网迭代特性为基础打造家族信托的产品体系。迭代的特性可以帮助家族信托的产品不断试错，不断更新。在这里，迭代的特性要运用到家族信托的所有环节，比如在家族信托的签约环节，传统的方式是客户需要到财富服务中心进行面签，而通常能够办理家族信托业务的一般都是企业家或家族掌舵人，对他们而言，时间就是生命。传统的签约环节手续非常烦琐，有可能在这期间就会流失重要的客户。面对这种情况，各家机构可以研发专款 App 进行线上面签，争抢互联网信托的高地。需要注意的是，在迭代的特性中，微和快是两个最重要的特性。"快"反映在家族信托产品创新的速度，在与客户动态交流的同时迅速得到反馈，通过反馈快速制定出符合要求的家族信托产品。"微"反映在家族信托产品的细节处理，细节处理得完善可以提高客户对家族信托产品的满意度。

第六，以互联网注重用户的特性打造家族信托的客户体系。目标客户的选择是家族信托本土化发展的一个重要方面。高端人群是家族信托的主要发力点，个性化的定制是征服高端人群的最好办法。以客户为核心就要求家族信托从产品导向转向客户导向，利用专业的财富团队管理家族信托资产，在尊重委托人目的地基础上制定详细的未来目标和个性的管理规划，灵活设计财产处理方式和利益分配方式。同时，家族信托可以和互联网相结合，用心打造家族信托网络共享平台，综合用户使用环境和用户测试反馈，进一步完善界面设计，不断地吸引新的家族客户。

综上，利用互联网的各项特性可以引领家族信托新的发展趋势。在新的家族信托趋势中，用户是最重要的着力点，一切环节的开展都要以客户为主，客户概念应该贯穿于家族信托的整个流程。互联网是家族信托发展的重要平台，互联网的种种特性不只是研究家族信托创新的方法，也是家族信托发展的终极目标。要将这些特性渗入到家族信托的各个环节，以此打通家族信托的上下游节点，在更高的起点上推动家族信托的下一步发展。

第九章

慈 善 信 托

第一节　慈善信托的基本理论

一、慈善信托的概念

随着 2016 年 9 月《慈善法》的颁布以及 2017 年 10 月《慈善信托管理办法》的实施，慈善信托获得了越来越大的发展空间，慈善信托便如雨后春笋般不断涌现。大多数慈善组织联合信托公司逐渐开始合作，接连不断地发行了一系列的慈善信托产品，如 2018 年 10 月，国内规模最大的慈善信托——"鲁冠球三农扶志基金慈善信托"的设立，再次引发了市场对于慈善信托的强烈关注，

慈善信托其实是信托制度的一个下位概念，它是随着信托的出现慢慢发展起来的。早期，慈善信托以发展宗教和救助贫困的形式确立，后来，新航路的不断开辟，殖民与不断进行扩张，英国国力越来越强，慈善信托也就逐步传播到全世界。

在英文世界中，慈善信托是从事慈善事业的一种制度（charitable trust is one of the charitable institutions）。当然也有把"institution"翻译成"组织"的。于是这句英文就可以翻译为"慈善信托是一种慈善组织"。目前英国慈善法上狭义的慈善信托所占比重并不很大。即便慈善信托没有法人地位，但是似乎并不妨碍英国法（还有美国法）在税收地位和监管上把慈善信托作为组织对待。

我国《慈善法》规定，慈善信托的定义是"委托人基于慈善目的，将其财产在合法的规定中委托给受托人，再由受托人按委托人的意愿以受托人名义实施管理和处分，进而开展慈善活动的一种行为"。

目前慈善信托在我国的慈善事业中所占比重很小，但是原因和英国大为不同。目前我国慈善信托不发达的原因是信托观念的不普及（供给端和需求端无法建立有效联

系）、立法的基础设施（税制、登记、监管）供给不充分。

二、慈善信托的特征

（一）以慈善为目的而设立的信托

慈善信托设立的必要条件是慈善目的，其所提到的每个目的和行为都必须具备慈善性。通过看各国及地区对慈善信托下的定义，慈善目的都是慈善信托最核心及关键的因素。慈善目的一旦存在，慈善信托也就有了设立的意义。英国在 1993 年颁布的《慈善法》中规定"慈善团体是由公共机构、法人及非法人机构包括信托公司为了慈善目的而设立的。"马卡莱顿法官在 1891 年"帕姆塞尔案"中把慈善信托目的分为四大项：一是救济贫困；二是促使教育发展；三是发展宗教；四是其他有利于社会的目的。此案定义了慈善的基本外延，几乎确定了慈善信托的基本目的及其范围。即使英国在 2006 年的时候，将《慈善法》对慈善信托目的进行了更加细致的举例和划分，还制定了一项兜底的条款，可是慈善信托的内涵和外延未曾发生明显的变化。美国的《信托法重述》也对慈善信托的公益目的进行了规定，包括了发展教育和科技、加速宗教及文化的发展，还有加强儿童和动物的保护等。而在日本的信托慈善目的中主要包括了技术、宗教和其他公益等。除了这些，中国台湾地区也规定了慈善法，而且涉及的慈善目的都是广泛的，比如教育、宗教、环保等。我国的《慈善法》中第三条也列举了一部分慈善目的的种类，其中具体包括了扶贫、济困救助、促进教育及科学等事业的不断发展，还有保护和改善生态环境等。

各个国家因为地理文化的不同，其在经济状况、民族文化气息及科技发展水平和规章制度等方面都有很大的不同，但是各个国家对于慈善的目的都有类似的界定标准，其中主要包括以下两点：一是对公共产品的产出；二是对弱者的人文关怀，例如促进教科文卫的发展，以及扶危济贫等。

（二）必须符合社会公共利益的要求

以慈善为目的的慈善信托并不是为了特定人群而设置的，而是为了社会的公共利益服务，受益群体不是特定的某一类人。它具有不特定性，是为了广大社会公众设立的，并具有广泛性。试想如果你进行慈善信托，最终的受益人是具体而明确的，那么你所做的慈善信托能否有效？答案肯定是无效的。所以当我们设立慈善信托的时候，我们对于受益人的受众识别一定要行之有效。

英美法等发达国家法律上虽然没有明确的法律条文对受益人进行明确规定，但是它们规定了一些确定的因素，"受益人必须是广大社会公众，绝不能是某个特定的群体"。在经典的"奥本海姆诉烟草证券信托案"中，因为受益人群的界定存在问题，最终该慈善信托被法院驳回。具体案情如下：起因是英美烟草公司以提供教育专门成立了一个为雇员或者前雇员的子女提供教育的"慈善信托"。这个项目所包含的人数是众多的，但是所有的受益人却是与公司有关特定的人群。法院认为这一慈善信托所服务的人数虽多，但其服务对象存在一定疑问，其针对的教育问题对象是本公司职员家庭成员，而非普通社会大众，因此判定该慈善信托无效。该案法官西蒙斯追溯到问题根源：虽然该慈善信托受益人涉及人员众多，但对于受益人群体确是固定的，所有委托人的财产只用于他们公司的员工，并不是作用到不特定的社会人群中。委托人和受益人存在着"私人连接点"。由于受益人不是所定义的不特定社会公众，所以被判为无效信托即是因为缺少公共利益因素。

（三）财产和收益必须全部用于慈善的目的

由于慈善信托建立的目的是慈善，所以对于财产和收益的使用方向有一定限制，必须是为社会的公众利益而服务，即必须以慈善为根本目的。所以针对那些信托中既有慈善目的，又含有一定的非慈善目的的这一部分慈善信托，非慈善目的的就不构成慈善信托，而真正能构成慈善信托是那些只用于慈善目的的信托财产。

虽然在我们国家的《慈善法》针对慈善目的并没有专项规定，但《信托法》对其做出了一定解释。公益信托中所有信托财产及使用方向，必须前提是用于公益事业，这表明慈善信托的执行具有纯粹性和排他性公益的目的。提高信托行业的透明度以及加强政府的监督管理是保证慈善信托财产及其收益用于信托目的的前提。我国对于慈善信托财产的保护很重视，在这个方面已经制定了相对完善的规则以保障慈善信托财产和所带来的收益用于正确方向，由此推动了我国的慈善事业更加良好发展。

三、慈善信托与慈善基金会的比较

在中国现行的慈善法律框架下，慈善基金会与慈善信托是目前最重要的两种慈善模式，这也与世界各国的实践相一致。从国际经验来看，慈善信托与基金会共同作为家族企业集团股权架构中的重要组成部分，发挥其控制、传承之功效。从本土实践来看，慈善基金会无论从法律法规（尤其税收方面），还是社会实践，都较慈善信托完善成熟。

但是，2016年我国实施了《慈善法》，随之我国对慈善信托的政策逐渐完善，慈善信托以其更多优越于慈善基金会的特质，有望成为新时代慈善事业新的助推器。本文在现有法律框架下，拟从设立要求、与委托人关系等八个方面对两者进行比较分析（见表9-1）。

表 9 – 1　　　　　　　　　　　慈善信托与慈善基金会的比较

项目	基金会	慈善信托
设立要求	有注册资金要求，管理成本高	相对简便，无资金门槛，管理成本低
是否可转为私益	存续期及终止后均不可	存续期不可，终止后能否转为私益有待法律进一步明确
内部治理	经营权、所有权、收益权分离，以理事会为治理主体	受托人义务为核心，为受益人利益管理财产，受托人不得违反忠诚义务和注意义务
外部监管	尚未形成类似于公益信托的外部监管和内部约束机制	监察人制度及信息公开制度
财产管理	缺乏财产保值增值管理措施	信托之本质属性
税收优惠	具有企业和个人相关税收优惠规定	无慈善税收优惠制度的单独立法
财产类型	均可	均可
财产运营要求	支出比例及管理费用支出规定限制	无相关限制

四、慈善信托的功能

在慈善信托出现之前，参与慈善活动主要有两种途径：发起设立慈善组织、慈善捐赠。设立慈善组织存在项目难找、合规要求太高等难题，而慈善捐赠又有信任障碍。慈善信托似乎在二者之间找到了平衡。综合来说，慈善信托制度能够更好地推进今后慈善事业的全面发展。

第一，慈善信托具有很大的经营优势，其构建的成本很少，保值增值能力十分强大，经济效益很高。相比于以基金会作为根本的慈善组织，慈善信托的建立在根本上并未规定初步资金，在运营中，不用缴纳大量的行政管理费用；站在保值增值的方向来看，信托财产不仅能够通过限定的投资方式保值增值，在受托人为信托公司的情况下，还可以在限定的投资方式之外，委托人自由约定其他可行的投资保值增值方式。并且，慈善信托的新赠财产也被包含于慈善信托财产，根本来说是委托人的信托财产通过投资，规模一般会不断扩大，进行财产保值增值获得的新增财产与捐赠人不再有直接关系。

第二，慈善信托财产的独立性强，有效实现破产隔离。信托法律制度从根本上使得信托财产拥有了独立性，并且根据建立信托目标，具有严格按照委托人的想法的属性，其在一定程度上有很强的安全性。信托财产以及受托人的自有财产有很大差别，其不能够成为受托人的固有财产。因此，其使信托财产拥有了破产隔离功能。此外，慈善信托设立后，如果出现受托人违反信托义务或难以履行职责的情形，慈善信托可以根据法律来改变受托机构，但是，并不会改变慈善信托的存续以及慈善目的的最终实现。

第三，慈善信托在设立形式和运作方式上具有极高的灵活性。慈善信托财产的规模、种类、期限更加灵活，慈善信托有别于基金会设立的财团法人严格程序，没有要求专门的职员和规定的工作场所等，在法律上，并没有规定信托财产的根本形式和数额，受托人也能够根据自我意愿进行选择。慈善信托的财产范围、种类、规模及信托期限，均由信托文件自行确定。委托人可以根据自己的经济状况与意愿，与受托人协商确定信托财产规模，并约定慈善信托的期限和终止条件。

另外慈善信托年度慈善支出的比例或数额由慈善信托文件所规定，委托人可以按照自我情况对慈善信托财产进行更具个性化的安排。

五、我国慈善信托的发展现状

慈善中国网资料显示，截至 2019 年 1 月 23 日，慈善信托备案项目共 149 单，其受托财产总规模共计 19.3 亿元。具体来看，慈善信托的发展情况可以总结为以下几个方面。

（一）慈善信托数量逐年增加

全国慈善信息公开平台上的信息表明，到 2018 年 4 月 10 日为止，在 2018 年，一共有 15 单备案项目，大概 82 条有关的慈善信托备案数据，其财产总额高达 9.52 亿元。假如只分析慈善信托备案的单数，数据表明，慈善信托业务的发展逐渐提升，到 2017 年 12 月，备案单数变为 14 单，而且，慈善信托的总规模也逐渐发展完善。数据还表明，2016 年 9 ~ 12 月，大概出现了 22 单慈善信托备案，这段时间的平均备案单数为一个月 5.5 单；在 2017 年，一共出现了 45 单慈善信托备案，月平均备案单数为 3.75 单；2018 年 1 ~ 4 月，有 15 单备案，月均备案单数为 3.75 单（见图 9 - 1）。如果只看月均备案单数，能够发现信托公司逐渐减少了慈善信托的开展频率。而且，我国近两年的数据表明，一共出现了三次高峰，相比之下，剩余各月份金额都少于 1000 万元，而且单笔金额都少于 500 万元。

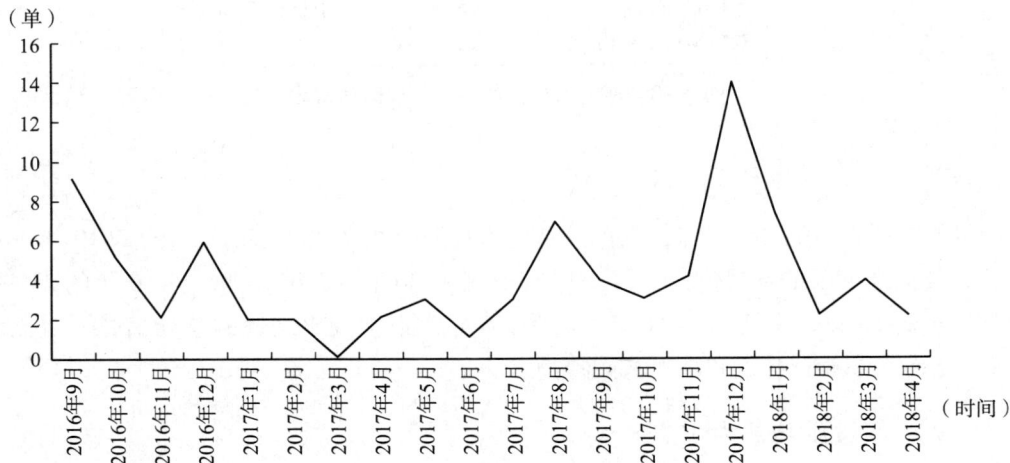

图 9 - 1　2016 ~ 2018 年慈善信托备案数量变化

因为相比之下，82 单备案的慈善信托规模有很大差别，最小的 5 单慈善信托规模，金额只有 1 千万元，但是规模最大的"中信·何享健慈善基金会 2017 顺德社区慈善信托"，金额为 49200 万元。分析能够看出，使慈善信托月度平均规模的判断出现不同的就是其极端值。到目前为止，我国慈善信托的规模仅仅是由部分信托公司设立的大额慈善信托所支撑，大部分的信托公司仅仅对此实施了简单的尝试。我国的慈善信托依然还是处于发展时期，远未进入"快车道"。

（二）受托资产规模跨度大

截至 2019 年 1 月 23 日，财产规模最小的是"陕国投小小志愿者在行动慈善信托计划"，其受托财产仅为 8200 元；规模最大的是由万向信托受托成立的"鲁冠球三农扶志基金慈善信托"，财产金额为 6 亿元。149 只慈善信托中，规模不到 100 万元的有 74 只，占一半比例；规模为 100 万（含）~1000 万元的 51 只，占比 34%；规模为 1000 万（含）~1 亿元的 20 只，占比 13%；规模为 1 亿元以上的有 4 只，占比 3%（见图 9-2）。

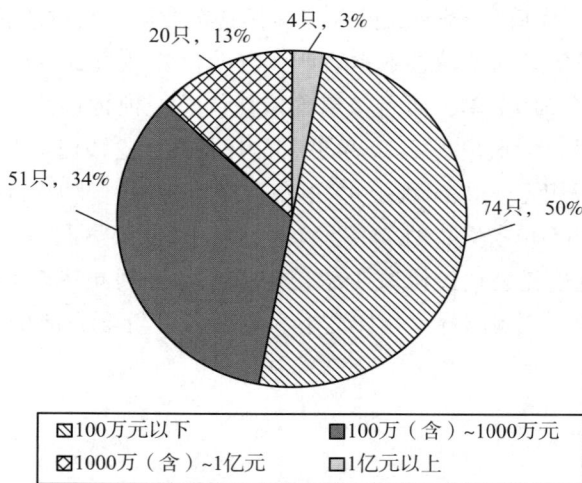

图 9-2　慈善信托受托财产规模区间占比

（三）期限结构灵活

慈善信托的期限可长可短，也可以是无固定期限或者永续型的。截至 2019 年 1 月 23 日，无固定期限的慈善信托 10 只，小于 5 年的 30 只，5 年（含）到 10 年的 25 只，10 年以上的 33 只，永续型的 31 只。其中，5 年期以上及永续性的慈善信托，占比为 60%，显示出慈善信托的长期、持久特征。

（四）备案区域更加广泛

截至 2019 年 1 月 23 日，全国慈善信托备案地涉及全国 22 个省、直辖市。其中，北京市、浙江省、广东省民政局备案慈善信托数目位居前三，分别为 19 单、17 单、16 单（见图 9 - 3）。

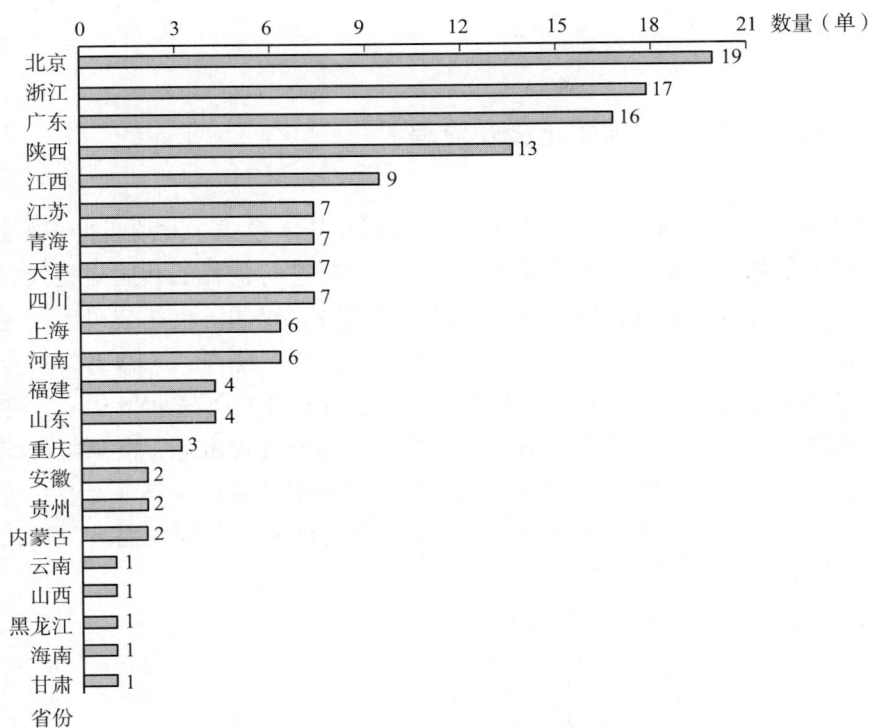

图 9 - 3　全国各地慈善信托备案数目统计

（五）受托财产渐趋多元化

2017 年 4 月，"国投泰康信托 2017 年真爱梦想 2 号教育慈善信托"交付时的市场估值仅仅为 48 万元，其信托财产是委托人当时拥有的非上市企业股权；2017 年 9 月，"万向信托艺醍慈善信托"首期的信托财产仅仅是 0.85 万元和 41 幅画；2017 年 12 月 4 日，中国外贸信托和中国银行联合推出"满堂红教育慈善信托"，其信托财产为高净值客户现金与金融产品的混合。

根据信托业协会所发布的数据，在 2018 年第三季度后期，行业管理信托资产余额共有 23.14 万亿元，而 2018 年初信托资产余额为 26.25 万亿元，下降 3 万多亿元，自 2010 年季度统计数据以来首次跌入负值区间。尽管我国的《慈善法》和《信托法》在慈善信托的发展道路上给予了法律支持，但是由于慈善信托的立法和实践仍处于起步阶段，慈善信托要实现规模化和提升影响力还面临着较多的阻碍。

第二节　慈善信托 "共同受托人" 模式概述

一、"共同受托人" 模式定义及流程

按照《慈善法》所规定，慈善信托采取共同受托人模式，此项目的根本操作是：慈善组织以及信托公司同时接受委托人的委托，担任慈善信托的共同受托人，根据各自的专长，在信托合同中明确约定各自的权利和义务，比如由信托公司作为主要经营信托业务的金融机构，开展公益信托，具有公益财产破产隔离、公益财产集合的渠道多向性、公益金额保值增值、公益资金多样化、管理运作对外透明等优点，专门负责信托财产的账户管理、资产保值增值、信息披露等期间管理事务，由慈善组织负责实施公益项目，可以充分展现慈善组织以及信托公司的明显特点，实现专业化分工，相互促进，更好地实现委托人的需求和慈善目的。慈善信托 "共同受托人" 模式运作流程如图 9 - 4 所示。

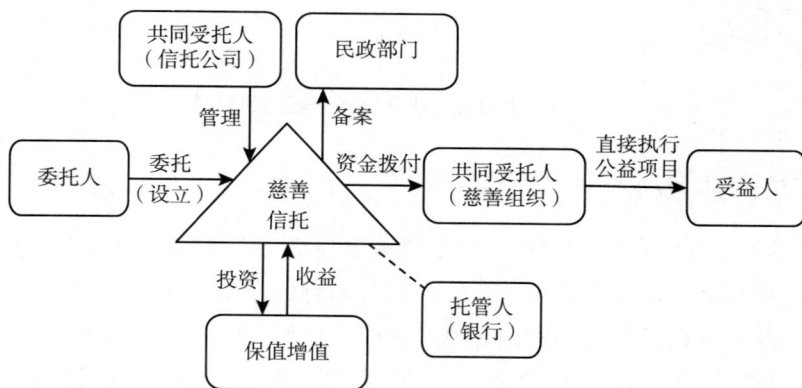

图 9 - 4　慈善信托 "共同受托人" 模式运作流程

同一信托有两个以上受托人的，被称为共同受托人。共同受托人的一般制度优点在于：第一，可以提高受托人的整体信用度；第二，让受托人之间相互监督；第三，保持信托事务管理的连续性；第四，利用不同类型受托人的不同专业能力。

在共同受托人模式下，信托公司和慈善组织的职责分工虽然和信托公司作为受托人、慈善组织担任项目执行人的模式比较相似，但是在法律关系上，两者有着较大的不同。在共同受托人模式下，慈善组织作为受托人接受委托人的委托，是慈善信托合

同的直接当事人，享受受托人的权利，并要履行受托人的根本义务。然而，处于慈善组织为项目执行人的模式，慈善组织的责任和义务由作为受托人的信托公司与其进行约定，慈善组织不直接向委托人负责。

二、权责关系的界定与分配

我国《慈善信托管理办法》规定，如果一个慈善信托拥有多个的受托人时，委托人必须要确定可以承担受托管理责任的受托人，并且依照规定实施备案。可以看出，银监会以及民政部门是完全认同慈善信托共同受托人模式的，而且还确定了此模式里备案责任主体，使其不但有实践性，而且十分简捷。

（一）共同受托人的权利

我国《信托法》对共同受托人应该怎样使用其权利仅仅做出了简单的规定，规定表明，共同的受托人需要共同处理信托事务，但是，对于信托文件中所规定的对某些具体事务由受托人分别处理的部分，需要遵守规定。假如受托人一起商议信托事务时出现了分歧，就需要根据信托文件规定进行处理；对于没有规定的部分，让委托人、受益人或者其利害关系人三者进行自行决定。所以，信托管理的实施更加方便，根据规定，要严格按照规定处理在信托文件中对受托人的权限做出约定的部分。从根本上，信托文件能够规定把信托财产都归于其共同受托人之一，而且对于信托文件中约定信托事项的情况，能够让共同受托人各自处理，所有受托人能够根据规定进行分工合作，合理地处理信托事务。

由于慈善信托目的具有特殊性，以及受益人具有多变性，因此，慈善信托中的核心部分就是怎样规范、透明、高效地管理慈善信托设计。不仅需要对信托财产的独立性以及风险隔离加强关注，而且需要严格监控信托财产实施的灵活性。在现实实施中，能够建立慈善事务执行合作机构，就是说按照慈善信托管理委员会的方法，来进行互相自由协商，最后达到双方共同认同的权限。

简单来看，慈善信托管理委员会的根本职责是按照信托目的以及委托人意愿，综合设计实施慈善信托年度、半年度和项目清算报告，决定慈善项目的合理管制和管理内容以及方式，设计和实施信托财产的投资策略、范围及方案，并且决定增添其他公益合作机构的挑选合格标准等事项。

（二）共同受托人的义务

一定要严格区别对外责任和对内责任。对于共同受托人的对外责任，其包含债务清偿以及损失赔偿两种方面。

我国《信托法》规定，当共同受托人办理信托事务时，如果出现第三人所负债务，需要承担所有责任。对于共同受托人违背了信托目的处分信托财产，以及由于违反了职责和处理不合理导致其受到严重损失的，其他受托人需要承担所有连带责任。对于其中导致出现上述责任的行为，所有共同受托人都需要承担连带责任。对于共同受托人并未产生错误的情况，信托财产需要承担所有责任，对于违反管理职务以及处理有误的，其固有财产承担所有责任。

我国《信托法》并未规定，在对内责任上，无错误的共同受托人承担所有责任之后，能不能对有错的共同受托人进行赔偿。但是，根据民法制度，各自责任需要自己承担，对于共同受托人在承担责任以后，其有义务按照自己的责任对除此之外的共同受托人进行赔偿。

对于慈善信托共同受托人模式，其共同受托人也能够使用构建慈善信托管理委员会的方法来划分，要根据规定严格要求并监督其内部责任。然而，此规定对外并没有权利，依然能够规定所受托人承担有关责任，承担对外的责任之后，可以按照规定在内部追加补偿。

（三）"共同受托人"模式的优势

"共同受托人模式"独特的特点就是信托公司和慈善组织之间能够更好合作，可以互补，共促双赢，发挥各自优点，具有显而易见的"专业人做专业事"的比较优势。

信托公司不但具有科学的管理制度、组织构架、管理经验，还有合理的资产管理能力，而且在金融审慎监管环境下，依然可以执行受托人义务，合理地根据委托人意见进行服务，但是，由于信托公司根本上属于营利性金融机构，所以还是缺少运作能力和经验；慈善组织有大量的资源，运作能力较强，管理经验丰富，而且已经进行了多年的慈善事业发展，可以把慈善目的表现得更加全面，使项目来源更加多样性，可以合理地整理捐赠人资源，发展未来可能的合作伙伴，而且能够多方面募集善款。未来在慈善信托"共同受托人模式"的发展中，信托公司需要与慈善组织分工合作，优势互补，并以此建立可持续的长期战略合作关系，共同推动慈善以及信托的汇融，逐渐完善发展慈善信托"共同受托人模式"。

随着慈善信托的慈善目的越来越复杂，存续期限越来越久远，慈善财产的模式也逐渐壮大，而且也需要逐渐科学地进行慈善项目的实施和管理，只由信托公司以及慈善组织两者之一作为受托人在功能发挥方面具有一定局限性。"共同受托人模式"在一定程度上能够让信托公司以及慈善组织共同发挥各自的特点，保障信托事务管理的连续性，而且能够更科学、有利地实现委托人的慈善意愿。

三、"共同受托人模式"慈善信托案例

（一）中信·何享健慈善基金会顺德社区慈善信托①

2017 年 7 月 25 日，我国设立了 5 亿元人民币的"中信·何享健慈善基金会 2017 顺德社区慈善信托"慈善基金。它是由何享健慈善基金会委托中信信托运作的，是我国 2017 年规模最大的慈善信托。该慈善信托主要使用双受托人模式，由中信信托以及原广东省何享健慈善基金会联袂担纲，对于其中得到的信托财产和收益，会经由广东省德胜社区慈善基金会来使用，主要用于构建能够吸引更多公民的顺德社区。

"中信·何享健慈善基金会 2017 顺德社区慈善信托"具有里程碑式意义，是我国首次由信托公司与家族慈善基金会共同成立的，双方均拥有极强的实力。由双方共同担任受托人，这对于慈善信托来说是一次极为大胆的创新。中信信托根据相关法律法规进行慈善信托的整体框架构建，并将两方的优势融入慈善信托中。中信信托拥有较为完善的管理系统，而家族慈善信托在该方面拥有丰富的运行经验，在这样强强联合之下，打造出了拥有极大优势的慈善信托：既保证了慈善信托的独立自主性，同时也进一步保障了慈善财产安全保值、增值；而家族慈善信托依据其丰富的慈善信托经验，统一战略发展目标，同时细化慈善信托业务，促使更多不同层次的人享受公益慈善。

（二）中信·阿拉善 SEE 华软资本环保慈善信托②

"中信北京市企业家环保基金会 2016 阿拉善 SEE 华软资本环保慈善信托"是双受托人的慈善信托，于北京市成功备案。这是北京市首次以双受托人形式出现的慈善信托。该慈善信托总规模为 100 万元，期限为 5 年，受托人分别是北京市企业家环保基金会和中信信托，华软资本管理集团股份有限公司以委托人的身份参与改慈善信托，中伦律师事务所将全权负责该信慈善托的监管。由于本次慈善信托意义重大，在其推行之初就受到各方组织的支持。该信托建立的主旨是为了整治局部荒漠化、保护生态等一系列环保公益活动，借用三方的力量推动环保链的长久发展，进而呼吁更多人加入绿色环保事业中。

华软资本总裁江鹏程作为该慈善信托的委托人，对其公司未来的主要战略发展方向进行了简要介绍，江鹏程表示，华软资本一直响应国家的号召并致力发展新兴产业，企业的主要发展模块为科技创新及新兴产业的投资管理，为创业者提供必要的支持；

① 中信集团：《中信信托受托创设国内最大规模慈善信托》，中信集团官网，2017 年 7 月 27 日，https://www.group.citic/html/2017/News_0727/1877.html。

② 胡萍：《阿拉善 SEE 环保慈善信托完成备案》，中国金融信息网，2016 年 12 月 29 日，https://www.financialnews.com.cn/trust/hyzx/201612/t20161229_110393.html。

在企业业务发展的同时，对于企业社会责任也一直保持着积极态度，此次联合阿拉善SEE 和中信信托成立的慈善信托的目的就是为我国初期建设的环保组织提供必要的支持，为我国环保事业的发展做出应有的贡献。

阿拉善 SEE 监事长周洲作为该慈善信托的受托人之一，对该次慈善信托建立也分享了自己的想法。阿拉善 SEE 一直奋斗在生态环境保护和治理事业的前沿，并于北京成立企业家环保基金会，一直致力于财产公募事业，作为基金会的财务审计，毕马威在各方面都很优秀，并长期在基金会透明指数（FTI）中获得满分评价。企业家会员对慈善环保事业一直在不断摸索创新，曾多次进军房地产、金融等领域，以尝试不同形态的公益环保事业，并取得了相当的成就。阿拉善 SEE 对慈善信托给予了相当的重视，认为慈善信托作为公益慈善的新型模式，拥有极大的发展空间；该次慈善信托首次以双受托人的模式运行也是一次极大的创新，希望该慈善信托能促使环保组织更好的发展。

（三）华龙慈善信托[①]

2016 年 9 月 28 日，华龙慈善信托于杭州建立，由万向信托与宁波鄞州银行公益基金会分别担任委托人和受托人。该慈善信托的问世也是万向信托发挥自身制度优势、与公益慈善组织联手发力公益慈善事业的一次突破。鄞州银行基金会和华龙公益慈善基金会都对华龙慈善信托进行了慈善捐赠，在该慈善信托中，相关慈善资产的管理由万向信托负责，宁波市善园公益基金会则负责慈善事业相关事务的执行与管理工作，基于公益慈善的基本方针，针对不同领域进行慈善公益活动。该模式的主要优势在于争取到专业金融机构的合作，其对慈善财产的管理及保值、增值有一定保障，同时对发展慈善项目也有相当的管理监督作用。

"华龙慈善信托" 开创了慈善组织和信托公司作为双受托人的合作模式，具有重要意义。一是专业优势互补，信托公司履行信托财产管理，慈善组织负责慈善项目管理、慈善活动执行，充分体现了 "专业机构做专业的事" 的理念，达到了专业优势互补的效果；二是拓宽了商业机构参与慈善活动的通道。

（四）中航信托·中国扶贫慈善信托[②]

江西南昌于 2017 年 3 月 8 日举办了一场慈善信托启动仪式，该慈善信托被命名为 "创新扶贫　善心相托——中航信托·中国扶贫慈善信托"，受到了社会各界的广泛关注，该慈善信托的受托人由全国性公募基金会和信托公司共同担任，也是双受托人模式的慈善信托，是扶贫领域第一单。

---

① 施娜：《慈善信托接连推双受托人模式助力解决税收优惠问题》，新浪财经网，2016 年 9 月 29 日，http：//finance. sina. com. cn/roll/2016 – 09 – 29/doc – ifxwmamy9928837. shtml。

② 中航信托：《创新扶贫善心相托——中航信托·中国扶贫慈善信托正式启动》，中航资本官网，2017 年 3 月 15 日，https：//avictc. com/news. newShow？ mid = 64&id = 993。

中航信托·中国扶贫慈善信托计划的启动，对于我国扶贫领域来说是一次极大的进步。该慈善信托的委托人为江西省老区促进会，受托人分别为中航信托和中国扶贫基金会，该慈善信托的大部分财产将投入到我国扶贫事业中。为了响应我国创新脱贫攻坚模式、坚持打赢脱贫攻坚战的重要思想，中航信托·中国扶贫慈善信托在社会各界的支持下成立了，并以江西为基础，进而扩散至全国的主题思想进行脱贫攻坚，成为创新扶贫活动模式的一大壮举。江西以"红色摇篮"而闻名，该慈善信托成立于此处，并选择江西省老区促进会成为委托人，彰显了助力脱贫攻坚的极大信心。

中航信托中国扶贫慈善信托相对于传统信托模式是一次极大的创新，该慈善信托由多方协同合作建立，各方根据其自身优势，在慈善信托中寻找各自适合扮演的角色。中航信托在财产管理方面是专业的，负责相关慈善财产的管理；中国扶贫基金会负责相关慈善扶贫项目的具体执行与监督；江西省老区促进会具有很高的威信，进行一些扶贫资金的筹集工作。在响应党中央脱贫攻坚号召与聚合社会慈善力量共同开展扶贫事业、实现中国梦的道路上，中航信托将继续与各方力量团结合作，以金融扶贫的创新方式和积极实践，不断探索前行！

（五）中信·蓝天至爱 2 号慧福慈善信托[①]

2017 年 8 月 21 日，"中信·上海市慈善基金会蓝天至爱 2 号慧福慈善信托"于上海成功备案，该慈善信托的委托人是自然人而非一个组织，这在上海慈善信托中还是第一次，并且这也是我国实施《慈善法》以来，中信信托第四次参与到慈善信托的建立中。

"慧福慈善信托"是一个为孤寡病残等特定人群建立的慈善信托，主要目的是改善其生活条件，该慈善信托由中信信托和上海市慈善基金会共同担任受托人，上海融孚律师事务所作为该慈善信托的监管人对整体活动进行监督，慈善信托由广发银行保管。中信信托依据我国在慈善信托方面颁布的相关法律法规进行慈善信托整体架构的建立，并将两方的优势融入慈善信托中。信托公司拥有较为完善的管理系统，负责相关财产的运营工作；上海市慈善基金会在慈善信托的项目执行方面有丰富的经验，负责对慈善信托项目的细致化分工。两方各展其长，珠联璧合，共同推动慈善信托的长久发展。

第三节 "共同受托人模式"慈善信托存在的问题

一、投资范围过窄，成本与收益不匹配

由银监会发布的《关于鼓励信托公司开展公益信托业务支持灾后重建工作的通知》

---

① 胡萍：《中信信托推出上海市首只双受托人慈善信托》，中国金融新闻网，2017 年 8 月 22 日，https：//www.financialnews.com.cn/trust/hyzx/201708/t20170822_123212.html。

中可知，每一年受托人所收取的管理费及信托监察人所收取的酬劳合计数是不能超过公益信托公司总财产的 8‰ 的，相对于其他信托业务来说，此项管理费用的指标比例处于较低水平。然而整个信托公司在运营过程中用到的人力及公司的管理成本比那些传统的信托产品却高得多。信托公司是一种营利性组织，假如公司只做其品牌宣传和注重履行社会责任，在后期的发展中研究及大量发行慈善信托并不会被作为公司的长期战略性业务。

通过业内人士得知，在慈善信托"共同受托人模式"的业务中，信托公司的收费约是信托规模的 0.3%，具体如何定价，主要看慈善信托"共同受托人模式"的成立规模，对信托公司而言，开展此项业务主要是增加品牌美誉度。信托业协会援引的一项数据显示，在 2017 年备案的 22 单慈善信托中，受托人、监察人不收取报酬的为 13 单，9 单约定收取信托报酬，其受托报酬为信托规模的 0.2% ~ 0.7%。

我们现在所看到的大部分"共同受托人模式"的受托方都是通过捐赠管理费来实现的。举个例子，假定 A 信托公司想接一单关于慈善的业务，其管理 6 亿元资金，此时它们需要考虑一个问题——这 6 亿元的管理资金到底要不要收管理费。如果选择管理费分文不收的话，A 信托公司就要浪费一部分人力和物力了。人力是做慈善信托业务必不可少的一部分，况且在"共同受托人模式"下，无论是管理普通信托还是慈善信托，两者基本上无本质区别，由于慈善捐赠的资金需保证无任何风险，所以最终难度会加大。信托产品的风险多多少少都会存在，且它的收益率基本维持在 8% 左右，现在一般都是同样的买者自负。一旦这个信托公司接了慈善信托的业务，经过整个业务的运行，到年底的时候成果又不好，处于亏损的状态，其实对信托公司而言不亚于一次灾难。因为在 2018 年国家颁布了资金管理的新规定，这样的信托公司想要垫资更是难上加难。经过上文的叙述，我们可以得知投资需谨慎，"共同受托人模式"的慈善信托要提高风险控制意识。

二、信托资金来源受限，财产类型单一

设立"共同受托人模式"慈善信托的资产不仅可以是实体的货币资金，还可通过证券、股权、不动产等的非货币财产。近年来我国的社会财富形态具有多样化和丰富化的特点，涉及的不动产和股权比例也比往年有所增加。其实现实生活中不动产及股权被用到慈善捐助或者设立慈善信托的情形是很多的，这也是一种需求。

然而，现在实行的信托公司的财产分类极其单一，因为在"共同受托人模式"下的慈善信托几乎全是资金类型的信托，信托财产登记制度导致"共同受托人模式"慈善信托受托财产种类局限于资金类财产。目前，实践中突破不动产和股权作为受托资产设立"共同受托人模式"慈善信托的障碍只能是采取交易过户，同时承担高额税费，无法有效实现信托财产的独立性和风险隔离，这无疑为高净值人群利用不动产和股权

设立慈善信托开展慈善事业设置了巨大障碍。目前我国还没有出台涉及"共同受托人模式"下的慈善信托的税收优惠政策，更不用说非货币资产所设立的信托税收优惠政策了。由此看来，完善制度，引导和激励社会民众以及各种机构开展非货币资金信托业务是非常有必要的，它铺垫了我国拓展"共同受托人模式"的慈善信托之路。

三、税收优惠短期内无法落地

慈善信托现已成为发展慈善事业的一种相当重要的形式，一系列的鼓励措施被世界各国采用，同时促进了慈善信托的运营与发展，各国主要把关注点放在了税法中给予一定程度的减免税及抵扣税政策。在国外，慈善信托的税收政策一般比照慈善捐赠，在慈善信托设立及运作环节都有相应的税收优惠政策，税收政策在推动慈善信托发展上的作用非常显著。

就目前我国的情况来看，税收优惠的制度一直处于缺失的状态，限制了"共同受托人模式"慈善信托在某种程度的发展，以其中的信托公司实际案例来说，当委托人提出某些税收优惠的要求，作为受托人的信托公司肯定要选择慈善组织达成进一步的合作事宜，加上其有开具捐助发票的权利，可以解决委托人所带来的慈善信托资产税前抵扣问题。所以，捐助及项目的执行环节算是额外的信托关系，成本加大，链条也增加，甚至会引发慈善组织用捐助财产建立"共同受托人模式"慈善信托的法律风险。我国所颁布的《信托法》明确鼓励公众不断发展公益信托事业，然始终未推出设立公益信托的税收鼓励政策；在《慈善法》第九章中虽然规定了关于开展慈善活动的激励措施，但在涉及慈善信托税收方面仍不够清晰明确。财政部和国家税务部门依然没有做出专门针对慈善信托的税收规定，慈善信托尚不能享受税收优惠待遇。正是由于税收激励机制的缺失，2001年公益信托本该发挥其应有的潜能，却因此一直在实践中停滞不前，所以拥有合理常态化的税收激励制度是十分重要的，这样慈善信托机制也能尽快出现。目前信托公司暂不具有税收抵扣资质，委托人交付信托财产后，信托公司无法为其开具捐赠发票等免税凭证。慈善信托的非营利模式，使信托公司作为商业公司不能将其作为主营业务。与基金会相比，信托公司的收费不及其1/10；相较于基金会的直接捐赠，慈善信托设立程序较为复杂，涉及银监局和民政局的双重备案。

鉴于"共同受托人模式"慈善信托的目的在于支持社会福利及公益事业，是对政府履行公共服务职能的补充，应当对"共同受托人模式"慈善信托出台比较完善的税收法律优惠。虽然《慈善法》和《慈善信托管理办法》中对此有原则规定，明确了经过民政部门备案的慈善信托可以享受税收优惠，但仍需民政部门与税务部门出台管理细则方能落地。慈善信托的设立与运行涉及企业所得税、个人所得税、营业税等多个税种以及相关行政事业性费用，对"共同受托人模式"慈善信托税收优惠的配套措施细则亟待完善，特别是涉及大额捐赠的税收优惠政策有待进一步明确和突破。

四、产品信息披露制度不完善

通过观察信托起源地的慈善信托制度可以发现，英美两国很看重慈善信托中每个运营期间的信息披露，而且它们在很早的时候就已经确立了这项披露制度。英国的信息披露机制主要展现在受托人所背负的信息披露义务源头：首先，根据英国慈善法律法规及监管机构的要求，具有慈善性质的任何社会组织不得不履行其信息披露的义务；其次，每一项信托法律关系中所包括的特定信托文件均要求了受托人履行信息披露义务；最后，当事人的要求使得特定慈善信托必须履行其信息披露的义务。仔细来说，信息披露的要求在被细化的时候，就需观察涉及受托人的义务来源及平衡法的要求，更要注重违反信息披露所应承担的法律责任。再看美国，受托人信息披露的义务是在慈善信托的披露机制中实现的，受托人的信息披露义务在美国即使散见于各种法律法规中，却十分全面，以联邦为例，有关慈善的法规中宪法、税法、公司法以及雇佣法等都存在涉及信息披露义务的限定，可以保障各类当事人的知情权，以保证慈善信托的公开透明运行。

深圳市的阿斯度自律服务中心与中国公益慈善研究院联合发布了一项报告，名为《中国民间公益组织透明度发展研究报告（2015）》，从此报告了解到，中国民间公益组织的透明度在 2013～2015 年平均分：2013 年为 27.33 分，2014 年为 27.87 分，2015 年为 32.44 分。该报告的得分结果的重要因素体现在此慈善组织中财务信息透明度的分值偏低。该报告还指出，1738 家慈善机构里，约千家慈善机构的"财务信息披露"得分居然为零，而且还大于慈善机构总数的 50%。由此可见，中国的慈善机构信息披露透明度明显没有好的进展，财务信息披露的透明度不断下降。

目前我国的"共同受托人模式"慈善信托关于信息披露的规定大多是委托人可以看到，并不是对所有公众可见，而慈善组织之前不被公众所信任，原因之一为存在个别人做出违反规定的事，还有信息披露不够具体和充分的因素。

五、慈善信托标准不明确，品牌效应有待塑造

"共同受托人模式"慈善信托是一种较新颖的慈善形式，但是它的公众认知度和接受度是偏低的，尤其是对信托公司担任受托人开展慈善信托的社会认知度更低。未来信托公司还需要加强向社会公众的宣传力度，吸引动员更广泛的社会力量参与到慈善信托中。作为一种新的开展慈善的方式，信托公司在开展慈善信托的时候虽然态度积极，但并没有提升"共同受托人模式"慈善信托的社会认知度，作为另一类受托人的慈善组织，其发展"共同受托人模式"慈善信托的态度还是以观望为主，这一方面是因为慈善组织对慈善信托的认知还不到位，对"共同受托人模式"慈善信托相比于慈

善捐赠的制度优势认识还不足；另一方面是能力的不足，慈善组织对如何运用信托工具开展慈善事业比较陌生，短期还不具备担任慈善信托受托人的能力，需要时间学习和培养。

慈善信托是事务管理类信托的一种，且慈善信托的期限长甚至能达到永久存续的状态，在这其中受托人对慈善信托的长期可信度起了决定性作用。如果受托机构的专业管理素质较高且在跨界整合方面的能力足够强大，那么实现慈善信托长久发展便不算奢望。信托公司与慈善组织可以共同尽力塑造属于自己的独特的慈善信托品牌，达到商业与公益组织的共赢状态，推动质量高的慈善项目结合充足的社会财富，使慈善事业更加美好。

第四节　"共同受托人模式"慈善信托发展的建议

一、发挥信托公司专业价值，拓展慈善信托投资范围

慈善信托最基本的特征就是慈善信托必须在慈善目的的基础上设立。慈善目的包括扶贫济困；扶老救孤、恤病助残；救助自然灾害、救助事故灾难和公共卫生事件等突发事件所造成的损害；有利于教育科学、文化卫生、体育等事业的发展；预防治理污染及其余公害，保护及改善生态环境；符合慈善法规定的其他公益活动。因此，"共同受托人模式"下的慈善信托实际上涉及领域较广泛，它不仅是社会各界参加慈善事业的介质之一，更是促进慈善事业不断创新发展的方法。然而目前社会各界对慈善信托相对来说还是陌生的，设立慈善信托的活跃度还远远不够。我们可以想办法取得民政部、银保监会、专家、慈善组织、信托公司及督察人的关心、鼓励和推进，还要发动社会各界参加慈善信托活动，进一步改善慈善现阶段信托的发展状态。

《慈善组织保值增值投资活动管理暂行办法》（以下简称《管理办法》）于 2019 年 1 月 1 日正式施行。在《管理办法》中出现了对慈善组织投资范围的相关规定，意味着公募基金、私募基金、券商、信托等金融机构发生业务开发的可能性比较大。目前我国慈善组织的投资意识虽然较为薄弱且投资规模相对很小，但是其市场潜力较大，前景好。《管理办法》等政策的出台，更有利于慈善组织的有序发展，并提高慈善组织的投资意识，加强慈善组织在资金利用方面的效率。

近年来设立的"共同受托人模式"慈善信托公司，大多是把履行社会责任作为一种方式，且以小规模小范围开展，缺乏专业的科研人员，也没有设立专门负责发行慈善信托的部门，它们把大部分精力放在了创新及投行部门还有其他兼职部门进行慈善

运作。我国在慈善信托方面的法律规定其为自行运营，除非特殊情况不得出现外包情形，且许多公司把发行阳光私募的产品保留在资本市场中，仅仅依赖投资者顾问的能力进行投资运行是远远不够的，慈善信托的发展缺乏冲刺的后劲。如果投资范围设定为低级风险等级，那么其投资收益率也相对较低，这时候信托公司也就不能收取较高的管理费了，人员会觉得动力不足，缺乏了动力，也就不会把人力物力投入到研究当中去。可以采取双赢的组合投资方法，保持谨慎性，慢慢地少量放开投资范围，从而逐步提升慈善信托的收益，使更多受托人积极参加投资活动。

二、丰富慈善信托财产类型，建立慈善信托财产登记制度

依据《慈善法》第 36 条规定，捐赠的财产可为货币资金，还可以是有价证券及股权等财产性权利，如果委托人想要用目前增值性高、变现能力更强的不动产、股权及有价证券等作为慈善信托财产，但却遭到禁止或限制，那么对于委托人来说，开展的慈善信托活动并没有得到任何好处，更无法提升受托人的财产管理水平。

我国许多转让财产的事项均需经由登记方确认才可以产生效力，因此使慈善信托的财产种类丰富起来才是设立慈善信托财产机制的前提。慈善信托的财产登记事宜是指"共同受托人模式"下的慈善信托相关人员把信托财产与各个参与人之间的固有资产分离开来，再找相关机构将此记录在登记簿上，这也是一种权利经由信托法显现的形式，主要是为了给信托财产提供独立性的保证。

一是加速确定"共同受托人模式"下慈善信托的财产登记主体。信托财产的登记机构不够明确导致了信托财产的类型一直处于单一状态。所以，想要使慈善信托的财产类型变得多样化，第一步应先确定信托财产的登记机构。当财产类型不同的时候，需要针对这些不同的类型建立起一个统一的登记机构，再分给不同的机构分别登记和管理。二是将慈善信托财产的登记程序进一步更新细化。慈善信托财产登记的主体确定以后，需要仔细划分慈善信托登记的程序。最终，若出现违规登记的，需严肃追究其法律责任，绝不姑息。如果把不属于信托财产的财产登记为了慈善信托财产，或将非法财产及违法所得予以登记，应依据其情节的严重性合法合理追究相应的法律责任，规范慈善信托的法律登记程序。

在慈善信托组织的发展中，发展最为完善的当属美国和英国，在这些组织中，非资金的慈善信托又是其中比较重要的，它对环境和文化遗产的保护起到了极其重要的作用。我国对慈善信托组织的发展也相当重视，信托组织登记管理方案出台不久，中航信托·绿色生态慈善信托作为我国首个慈善信托在 2017 年 9 月正式登记。在我国对信托登记的大力推广下，慈善信托各方面政策及条款相继完善，为高净值客户打通了股权、不动产等捐赠通道。

三、优化税法激励管理体制，加速完善税收优惠具体举措

我国慈善组织相关的法律法规具有很大的完善空间。首先就是税收减免资格的认定，作为我国监管主管机关的民政部对该税收减免资格的认定有不可推卸的责任，民政部却没有参与，仅由财政和税务等相关部门协同完成，缺少足够的可信度。民政部未参与税收减免权的认定会导致大部分慈善组织没有申请认定的资格，进而严重阻碍我国慈善组织的发展。除此之外，根据我国相关规定，在进行公益性捐赠税收减免时，需要办理各种手续，其中涉及了财政、民政、税务等多个管理部门，申请人需要完成多部门的申请认定方可获得公益捐款税收减免资格，这些流程需要耗费大量的时间，将极大地动摇申请人的决心。

由于我国推出的税制优惠政策对信托的组织形式有一定的限制，目前我国大部分信托组织形式特征都不符合优惠政策，所以推出的这项"共同受托人模式"优惠政策便如同虚设。目前我国慈善组织免税资格申请的相关法律还不够完善，所以是依据非营利组织的税法模式执行。但是从概念上说，慈善信托既不属于慈善组织也不属于非营利组织，所以在依据非营利组织的税法模式进行申请认证时就不具有免税资格。对比我国民政部和税务机关目前对社会管理的模式来看，应当由税务机关担起责任，对慈善组织滥用税收账款的情况进行管制，并深入推进相关优惠政策的执行。而民政部门的工作主要是对慈善信托的慈善性质进行监督管理。总的来说，就是将"共同受托人模式"优惠政策进行调整，将慈善信托组织并入该政策内，让该政策能有效实行。然后，加强对慈善信托税收利益去向的跟踪管理。最后，简化"共同受托人模式"优惠政策的认定流程，由民政部认证即可。这将大大提高行政效率，与英美国家执行方案相似。

对于税收激励管理体制的优化重点应集中在民政部和财税部门之间的责任划分以及相关认定申请流程的简化上。首先，需要明确划分民政部和财税部门人员的各自任务，防止权限模糊，出现互相干涉或无人管理等现象。从具体实施来说就是税务部门负责税收的征缴工作，民政部负责根据相关政策对慈善组织及逆行税收优惠政策资格的认定工作，而财政部则主要负责后期的优惠政策的具体实施工作。然后是对税收优惠资格申请认定的流程，可以由三部门共同探讨并制定出一系列相关申请认定方案，为申请人提供足够的便利。

在进行"共同受托人模式"优惠政策设立时应根据该慈善信托组织运营情况进行不同程度、不同方向上的优惠激励。对于"共同受托人模式"慈善信托，应针对慈善信托特征设立不同的激励方案，比如不同的财产类型、不同的受众人群，都应该有不同的激励规模。以英国为例，遗嘱型慈善信托可以完全免除遗嘱税；该类型之外的则免除部分税，即财产流转税与所得税；对不动产形式的则免除印花税。当前我国在这

方面的激励规则尚未开启，为了更好地促进慈善信托事业发展，借鉴英国的相关方案是很有必要的。

在进行"共同受托人模式"优惠政策推广运行时，应根据慈善信托财产类型及其收益情况推行不同的方案。随着社会经济的不断发展，人民群众的财产形式越来越多样化，有形资产所占比率越来越少，更多的是证券股份等无形资产。为了更好地推广慈善事业，慈善信托业务的发展也应与时俱进，不能固守传统现金资产、不动房产等捐助项目。应当开拓一些发展较好、安全性高的投资产业方面的慈善信托业务，并建立适当的激励方案。

然后，根据慈善信托参与主体的不同建立不同的激励方案。在信托业务中，不同的人担任不同的职责，在慈善信托法律中也扮演不同的身份，履行不同的责任，享受不同的权益，所以应根据参与主体的不同建立不同的激励方案，以充分调动各类人员的积极性，减少内部矛盾，更好地完成慈善信托工作，对慈善信托管理运行的完善有重大影响。

从委托人的角度考虑，"共同受托人模式"能让委托人充分认识到慈善信托的意义所在，能充分感受到自己所捐助财产的意义，消除委托人对于慈善信托的怀疑，进而更好地进行慈善事业的推广。我国相关法律法规规定，对于进行慈善捐助的捐赠者，可以享受一定的税收激励。当前存在的问题主要是对于无形资产所设立的慈善信托应当如何进行税法激励。根据相关税法规定，委托人在财产转让中并没有获取任何实质性的利益，所以也就没有所得税的说法，但是该行为又属于慈善捐助，理论上应给予一定的鼓励认可，所以应给予委托人在捐赠限额内所得税的税前扣除政策。如果是不动产模式，可免除相应的土地增值税及印花税。

从"共同受托人模式"慈善信托的形式特征来说，理论上该组织不属于独立的法人主体，不具备商业运营资格，但是实际上基于该模式所构成的组织进行相关对外活动早已屡见不鲜，因此，应该赋予慈善信托一定的权益，以进行必要的财产保值、增值等投资活动，并给予一定的政策支持，进而促进慈善事业的进一步发展。

从受托人的角度出发，受托人在慈善信托中有重要的作用，在其中承担多项责任，对于财产的管理及使用拥有绝对的控制权，所以受托人的行为将直接影响着慈善信托的正常运作，并且在慈善信托中，受托人还受到各方的严格监督，以避免出现意外情况，而且根据我国对慈善事业的相关规定，受托人在慈善信托任务中不能通过权力为自己谋取任何利益，且没有报酬，所以，一方面为了避免因受托人行为对慈善信托造成不必要的危害，另一方面也是对受托人进行一定的补偿，应对受托人制定一套激励方案。从身份上来说，受托人与慈善信托两者都是独立的，慈善信托的收益与责任都与受托人无关，所以税收激励政策不能适应于受托人，换个思路，受托人的报酬由慈善信托组织支付，作为该期间受托人积极负责的报酬，进而提高受托人的工作积极性。

从受益人角度分析，在《慈善法》推出并贯彻实施之前，我国对慈善捐赠税收激励的相关政策有很大缺陷，大部分是针对捐赠人，对于受益人只在《个人所得税法》中有一些不太清晰的概念，随着《慈善法》的颁布，这一项得到填补，但是仍有很多需要完善的，所以未来对于受益人税收激励政策的研究仍需继续。

各责任部门应加强对"共同受托人模式"慈善信托的监管，根据相关规定充分落实税收激励政策。民政部是慈善信托认定申请的最终决定部门，并且参与税务部门对于相关税收激励政策的制定，在慈善信托中处于主导地位。我国相关法律条款指出，受托人想要申请税收激励减免政策，在履行管理任务时必须具备以下条件：根据规定进行备案、其间所有行动符合法律法规、信托财产及收益的用处明确、委托人与相关组织保持独立性、按规定进行透明化管理等。

四、完善慈善信托信息披露体系

《慈善法》指出在慈善信托任务中慈善组织及受托人应严格按照规定进行信息共享。民政部、银监会于 2016 年及 2017 年相继发布的相关文件指出，慈善组织及受托人在合作期间具有信息分享义务。对慈善信托的自律性以及信息公开的方面进行强调，在增加慈善信托的社会公信力方面得到极大的提升，所以，逐渐增强慈善信托的自律性以及信息公开性，能够让慈善信托变得透明，使全社会都能够对慈善信托时刻监控督促。

当今我国在"共同受托人模式"的信息披露方面，基本规定为受托人有信息披露义务，然而对于受托人来说，其自我信息披露义务的源头却十分少，而且范围十分小。因此，站在立法的角度，继续加强补充对于慈善信托信息披露方面的法律规定，能够逐渐让慈善信托受托人信息披露义务达到标准的普遍化以及有严格的制度。

一方面，对于现有的"共同受托人模式"，要增强慈善信托信息披露法规的效力阶层等级。目前来看，之前我国的慈善信托事业一直没有显著提升的根本原因是与其相关发展慈善的法规效力阶层等级太低，导致不能够充分实现其标准的法律效果。构建慈善信托信息披露机制，其根本是需要适当地加强信息披露规则的法律阶层等级，在此方面，我国对证券市场专门制定的相关主体的信息披露规定就十分科学。要增强信息披露规则的法律管理强度，让信息披露制度能够达到慈善信托法律制度的相关标准。

另一方面，我国可以简化信息披露的根本内容，提升其操作方面的性能，实施国家的强制性或自愿结合的信息披露管理模式。我国在此方面制定了《信托法》以及《慈善法》，两部法律都是简述、抽象地规定了信息披露的有关制度。我国在《慈善信托管理办法》中逐渐完善了对实践中慈善信托受托人应该怎样实施信息披露有关规则的指导含义，但是与此相关的条文间联系性不是很强，只是简单地叙述了根本的单个信息披露义务，并未形成标准的制度。《慈善法》降低并取消了在部分方面的受托人强制信息披露义务，此项更改使得受托人在信息披露义务实施之前能够不用再完整地向有关的监管机关报告申请许可，其能够按照自己的实际状况，按照委托人和受益人的全部要求规定信息披露的内容以及形式，但是慈善信托与公益相关，笔者认为，更科学的方法就是实施对受托人持续化信息披露以及强制信息披露给所有的有关委托人、受益人、慈善信托财产规模比较大的慈善信托。

除此之外，应建立"共同受托人模式"慈善信托信息披露违法的责任制度。我国对于此方面虽然在《信托法》和《慈善法》里有相关的规定，然而并未规定信息披露违法的法规相关制度，此方面是阻碍履行受托人信息披露义务的根本原因；之后，我国在《慈善信托管理办法》里规定了受托人假如不能够严格按照要求履行信息披露义务就必须承担的法律责任，但是对于千变万化的社会，其实践的层面还是显露出了不足，根本原因就是行政处罚部分。因此，如果受托人不能够严格按照规定进行信息披露，或者进行虚假信息披露，不仅会受到监管机关的行政处罚，而且还要进行民事赔偿，假如其触犯了刑法，还要负刑事责任。我国需要逐渐建立刑事、行政、民事责任三方面相统一的法律法规制度，逐渐使违法人得到应有的惩罚。

五、明确慈善信托认定标准，提升信托品牌效应

放宽进入条件。在我国当前"共同受托人模式"慈善信托运营中，对内涵和外延的界定相对比较模糊，进而导致了慈善信托一直缺少系统的发展规范，其运营模式逐趋于多样化。所以，认定标准的确定迫在眉睫。由于"共同受托人模式"慈善信托对我国在慈善事业的发展有重要意义，所以可以相对放宽慈善信托的认定条件，虽然"纯粹公益"更好，但是完全符合这项规定却很困难，所以对于一些在实际上符合一定标准的双层慈善信托组织，也可以允许其享受慈善信托同等的待遇。这点在英国已经得到了一定的验证。起初英国对慈善信托的划分也非常严厉，一个组织只要含有非慈善因素就杜绝归入慈善信托。但是随着时代的发展，英国相关政府也开始放宽条件，即只要慈善信托在该组织中属于主导地位就可以获得慈善信托法律的认可。笔者认为，对慈善信托的认定上应当借鉴英国的经验，其认定范围应有一定的灵活性。

对慈善信托应按照《慈善法》中的相关法律法规进行严格监管，虽然慈善信托相比公益信托在行政化管理上更随意，对当事人的主观意思比较重视，但这并不代表可以忽视监督工作，恰恰相反，慈善信托涉及社会利益，所以应当给予更高的重视，只是这种重视应该附加在慈善信托的运行阶段而已。不仅需要对委托人及发起人的意图进行严格审查，避免有不良用心之人借此非法集资，还要增加独立监管部门，建立完善的监管机制。

总的来说，在"共同受托人模式"慈善信托建立之前，必须对受托人进行全面调查，如果有相关负面信息，则应取消其认定申请资格。在慈善信托进行商业运营时，需要对受托人进行严格监督，确保受托人在运营时一切行为合理合规，如果出现受托

人为自己或关联方谋取利益，或者隐藏信息等不合理行为，应及时制止，避免因受托人运营不合理而造成无法挽回的损失。当一段慈善信托到期时，对于此时的财产明细及财产流向，监管机构应密切关注，防止不必要的财产损失。要按照委托文件对财产进行处理。

除此以外，还可以根据需求建立监控机制，并以实际情况为准，建立流畅的部门监管沟通机制。慈善信托的建立需要向当地民政部门申请备案，信托公司如果受托设立慈善机构，还需要向银监部门报备。与此同时，银监部门也有责任，在日常的业务监管中，检查信托公司的慈善信托业务是否符合规范及其风险情况。民政部门和银监部门需要保持必要的沟通与合作，以保证在慈善信托监管工作顺利进行。

六、我国慈善信托"共同受托人模式"的发展前景

据《2018 年度中国慈善捐助报告》中提出，2017 年全年我国的社会捐赠总量刷新了历史最高纪录，全年收到国内外价值超过 1588 亿元的捐赠物。在慈善信托这种模式还没有推行之前，参与慈善活动主要有两种途径：一是发起设立慈善组织；二是慈善捐赠。设立慈善组织存在运行不易、项目难找、合规要求太高等难题，而慈善捐赠又有信任障碍。慈善信托似乎在二者之间找到了平衡。可以说，慈善信托适应了我国的发展，在很长一段时间内会存在，而且发展会越来越迅速。这种现象让慈善信托这一"共同受托人模式"在我国得到更大的发展。

信托公司和慈善组织可以担任慈善信托的受托人。截至 2019 年 1 月 23 日，68 家信托公司中，共有 44 家信托公司受托设立慈善信托。从规模来看，万向信托、中信信托居前两位，分别为 9.3 亿元、5.4 亿元；从数量来看，万向信托也是居于首位，共设立 12 只慈善信托；其次是五矿信托，10 只产品，规模合计 1397.1 万元。慈善信托受托财产规模排名前 10 的信托公司如表 9 - 2 所示。①

表 9 - 2　慈善信托受托财产规模排名前 10 的信托公司（截至 2019 年 1 月 23 日）

受托主体	受托规模（万元）	成立单数（单）
万向信托有限公司	93037.00	12
中信信托有限责任公司	53684.26	6
安信信托股份有限公司	10000.00	1
山东省国际信托股份有限公司	3501.00	4
国投泰康信托有限公司	3450.00	4

---

① 长春市慈善会：《慈善信托的发展现状与优势》，搜狐网，2019 年 3 月 5 日，https://www.sohu.com/a/299108781_120014726。

续表

受托主体	受托规模（万元）	成立单数（单）
陕西省国际信托股份有限公司	3187.33	4
光大兴陇信托有限责任公司	2319.70	5
华润深国投信托有限公司	2100.00	2
平安信托有限责任公司	2007.60	2
华能贵诚信托有限公司	2000.00	2

　　信托公司也可以与慈善组织一起担任共同受托人。在共同受托模式下，慈善组织负责慈善项目的运行监督管理，信托公司负责资产投资管理，二者各施所长，从而使慈善项目的优质服务与慈善信托财产的保值增值得到更好的保障。根据慈善中国网数据，截至 2019 年 1 月 23 日，在 149 单慈善信托中，有 14 单慈善信托的受托人是由信托公司与慈善组织共同担任。

　　第一，社会将更加接受慈善信托的"共同受托人模式"。这种"共同受托人模式"不仅让慈善和信托很好地共存，同时，相比于我们传统模式上的通过基金会和慈善捐助发展慈善事业，优势较多。首先，不限规模，期限自定。慈善信托委托人可以依据自己的经济状况，与受托人协商确定信托财产规模，约定慈善信托的期限和终止条件。在实践中，已经出现了几十万元小规模、个性化的慈善信托。其次，公益支出，进度自定。慈善信托年度慈善支出的比例或数额由慈善信托文件约定。也就是说，委托人可按照自己的意愿与受托人自由约定慈善信托年度慈善支出的比例或数额，而不必受到《基金会管理条例》《慈善法》的约束，这种管理方式相对比较自由，委托人可以根据自身特点，为自己的慈善信托财产做出更长远和更个性的安排。第二，随着互联网技术的飞速发展，"互联网 + 慈善信托"模式在未来能得到长久发展。我们有理由相信"互联网 +"时代的到来，会给予慈善信托"共同受托人模式"更加灵活、可创新的空间。以后，大家在线上就可以进行慈善信托活动。这样也可以更好更便捷地为大众小额捐赠服务，与此同时，慈善信托再不是少数人的事情，社会大众可以更多地参与进来。

　　尽管当下备案慈善信托规模小，但作为资产管理的一种形式，其未来市场广阔。相对于传统慈善组织拥有的资产规模，慈善信托当下的发展状况只能算是小荷才露尖尖角，但慈善信托"共同受托人模式"拥有制度优势，慈善信托规模、财产种类、期限设置灵活，保值增值优势明显，并且其建立在国内的信托制度上，赋予了受托财产更高的独立性，也赋予了委托人更丰富的决定权。随着未来具有慈善意愿的富裕家族和高净值人群的增加，以及相关配套法律法规的不断完善，慈善信托将会得到更好的发展，这一慈善形式会逐步成为国内慈善活动的主流。

第十章

金融信托监管

第一节　金融信托监管的内涵和目标

一、金融信托监管的内涵

（一）金融信托监管的定义

信托监管即信托业的监督管理，是指政府有关部门代表国家对从事信托活动的机构及其业务进行监督管理的行政行为。信托监管的目的是保障委托人的合法权益，保持信托业的公平竞争，弥补自行管理的不足，建立和维持一个公平、有序和有效的信托市场。

根据《中华人民共和国信托法》第4条，受托人采取信托机构形式从事信托活动，其组织和管理由国务院制定具体办法。根据《信托公司管理办法》第5条，中国银行业监督管理委员会对信托公司及其业务活动实施监督管理。2018年3月，国务院机构改革方案出炉，将中国银行业监督管理委员会、中国保险监督管理委员会的职责整合，组建中国银行保险监督管理委员会（以下简称银保监会）。2018年4月8日，银保监会正式挂牌。根据《中国银行保险监督管理委员会职能配置、内设机构和人员编制规定》，信托监管部承担信托机构准入管理，开展非现场监测、风险分析和监管评级，根据风险监管需要开展现场调查，提出个案风险监控处置和市场退出措施并承担组织实施具体工作，指导信托业保障基金经营管理。

（二）我国金融信托监管的发展历程

中国信托业监管的发展历程以2001年10月1日颁布实施的《中华人民共和国信托

法》和 2007 年 3 月颁布实施的《信托公司管理办法》《信托公司集合资金信托计划管理办法》为分界点，分为三个阶段。

1. 金融信托监管起步阶段

1981~1982 年，各类型信托投资公司迅速膨胀，一些地方政府鼓励其管辖的国营、集体等形式的企业开设信托投资公司并提供相配套的开户存取服务，这一行为严重冲击了国家对金融业务的计划管理和调控。为了规范信托业的发展，从 1982 年开始，中国金融管理部门对信托业先后进行了 6 次整顿，主要整顿内容如下：（1）立法完善，通过法律法规的构建完善信托业发展的政策平台。（2）政府监督机构由中国人民银行移交给银监会，明确监管主体。（3）建立信托业协会。

2. 金融信托监管发展阶段

2001 年《信托法》出台后，信托行业发展有法可依。2007 年 1 月 23 日，中国银监会颁布了《信托公司管理办法》，对信托机构管理的内容做了补充完善，扩大了信托业务的范围。信托公司重新登记后，相关监管制度加快出台，涉及信托公司监管、集合信托业务监管以及各细分业务规范，同时加强了行业基础设施的建设，建立信托行业保障基金、信托登记制度等，逐步形成了相对立体化的监管体系，这为信托业稳健可持续发展奠定了良好的基础。

3. 金融信托监管成熟阶段

2007 年至今，信托行业监管明显划分为两个阶段，第一阶段为建立基础监管规范的阶段，第二阶段为完善行业监管构架的阶段。

第一阶段为 2007~2013 年。这一阶段主要是确立信托行业发展的基本规范，尤其是银信合作、房地产信托等热点业务领域频繁出台了一系列监管举措，有利于强化信托公司稳健合规经营。在这一阶段，伴随《信托公司集合资金信托计划管理办法》《信托公司管理办法》《信托公司净资本管理办法》等监管法规的颁布，正式确立了新时期信托业"一法三规"监管框架和体系，信托业发展进入一个新时期。《信托公司管理办法》对信托公司的经营范围进行了重新界定，将信托公司定位于"受人之托，代人理财"的专业化金融机构，更加明确了信托公司的发展目标。

同时，在监管基本框架确立后，监管注意力逐步聚焦信托公司的业务发展和规范，相继发布了《银行与信托公司业务合作指引》《信托公司参与股指期货交易业务指引》《信托公司证券投资信托业务操作指引》等相关信托业务监管制度，而且对票据、银信合作、政信合作的窗口指导开始增多，这表明监管部门开始更加注重微观基础业务的发展。而且，《关于支持信托公司创新发展有关问题的通知》表明监管部门也加大力度支持信托公司创新发展。

第二阶段为 2014 年至今。中国信托业的监管体系发生了又一次翻天覆地的变化，这源于监管理念的更新与重塑，主要体现在监管部门更加关注行业监管构架的完善以及逐渐解决行业发展痛点，同时加强已有监管制度落实的监督、惩罚力度，着眼于促进行业回归本源，实现健康、可持续发展。

在 2013 年、2014 年、2016 年信托业年会上，监管层相继提出了行业八大机制、八大责任和八大业务等监管新理念，正是在这些监管新理念的指引下，信托业监管体系再一次发生了大的变革，这也是信托业新常态的特点之一。2014 年至今，信托行业监管政策较少聚焦业务层面，主要强化行业规范化建设和弥补行业发展短板，强化监管制度供给，推动行业做大做强。2014 年、2016 年，监管部门相继下发了《关于信托公司风险监管的指导意见》《关于进一步加强信托公司风险监管工作的意见》，这两份文件聚焦信托业面临的突出风险问题，而且逐步涉及公司治理、风险管理体系等方面，对信托行业风险管控具有深远意义。2014 年下发的《信托业保障基金管理办法》、2017 年下发的《信托登记管理规则暂行细则（征求意见稿）》，聚焦行业基础设施建设，前者为防止行业发生系统性风险提供了保障，后者有利于解决信托业务透明性以及信托产品流动性不足的问题。信托公司监管评级和行业评级的开展，则促进行业优胜劣汰，引导信托公司有序竞争。

2018 年银保监会信托部向各银监局下发《信托部关于加强规范资产管理业务过渡期内信托监管工作的通知》，该通知也被认为是资管新规的"信托细则"，从内容上看，其明确了过渡期内信托业务监管工作的基本原则，但仍有细化的空间，未来银保监会大概率还会出台内容更具操作性、适用期限更久的资管新规"信托细则"。2014 年以来另一重大趋势是，监管部门对信托公司的行政处罚力度逐步增强。

二、金融信托监管的目标

（一）金融信托监管的目标

我国信托业正处于快速发展阶段，可借鉴经验较少，这对我国信托监管部门是较大的挑战。如何很好地把握信托业风险又促进行业稳健可持续发展确实是个不容易解答的问题，我国信托业监管部门担负重任。

监管部门正逐步构建更好引导信托业回归本源的监管体系。自 2007 年以来，监管部门一直强调信托业回归本源，提倡"受人之托，代人理财"的行业定位，但是这些监管倡议并没有落实到位，或者仍处于一种认知和探索过程中。

2014 年以来，监管部门提倡的八大机制、八大责任、八大业务是对中国信托业回归本源的一种新的认知和方向，回归信托精神所倡导的忠诚和创新，在新监管理念的引导下，中国信托业监管体系将呈现新的变革和创新，构建面向未来的监管体系，促进信托行业发展向透明化、尽责化、创新化、高效化方向演进。

监管政策加快落地，行业游戏规则重塑。自 2014 年以来，信托业监管政策大动作不断，目前已进入加速设计和落地阶段，《信托业保障基金管理办法》《信托公司行业评级指引》《慈善信托管理办法》等监管制度落地。

　　未来还有很多新的监管政策征求意见或者出台，诸如《信托业务尽职调查指引》、《信托公司子公司管理办法》、信托产品登记以及流转平台运行相关政策、信托业信息系统平台运行相关政策等，部分创新业务也可能逐步制定行业操作指引。总之，未来三年内信托业监管体系塑造将进入快速实施和落地时期，整个行业的运行和市场规则将继续面临较大变革。

　　新监管形势下优胜劣汰效应会更加明显。监管政策的完善和重塑将会对行业发展形成较大影响，加大行业合规压力和要求。同时，我们也注意到此轮行业监管政策的变革，监管部门推动决心非常大，变革速度较快，监管政策本身体现了分类经营、分类监管的理念，有利于行业内优秀信托公司获得更大的监管政策支持，做大做强，落后信托公司则在业务范围等方面受限更多，如果逐步使准入和退出机制更加明晰，行业竞争结构将会有更大变化。

　　监管政策将向更加市场化的方向演进。随着我国信托业的发展成熟度上升，以及社会认知的提高，监管部门高度管制的力度可能会下降，未来可能更注重监管制度设计以及信托公司准入、退出、风险控制等关键领域的监管，节约监管资源，监管重点和切入口或许有所优化，更加注意平衡监管力度与市场约束的多重运用，以此促进信托公司的创新发展与运行效率提升。

（二）金融信托监管目标的动态转变——以房地产信托为例

　　经历了2018年资管新规的洗礼后，在2019年初地产商凶猛拿地的背景下，房地产信托迎来了新一轮增长。据统计，2019年上半年，房地产开发企业到位资金8.5亿元，同比增长7.2%。房地产企业拿地意愿上升，加上一季度降准所带来的流动性宽松，导致土地市场明显升温。而这一点无疑有悖于"房子是用来住的，不是用来炒的"的政策基调。每当房企积极拿地造成地价大幅上涨之后，往往会紧跟着政策的调节以及窗口指导，这次也不例外。

　　2019年5月17日，银保监会出台《关于开展"巩固治乱象成果促进合规建设"工作的通知》，释放房地产信托业务降温的信号；5月3日，央行与证监会暂停部分房企的债券及资产证券化（ABS）融资通道；6月13日，银保监会主席郭树清在陆家嘴论坛上直指目前房地产市场、房地产金融存在居民高杠杆与房地产过度融资的风险与问题；7月12日，国家发改委发布通知，要求房企发行外债只能用于置换未来一年内到期的中长期境外债务，融资用途受到很大限制。

　　1. 房地产信托的严控

　　2019年上半年房企激进拿地，房地产基金规模暴涨，从而引发新一轮的严格监管。

　　作为资金密集型行业，房地产在开发全流程的各个环节中均涉及融资，并且每个阶段的融资方式有所不同，而信托融资主要涉及房地产开发的拿地、前期工程和项目施工阶段。

近年来房地产基金规模虽然整体在不断上升中，但是个别年份随着房地产市场环境和相应监管政策的变化而有所调整。例如 2011 下半年房地产信托基金规模迅速扩张，在政策的趋严的情况下 2012 年房地产信托的资金规模开始收缩；在 2014～2015 年由于银监会开放资管业务，券商资管和私募基金的通道业务对信托行业造成了很大的冲击；2016 年，随着房地产去库存以及棚改货币化的推进，地产商开始激进拿地，房地产信托的规模也相应增长。

根据历史规律，每当房地产信托大规模融资促成地价凶猛上涨的时候，往往会引来新一轮监管。近两年来随着政府坚定去杠杆，加上资管新规对多层嵌套、明股实债的限制，使信托原来的通道业务受到很大影响。2019 年上半年地产商激进拿地，土地市场升温，在此大背景下，银保监会对房地产信托的监管也是日益趋严。5 月 17 日银保监会发布《关于开展"巩固治乱象成果促进合规建设"工作的通知》，提出"巩固治乱象成果　促进合规建设"，加强对房企信托融资监管，并且在 7 月份直接对几家信托进行约谈。

根据监管要求，信托贷款规模不得超过集合信托计划余额的30%，并且规定信托不得通过"股权投资 + 股东借款"、"股权投资 + 债权认购劣后"、应收账款、特定资产收益权等方式变相提供融资。

这意味着信托公司只能为符合"432 要求"的房地产项融资，但是满足"432 要求"的房企往往可以通过成本更为低廉的银行资金来进行融资，因而《关于开展"巩固治乱象成果促进合规建设"工作的通知》发布之后，房地产信托的规模免不了相对前期有所下降。有分析指出，从管控规模的角度来看，至少短期看不出政策放松的趋势。

2. 房地产信托的降温

随着房地产信托监管趋严，房企拿地资金会受影响，同时也对 2019 年下半年的终端销售形成一定压力。据统计，2019 年上半年一线城市的新建住宅价格指数单月同比涨幅都保持在5% 左右。二线和强三线城市的新建住宅价格指数单月涨幅也都在10% 以上，于是便出现了地价猛涨、地王频出的场景，在第一季度更为明显。从宏观角度上看，也为信贷宽松创造了良好条件。在 2018 年多次降准之后，2019 年第一季度再次迎来降准 1 个点，释放流动性 1.5 万亿元，为房地产融资创造了宽松的背景。数据显示，杭州以 2019 年上半年商品房销售金额 1740 亿元、土地出让金 1418 亿元位居全国第一；位置相近的苏州 2019 年上半年商品房销售金额 1216 亿元，土地出让金 551 亿元，并且拍出 4 宗地王项目。激进的拿地策略也相应地引起了监管层的注意，杭州在 6 月 29 日开始实行在竞拍前即限制房价，相对应苏州园区新购商品房限售 5 年。

很明显，此轮调控主要还是抑制地价快速上涨，防止土地市场过热，也与中央"房子是用来住的，不是用来炒的"的定位和"稳地价、稳房价、稳预期"的目标相呼应。那么房地产信托监管趋严对地产行业又有多大影响呢？毫无疑问，在信托被严格监管之后，房企原本用来拿地的前端融资资金将会收缩。根据东方证券测算，信托融资规模在乐观、中性、悲观的假定下分别下降 2500 亿元、3000 亿元、3500 亿元，导致土地购置费用的收缩。

在信托融资收紧的大背景下，政府对银行向制造业、服务业房贷的鼓励对房企同样是一道重创。因此在将来也许会发生房企加快现有土地开工从而争取到银行开发贷，以扩大资金腾挪空间的现象。同时也要注意到在 2018 年有不少房企开始效仿碧桂园的高周转策略，但是高周转也提高了房地产整体的库存，若房市萎靡，那么也许会对采取高周转策略的房企产生些许不良影响。

第二节　金融信托监管内容及体系构建

一、金融信托监管的内容

（一）金融信托监管的内容概述

银保监会对信托业的监管相当全面，主要包括参与起草相关法律法规草案，制定监管规则，对信托公司及其业务范围实行准入管理；审查高级管理人员任职资格，制定从业人员行为管理规范；对公司治理、风险管理、内部控制、资本充足状况、偿付能力、经营行为和信息披露等情况进行监管；实行现场检查与非现场监管，开展风险与合规评估，保护金融消费者合法权益；等等。

（二）金融信托监管的内容评价——以信托登记为例

1. 信托登记的监管

信托登记贯穿于信托产品全周期，《信托登记管理办法》规定，信托机构应当在集合资金信托计划发行日五个工作日前或者在单一资金信托和财产权信托成立日两个工作日前申请办理信托产品预登记（以下简称信托预登记），并在信托登记公司取得唯一产品编码。

2017 年 9 月 1 日，信托登记系统在中国银监会发布《信托登记管理办法》生效当日上线运行。中国信托登记有限责任公司（以下简称中国信登）是经国务院同意、由中国银监会批准设立并由其实施监督管理，现由中国银保监会实施监督管理、提供信托业基础服务的非银行金融机构，于 2016 年 12 月 26 日对外宣告成立。

《信托登记管理办法》第九条规定：信托登记信息包括信托产品名称、信托类别、信托目的、信托期限、信托当事人、信托财产、信托利益分配等信托产品及其受益权信息和变动情况。信托产品及其信托受益权登记包括预登记、初始登记、变更登记、终止登记、更正登记等。

2. 信托登记监管的意义

中国信登对包括委托人、受益人等在内的敏感信息采取了多重严格的保密措施。对于投资者而言，信托登记贯穿于信托产品生命周期的各主要环节，发行、募集、设立、期间管理和终止等各阶段的重要信息，并进行集合信托计划信息公示。信托公司及其信托产品被全部置于"阳光下"，每个信托产品获得唯一有效的产品编码即"身份证"，为清晰辨认合法的信托机构和产品提供了条件。

（三）金融信托监管存在的问题

经历了近 10 年的不断优化和升级，现有监管体系已经相对完善，当然信托业发展时间短，需要不断针对行业发展的新形势和新趋势，加强规范和强化监管。从目前看，我国信托业监管主要存在以下问题。

1. 顶层制度供给不足

虽然我国已制定了《信托法》，用以规范信托关系，且通过《信托公司管理办法》等形成了信托行业的监管框架，然而主要顶层制度仍不足，主要表现为：

一是信托业法律缺失。目前，《信托公司管理办法》作为部门规章，法律层次较低，适用范围有限，对信托公司权益保护不足。伴随着资管市场的逐步开放，银行、券商等金融机构都已开展类信托业务，资管行业较为混乱，通过制定信托业法律，有利于统一信托业务经营规范。

二是信托行业退出和准入机制缺失。我国信托行业准入、退出机制依然不健全。我国信托行业进入门槛较高，主要体现在监管部门的严格审批制度，不发放新的信托牌照，主要以重组原有信托牌照为主；信托公司经营日益分化，部分信托公司经营不善，但信托公司退出机制缺失，不利于行业的优胜劣汰和资源配置优化。

三是基础行业发展制度不完善。信托业务在会计、税收、信托财产登记等方面制度非常不完善，不利于信托业务规范化发展，也阻碍信托业务的有效发展。

2. 现有监管制度有待完善

这些年监管部门出台了大量监管制度，然而随着信托业的不断发展，部分制度已体现出了不适应现实情况的问题，需要不断完善。主要表现为：

一是《信托法》有待完善，从 2001 年出台《信托法》到现在已经过去了多年，立法背景已经发生了很大变化，如以信托财产登记作为信托生效的重要前提条件，这与国外仅将信托财产登记作为对抗第三方的重要法律依据有一定差异，而且我国迟迟仍未建立起信托财产登记制度，已经在一定程度上阻碍了财产权信托的发展。

二是信托保障基金制度有待完善。2014 年出台信托保障基金制度后，为行业发展建立了安全网，有利于提升投资者信心，但是，从具体执行情况看，信托保障基金使用要求和流程并不明晰，利用效率并不高，基金经营管理透明性不高，财产权信托缴纳的保障基金在项目结束后是否需要退回仍不清晰。未来还需要针对信托保障基金缴纳项目类型、最高认缴规模、具体可使用情形以及管理透明性等进行优化和完善。

三是房地产信托业务、政信业务、银信业务等相关规范多以通知形式在不同年份下发，要求不同，缺乏统一而系统的业务监管制度规范和指引。

3. 部分领域监管制度有待补充

虽然信托监管体系已经相当丰富，但是在部分领域仍存在问题，还需要加以规范，主要表现如下：

一是受托人责任仍缺失。虽然《信托法》《信托公司管理办法》均对信托公司作为受托人履行职责提出了原则性要求，但是仍缺乏可操作的详细指引。这些年信托监管更注重事后监管，但是对信托关系最为依赖的受托人尽责方面的具体监管措施不足，因此，有必要加快建立受托人履职规范，这样有利于划分委托人和受托人责任，促进逐步打破刚性兑付。

二是业务集中度监管要求不足，目前大部分信托公司仍以债权融资为主，而且对个别债权人的投融资规模非常大，达到十几亿甚至几十亿，在刚性兑付的当下，一旦出现黑天鹅事件，信托公司自身都难以应对，因此会对行业产生非常大的冲击，所以有必要加快完善部分投融资业务的集中度监管要求。

三是信托公司作为金融机构在产品营销、分支机构建设方面受到极大限制，而针对异地开展业务，信托公司通常采用变相的方式突破现有监管要求，有可能游离于监管掌控之外。因此，不如变堵为疏，通过明确的制度规范科学合理地指导信托公司开展异地经营和产品销售活动。

四是监管部门一直鼓励信托公司专业化经营，发起设立专业子公司，然而目前并没有明确的监管制度对发起设立子公司的条件、后续监管等做出相关规定，导致很多信托公司设立了较多的子公司，业务经营更加复杂化，也容易形成风险隐患。

二、金融信托监管的体系构建

（一）金融信托监管的体系

金融信托监管体系被概括为"一体三翼"的国内信托监管机构，即银监会信托监管部（以下简称银监会信托部）[1]、中国信托业协会（以下简称信托协会）、中国信托登记有限公司（以下简称中国信登）、中国信托业保障基金有限公司（以下简称中信

---

[1] 银监会和保监会2018年初合并为银保监会，其新的部门设置尚未出台，为避免混乱，下文仍统一使用"银监会信托部"。

基），它们分别代表了国内信托行业的政府监管机关、行业自律组织、市场约束机构、安全保障机制这四方面主体。

1. 银监会信托部是实施信托监管行为的政府机关

信托行业的监管职能原归属银监会非银行金融机构监管部（以下简称非银部），后随着信托行业监管力度的不断增强，银监会于 2015 年 1 月新设立信托监管部，原属非银部的信托行业监管职能划归信托监管部。银监会单独为信托行业监管设定独立部门，意味着信托公司在监管层面不再与金融资产公司、企业集团财务公司、小额贷款公司、P2P 个体借贷公司等金融业"非正规军"相提并论，而有了自己单独的"班主任"。

事实上，对信托公司注册资本规模、资本充足率要求以及行为监管方面的要求，虽然不如银行，但均高于非银部监管的其他非银金融机构。银监会信托部根据相关法律法规具体对信托行业实施监管行为，是履行信托监管职能的政府机构。

2. 中国信托业协会是国内信托行业的自律组织

信托公司除了接受来自银保监会的严格监管外，还接受来自行业自律组织的监督。中国信托业协会作为国内信托行业的自律组织，设立于 2005 年 5 月，是全国性信托业自律组织，是经中国银保监会同意并在民政部登记注册的非营利性社会团体法人。其主要职责有：认真履行自律、维权、协调、服务职能，发挥相关管理部门与信托业间的桥梁和纽带作用；维护信托业合法权益，维护信托业市场秩序；提高信托业从业人员素质，提高为会员服务的水平，促进信托业的健康发展；组织会员签订自律公约及其实施细则；采取自律惩戒措施，督促会员依法合规经营；受主管部门委托，组织制定行业标准和业务规范；建立健全信托业诚信制度以及信托公司和从业人员信用信息体系，加强诚信监督，协助推进信托业信用体系建设；制定从业人员道德和行为准则，对信托从业人员进行自律管理，组织信托从业人员资格考试和相关培训。距离新中国第一家信托公司的设立已有 26 年之久，而这 26 年的历史也是新中国信托行业"大乱到大治"的历史，"大乱"与当年行业协会的缺位不无关系，而信托协会在《信托法》生效后不久设立也意味着"大治"时代的到来。

西方发达国家多年的市场实践证明，大多数市场行业的规范运作特别是金融业仅依靠政府监管是远远不够的，也是事倍功半甚至不现实的，监管机构的"触角"不可能渗透到行业的每个角度。而恰恰相反的是，西方发达国家的市场实践通常是先由市场主体自发成立行业自律机构，例如行会、公会、协会等，通过一系列自律自治规范约束具体市场行为，政府再随之设立相应的监管机构，形成"大市场、小政府"的格局。行业自律机构是连接政府监管部门和市场主体的桥梁。

我国的市场经济是从计划经济转型而来的，计划经济的资源配置方式决定了政企合一，也就无所谓监管机构、自律组织和市场主体之分，例如计划经济时代的中国人民银行既是央行，又是银行业监管机构、行业自律组织、政策性银行、商业银行。

基于国内先有监管再有行业自律组织的思路，国内金融行业的自律组织和西方最大的不同在于国内自律组织通常为半官方机构，最早由政府监管部门牵头主导发起，机构设置和人员编制上属于事业单位，仍有较为明显的政府背景。而西方金融行业的自律组织则为纯民间组织，为市场主体自发成立的。当然，在充当监管部门与市场主体之间桥梁这一点上，国内外自律组织的角色是相同的。

3. 中国信托登记有限公司是信托交易的市场约束机构

中国信登于 2016 年 12 月 19 日在上海设立，其定位为信托业的信托产品及其信托受益权登记与信息统计平台、信托产品发行与交易平台及信托业监管信息服务平台三大平台，是"一体三翼"中最晚设立的机构，而与之配套的规范性文件是《信托登记管理办法》（以下简称《信登办法》）。

根据《信登办法》，信托公司于 2017 年 11 月 30 日即过渡期之后发行的信托计划必须在中国信登进行登记。尽管中国信登的职责为管理和维护信托登记信息，确保有关信息的安全、完整和数据的依法、合规使用，并不直接对信托登记信息内容的合规性进行监管，但其提供了集中记录信托登记信息的平台和数据库，并保证其公开、公正、透明，为监管机关和自律组织提供了最基础的监管依据，也从另一方面督促信托公司真实、合法、安全地进行信托信息的登记。

4. 中国信托业保障基金公司是信托交易的安全保障机构

"投资有风险，入市须谨慎"，这句话同样适用于作为投资工具的信托。既然市场风险是任何一种投资工具都无法避免的风险，那么建立相应的安全保障机制就显得尤为必要。在诸多风险规避工具中，行业统一的保障基金是安全保障机制的物质基础。在这样的监管思路下，中信基应运而生。

中信基于 2015 年 1 月 16 日在北京设立，与之配套的规范性文件是《信托业保障基金管理办法》（以下简称《信保办法》），其规定了信托公司须按净资产余额的 1% 认购保障基金，资金信托计划和财产信托计划须另行认购，在规定的风险事件发生时可由中信基使用保障基金。上述保障基金以市场化的方式处置风险，保护了包括信托公司在内的信托当事人合法权益。

（二）金融信托监管体系构建——以"资管新规"为例

1. 资管新规的根本目标

2018 年 4 月 27 日，央行、银保监会、证监会、外管局联合印发《关于规范金融机构资产管理业务的指导意见》（以下简称资管新规）。资管新规总共三十一条，其中有三条提及了服务实体经济的相关内容。资管新规第一条提出了金融机构资产管理业务的原则之一是坚持服务实体经济的根本目标，要求切实服务实体经济投融资需求。资管新规第十条鼓励充分运用私募产品支持市场化、法治化债转股。资管新规第十一条鼓励金融机构在依法合规、商业可持续的前提下，通过发行资产管理产品募集资金投向符合国家战略和产业政策要求、符合国家供给侧结构性改革要求的领域；鼓励支持经济结构转型，支持市场化、法治化债转股，降低企业杠杆率。

资管新规鼓励投资标准化资产，限制非标投资，旨在让资管业务回归本源，避免其沦为变相的信贷业务，并缩短融资链条，降低融资成本。在规范非标投资的同时，我国将大力发展直接融资，建设多层次资本市场体系，以增强金融机构服务实体经济的效率和水平。从我国经济的发展阶段来看，当前我国经济已由高速增长阶段转向高质量发展阶段，作为市场经济核心部门的金融业，也必须要高质量的"进"，才能更好地服务实体经济，助推中国经济转型升级。

2. 资管新规对信托业的主要影响

信托业由于机制特殊，横跨实体、资本、货币三大市场，因此不仅受到金融政策的约束，还受到实体经济产业政策的影响。2017 年以来，信托主要业务模式逐渐发生变化，传统的三大业务领域市场空间逐步被压缩，房地产市场受国家宏观调控逐步降温，基础产业领域受地方债务控制，银信合作模式更是被重点关注。

在此背景下，信托机构需要主动转型，积极迎接变革，创新业务模式，大力服务实体经济，回归信托业务本源，更加注重"受人之托、代人理财"的行业本质。2017年以来，信托业在资产证券化和绿色信托等业务形态方面的创新扩展尤为突出，慈善信托业务的快速发展和一些信托机构对消费金融信托业务的积极探索也可圈可点。

截至 2017 年末，信托资产总规模达到 26.25 万亿元，其中资金信托规模为 21.9 万亿元，在大资管行业中仅次于银行理财。资管新规对信托业的影响相对较大，再加上影响信托业务的非金融领域政策，信托行业受到的制约因素越来越多，必须坚定不移地走向转型。

3. 资管新规对信托业务的影响

通道业务受限。自"四万亿计划"以来，通道业务爆发，无论是 2010 年《关于规范银信理财合作业务有关事项的通知》发布前的融资类信托，还是其颁布之后的事务管理类信托，都始终保持较高的增长水平，其实质都是通道的银信业务。在资管新规征求意见稿出台后，银监会在 2017 年 12 月 22 日还发布了《关于规范银信类业务的通知》专门指导银信合作业务。资管新规正式稿只允许目的适当、能够履行主动管理职责、只能投一层的通道类信托业务，因此可能会降低信托公司风险缓释能力。在规范通道业务、逐渐解决资金在金融机构内部空转的问题后，通道业务的本质将转变为"金融机构服务信托"，合理的通道业务能让资金在金融机构之间更加流畅高效地流转，更快地流向实体经济。

打破刚性兑付。过去，由于存在刚性兑付，信托机构只需要负责最终按照预期收益率对市场投资者交付本金和收益即可，即便资产端收益不能覆盖预期收益，也可以使用自有资金进行垫付，因此市场关注点多在于本金收益的兑付。打破刚性兑付后，信托公司不再提供预期收益率，这对信托公司在项目前期尽调，项目中期产品交易结构设计、项目营销、项目管理、信息披露，项目后期退出兑付等"募投管退"各个环节都提出了更严格的要求。

禁止期限错配。资管新规加强了对期限错配的流动性风险管理。标准资金池要按照资管新规实行净值化管理,并加强流动性风险管理,制定相应的流动性风险管理规定,同时也要完善投资比例、信息披露等方面的规定。未来,信托产品同样需要进行"三单"管理,这有利于监管机构进行穿透式管理,同时将每只信托产品的风险隔离,防止扩散到其他产品。

风险准备金。资管新规要求金融机构按照资产管理产品管理费收入的 10% 计提风险准备金。目前,各行业资管产品的风险准备金计提或资本计量要求不同:银行实行资本监管,按照理财业务收入计量一定比例的操作风险资本;证券公司资管计划、公募基金、基金子公司特定客户资管计划、部分保险资管计划按照管理费收入计提风险准备金,但比例不一;信托公司按照税后利润的 5% 计提信托赔偿准备金。但在关于资管新规答记者问时,人民银行表示,对于目前不适用风险准备金计提或资本计量的金融机构,如信托公司,资管新规并非要求在此基础上进行双重计提,而是由金融监督管理部门按照资管新规的标准,在具体细则中进行规范。具体的实施方案还需要等信托相关的细则予以明确。

提高合格投资门槛。信托产品大部分为固定收益类,虽然从资管新规来看,信托产品投资金额的门槛有所降低,但由于合格投资者门槛的大幅度提高,特别是家庭金融资产、净资产分别达到 500 万元、300 万元,使得投资者人数进一步减少,未来信托产品的销售压力无疑会更大。在机构端获取资金难度加大的环境下,进一步限制合格投资者会让信托机构获取资金的难度加大,而近期信托产品收益率一路走高,部分产品预期年化收益率超过 9% 的现象进一步证实了这一点。信托机构需要将资金端重点从机构转向零售,加大对高净值客户的挖掘力度。

4. 资管新规后信托市场的变化

资管新规后的信托市场变化为:发行数量和规模双降,产品预期收益率快速上升,房地产信托占比逆势上升。从总规模来看,2019 年第二季度信托新发行规模为 3563.9 亿元,同比增幅下降 22.31%。6 月成立集合信托产品规模 1450.69 亿元,同比下降 14.47%。从发行数量上来看,资管新规发布以来,信托产品发行数量呈现不断减少的趋势。另外,从信托产品预期收益来看,随着去杠杆持续推进,信用收缩,企业融资成本上升,信托产品平均收益率呈小幅攀升之势,6 月集合信托预期收益率上升至 7.67%,同比上升 1%,未来信托产品预期收益率还有进一步上升之势。

另外,从信托投资领域来看,房地产信托规模逆势增长。2019 年第二季度房地产信托新成立规模占新增产品的比例进一步上升。这是由于信用风险依旧频发,相对而言,房地产风险相对可控,而且房地产行业是信托公司投资的重要领域,叠加房地产调控继续,房企资金来源受到约束,企融资需求较高,综合因素导致房地产信托继续维持较快增长。从信托资金投向来看,2018 年第一季度债券投资占比有所下滑,或是由于 2017 年至 2018 年初债券收益率大幅上行所致，情况可能在第二季度有所改善，另外，房地产行业资金投向占比也有所提高。

房地产信托"一枝独秀"。从资金投向看，2018 年上半年，房地产类信托规模 2405.51 亿元，占比 34.93%，居各类产品之首；从收益率来看，2018 年上半年房地产类产品的平均收益率 7.89%，同样居各类产品之首。目前，在房地产市场严调控与金融强监管的背景下，监管严格限制资金投向房地产，房企发债、银行贷款、股权融资等融资渠道或进一步受限，而房地产企业拿地以及债务滚动压力带动的融资需求持续高增长。

房地产企业通过非标融资的需求持续高增长，带动非标的融资利率持续走高。高企的收益率对投资者的吸引力很大。对于机构来说，房地产业务利润较高，机构也愿意以价补量投向房地产。房地产企业本身有实物的抵押物，加上信托公司对房地产行业有多年的关注，对这方面的风险把控能力比较强，对于房地产行业来说，当下融资渠道并不通畅，信托是较好的融资方式。

5. 资管新规后信托行业的监管

为积极推进信托业"治乱象、去嵌套、防风险"等各项监管工作，银监部门已经做好详细规划。2019 年银保监会向各银保监局信托监管处室（辽宁、广西、海南、宁夏除外）下发《中国银保监会信托部关于进一步做好下半年信托监管工作的通知》（以下简称 64 号文），传达监管重点。

2019 年下半年信托监管的主要内容包括坚决遏制信托规模无序扩张、严厉打击信托市场违法违规行为及有力有效处置信托机构风险等。监管部门要求各银保监局信托监管处室口头将多项监管意见分批次传达给辖区信托公司，监管部门对信托公司的窗口指导将成为常态。

（1）去通道、控地产、优化结构。监管部门要求各银保监局信托监管处室根据"有保有压、有升有降、有进有出"的原则，督促辖内信托机构立足信托本源加快转型，优化信托业务结构，坚决遏制信托规模无序扩张。

第一，坚持去通道目标不变，力度不减。严禁辖内信托机构继续开展违反资管新规要求，为各类委托方监管套利、隐匿风险提供便利的信托通道业务。加大存量信托通道业务压缩力度，原则上到期必须清算，不得展期或续作。鼓励辖内信托机构与信托通道业务委托方沟通协商，争取提前结束清算。按照"一司一策"原则，结合信托部有关监管工作要求，督导辖内信托机构制定 2019 年下半年信托通道业务压降计划，明确相应时间安排和压降任务，按月监测信托通道业务压降情况。对于 2019 年上半年继续违规开展信托通道业务的信托机构要进一步加大规模压降和业务整改力度，视情况采取惩戒性措施。

第二，加强房地产信托合规管理和风险控制。严格执行《中国银保监会办公厅关于进一步加强信托公司房地产信托业务监管的通知》等监管规定，结合近期信托部约谈警示有关信托机构提出的工作要求，督促辖内信托机构依法合规开展房地产信托业务，提高风险防控前瞻性和主动性，控制业务发展增速。按月监测房地产信托业务变化情况，及时采取监管约谈、现场检查、暂停部分或全部业务、撤销高管任职资格等多种措施，坚决遏制房地产信托过快增长、风险过度积累的势头。

对于地产信托业务的监管，2019年上半年银保监会针对房地产规模开展了地产信托业务的窗口指导，即9月30日的房地产规模不得超过6月30日的房地产规模，其间可以超，后续要求逐渐趋严，要求变为每日时点都不能超6月30日规模，以保证2019年第三季度房地产业务余额零增长，并且根据2019年第三季度末地产类信托实际情况，再行确定后续政策。

第三，推动优化信托机构业务结构。引导辖内信托机构根据金融服务供给侧结构性改革的需要，大力发展具有直接融资特点的资金信托，服从国家宏观调控要求，为实体经济提供针对性强、附加值高的金融服务。防止信托资金流入限制性或禁止性领域，破除无效信托供给，支持辖内信托机构积极培育以受托管理为特点的服务信托和体现社会责任的公益信托，推动信托在财富管理、财富传承、慈善救济、社会稳定等方面发挥积极作用，更好地服务于人民群众对美好生活的需要。督促辖内信托机构调整固有业务结构，确保固有资产保持充分流动性和安全性，不得以短期滚动负债的方式变相加杠杆经营，切实增强风险防御能力。

（2）警示指导常态化。此番监管部门传达的2019年下半年信托行业监管重点还包括严厉打击信托市场违法违规行为和有力有效处置信托机构风险。监管部门要求，各银保监局信托监管处室要将整治信托市场违法违规行为作为一项长期任务持续推进，保持战略定力、巩固治理成果，实现彻底改观。对于各类信托市场乱象要坚决打击，涉嫌违法犯罪的将及时移送司法部门，信托活动必须符合经济、法律、行业发展规范和要求。监管部门对检查或调查中发现的各类违法违规行为将从重、从严、从快处理。要严肃市场纪律，灵活运用暂停部分或全部业务等监管措施，提高信托机构违法违规成本。

此外，64号文要求各银保监局信托监管处室深刻认识到当前防范化解信托业风险任务的重要性和紧迫性，处置信托机构风险的态度要坚决、行动要迅速、措施要有效。要根据检查或调查结果全面摸清辖内信托机构风险底数，在此基础上准确判断机构风险发展态势。

对于风险不高的信托机构要做好风险防控预案，对于高风险的信托机构要做好风险处置预案，明确具体处置方式，并做好相应处置机制安排。同时，要把握好风险处置的力度、节奏和方法，防止引发次生风险，确保风险处置工作稳妥有序进行。另据了解，银监部门要求各地银保监局信托监管处室"强化责任担当，做到精于监管、敢于监管"。

64号文没有直接下发至信托公司，监管部门要求各银保监局信托监管处室口头将其中的多项监管旨意逐步传达给辖区信托公司，做好持续督导工作。也就是说，对信托公司的窗口指导将成为常态。实际上，银保监会相关负责人在回应房地产信托调控之时也曾表示，今后，银保监会会将对信托公司的警示指导作为一项常态化工作，根据房地产市场发展变化情况，及时开展政策吹风，推动信托公司沿着正确轨道稳健发展。

（三）金融信托监管体系构建的意义

"一体三翼"搭建完毕标志着国内信托监管机构体系的初步完善。"一体三翼"各有分工而又相互配合，其搭建完毕标志着国内信托监管机构体系的初步完善。特别是中国信登的设立反映出国内信托监管思路的逐步清晰明确，在借鉴国外先进经验的基础上逐步摸索出一条适合中国国情的信托监管路径。

参 考 文 献

［1］柴爱忠：《关于我国信托业发展若干问题的思考》，载于《金融研究》1996 年第 5 期。

［2］常叶青：《信托业务基本会计理论问题探索》，载于《会计研究》2004 年第 5 期。

［3］昌忠泽、袁国良：《国有资产信托经营初探》，载于《经济学家》1996 年第 6 期。

［4］陈敦瑾、张丽：《我国信托业的发展与展望》，载于《国际金融研究》1992 年第 5 期。

［5］蔡英玉、孙涛：《信托公司为什么"刚性兑付"——基于声誉机制的解释》，载于《财贸经济》2017 年第 7 期。

［6］陈涵：《中小企业信托融资模式问题研究——以广东省为例》，载于《经济理论与经济管理》2011 年第 8 期。

［7］陈思翀：《中国信托业：特征、风险与监管》，载于《国际经济评论》2013 年第 3 期。

［8］曾晓华、周媚：《发展我国信托业的思考》，载于《经济学动态》1996 年第 4 期。

［9］程兴华、张雷：《信托业务税收问题研究》，载于《当代财经》2005 年第 8 期。

［10］崔景汉、周宏：《信托公司信托业务效率的影响因素研究》，载于《经济纵横》2015 年第 11 期。

［11］陈清：《发达国家信托业发展趋势及其对我国的启示》，载于《亚太经济》2004 年第 4 期。

［12］陈希沧、杨祥：《中国保险金信托的构建思路》，载于《江西财经大学学报》2020 年第 5 期。

［13］陈尊厚：《我国金融信托业的变革方向及业务调整》，载于《河北经贸大学学报》1999 年第 6 期。

［14］邓旭升、王聪：《我国信托业与银行业资本配置效率比较》，载于《财经问题研究》2015 年第 2 期。

［15］邓旭升、高士亮：《我国信托公司投入产出效率区域差异比较》，载于《财

经问题研究》2014 年第 7 期。

[16] 杜程、黄复兴：《房地产投资信托：国际经验与中国实践》，载于《上海经济研究》2020 年第 8 期。

[17] 邓旭升、肖继五：《我国集合信托产品预期收益率的影响因素及市场风险评价——基于 SVAR – GARCH – M 模型与因子分析法的实证研究》，载于《中南财经政法大学学报》2012 年第 2 期。

[18] 符琪：《论信托财产权的三重二元结构》，载于《上海财经大学学报》2013 年第 5 期。

[19] 方意、韩业、荆中博：《影子银行系统性风险度量研究——基于中国信托公司逐笔业务的数据视角》，载于《国际金融研究》2019 年第 1 期。

[20] 范建华、徐思远：《日本证券投资信托业及其对我国的借鉴作用》，载于《国际金融研究》1993 年第 8 期。

[21] 郭东、邓旭升：《我国信托业资本配置效率影响因素研究——基于 Wurgler 与结构方程模型的分析》，载于《财经问题研究》2016 年第 7 期。

[22] 高麒鹂：《规范和拓展我国信托业务的若干思路》，载于《财经研究》1996 年第 2 期。

[23] 龚维新、陈锡荣、孙丽云：《发展信托投资与深化金融改革》，载于《财经研究》1993 年第 7 期。

[24] 顾亮、熊文龙：《浅谈我国的金融信托业》，载于《国际金融研究》1990 年第 6 期。

[25] 顾海峰、刘丹丹：《中国信托公司风险运营效率评价体系及实证研究——来自信托业 68 家机构的经验证据》，载于《当代经济科学》2015 年第 2 期。

[26] 高皓、罗钧：《我国民事信托税负问题：法学视角的分析与应对》，载于《税务研究》2020 年第 5 期。

[27] 郭锡昆：《法律视野中金融信托业的困境与出路》，载于《广东商学院学报》2002 年第 2 期。

[28] 何伟：《建立信托投资银行实现政企职责完全分开》，载于《经济研究》1988 年第 7 期。

[29] 黄韵：《信托业要在重新定位中求发展》，载于《经济问题探索》2001 年第 7 期。

[30] 何志成、王平：《我国金融信托业的兴起和它的历史局限性》，载于《金融研究》1990 年第 6 期。

[31] 韩家迪：《谈发展信托业务的必要性》，载于《金融研究》1982 年第 9 期。

[32] 姜涛、尹亮：《证券投资基金信托：模式选择与立法建构》，载于《财经科学》2005 年第 3 期。

[33] 金海：《论航运基金信托财产所有权的归属》，载于《河北经贸大学学报》2018 年第 2 期。

[34] 廖强：《制度错位与重建：对我国信托业问题的思考》，载于《金融研究》2009 年第 2 期。

[35] 李招军、张捷：《转轨时期中国信托机构功能变迁的经济解析》，载于《金融研究》2005 年第 3 期。

[36] 刘锐：《谈谈日本的信托业》，载于《金融研究》1983 年第 5 期。

[37] 李廷芳、陈伟忠、吕楠：《我国信托公司经营行为异化的博弈分析》，载于《中国工业经济》2007 年第 7 期。

[38] 李磊：《收益权信托中信托财产的特殊性及其解决思路研究》，载于《商业研究》2018 年第 4 期。

[39] 刘开瑞、钱兰：《集中化策略下房地产投资信托绩效评估与启示——以新加坡上市 REITs 为例》，载于《云南财经大学学报》2012 年第 1 期。

[40] 刘冰心：《中国信托业发展的蓝海——家族信托》，载于《中央财经大学学报》2015 年第 2 期。

[41] 刘锐、谢卫：《中国信托业的现状及发展方向》，载于《改革》1995 年第 6 期。

[42] 李锦文、鲁慧君、许自勉：《信托投资公司面临的困境及今后发展方向》，载于《世界经济文汇》1999 年第 5 期。

[43] 李建勇、杨海波、彭维瀚：《新常态下我国信托业发展有效率吗——基于利率市场化创新驱动视角的实证分析》，载于《财经科学》2016 年第 11 期。

[44] 李龙浩、张春雨：《构建我国土地信托登记制度的思考》，载于《中国土地科学》2003 年第 4 期。

[45] 李勇、陈学文：《信托产品的制度解析——兼与〈信托制度异化论〉作者商榷》，载于《广东金融学院学报》2010 年第 2 期。

[46] 吕鑫：《从公益信托到慈善信托：跨国移植及其本土建构》，载于《社会科学战线》2019 年第 10 期。

[47] 罗颖、郑逸芳、许佳贤：《农户参与土地信托流转意愿与行为选择偏差研究——基于福建省沙县农户的调查数据》，载于《中共福建省委党校学报》2019 年第 5 期。

[48] 马伟、计跃：《我国房地产投资信托基金税收政策分析与建议》，载于《税务研究》2018 年第 2 期。

[49] 马亚明：《信托产品的流通机制创新探析》，载于《证券市场导报》2005 年第 4 期。

[50] 马俊起：《我国信托业的定位与出路》，载于《金融研究》1997 年第 11 期。

[51] 闵嘉宁、金成：《房地产企业信托夹层融资模式探析》，载于《财会通讯》

2019 年第 35 期。

[52] 庞小凤、马涛：《我国互联网信托发展及其业务思考》，载于《现代经济探讨》2016 年第 7 期。

[53] 齐萌、徐刚：《台湾地区公益信托制度研究》，载于《亚太经济》2017 年第 6 期。

[54] 邱力生：《从国际经验看中国信托业的重新定位》，载于《世界经济》2001 年第 3 期。

[55] 孙健、孙巍、王稳：《从全球视角看重组信托公司在中国的发展》，载于《世界经济》2000 年第 12 期。

[56] 孙涛、蔡英玉：《委托代理、激励机制与信托公司治理》，载于《东岳论丛》2019 年第 12 期。

[57] 史薇：《论我国信托业的发展趋向》，载于《金融研究》1999 年第 6 期。

[58] 孙玉琦、徐诺金、刘建红、刘伟强：《我国信托的变异与矫正》，载于《金融研究》1991 年第 5 期。

[59] 石贤平、赵静：《家族信托所得课税面临的困境及其应对》，载于《税务研究》2019 年第 11 期。

[60] 唐寿宁、赖观荣、林培清：《中国信托投资业的问题与前景》，载于《金融研究》1999 年第 1 期。

[61] 闻岳春、徐峰：《券商、基金、信托业合作模式研究》，载于《证券市场导报》2004 年第 12 期。

[62] 王怀书、丁加华：《信托中的权利分割思想及其应用》，载于《金融研究》2011 年第 12 期。

[63] 王恒：《由信托财产的独立性看信托公示登记制度》，载于《经济经纬》2004 年第 2 期。

[64] 王荔红：《信托新品种：对国信新型融资品种的认识》，载于《中国经济问题》2003 年第 1 期。

[65] 王鹏鹏：《"三权分置"下农地信托的反思与发展》，载于《农村经济》2018 年第 12 期。

[66] 王方、沈菲、陶启智：《我国农村土地信托流转模式研究》，载于《农村经济》2017 年第 1 期。

[67] 王众、叶品华：《英国信托受托人投资行为规范及其对我国的启示》，载于《经济问题探索》2014 年第 4 期。

[68] 王平、刘园园：《信托项目风险管理案例研究——以××信托有限公司为例》，载于《中央财经大学学报》2019 年第 2 期。

[69] 王便芳：《信托理财服务客户满意度影响因素分析——基于数理模型的实证

检验》，载于《云南财经大学学报》2013 年第 3 期。

[70] 汪戎、熊俊：《中国信托业发展 30 年评述》，载于《云南财经大学学报》2010 年第 1 期。

[71] 王玉国：《老龄化背景下养老信托的功能与模式创新》，载于《山西财经大学学报》2018 年第 1 期。

[72] 王士琨、贺传相：《浅谈恢复和发展金融信托》，载于《金融研究》1983 年第 5 期。

[73] 王天恩、肖珊珊：《中国信托业的困境与战略选择》，载于《当代经济科学》2007 年第 2 期。

[74] 王凤荣、耿艳辉：《美国房地产投资信托基金发展的金融功能观分析与启示》，载于《经济学动态》2012 年第 5 期。

[75] 王礼平：《世界各发达国家信托制度比较研究》，载于《财经问题研究》2004 年第 1 期。

[76] 王钊阳：《作为金融基础设施的信托登记：解构与完善》，载于《人民论坛·学术前沿》2019 年第 24 期。

[77] 文杰：《信托受托人的谨慎投资义务标准研究》，载于《财贸研究》2011 年第 2 期。

[78] 文杰：《土地信托制度：农地承包经营权流转机制的创新》，载于《商业研究》2009 年第 7 期。

[79] 许雄斌：《信托创新产品的定价机制与模型》，载于《宏观经济研究》2008 年第 4 期。

[80] 熊云洋：《我国信托业发展存在的问题及出路》，载于《经济纵横》2001 年第 8 期。

[81] 席月民：《我国信托业监管改革的重要问题》，载于《上海财经大学学报》2011 年第 1 期。

[82] 徐刚：《中国信托登记制度研究》，载于《江西财经大学学报》2019 年第 2 期。

[83] 熊伟：《我国金融制度变迁过程中的信托投资公司》，载于《经济研究》1998 年第 8 期。

[84] 熊伟：《中国金融信托业的兴起与发展》，载于《金融研究》1994 年第 1 期。

[85] 夏斌：《〈信托法〉——规范财产管理制度的基本法》，载于《经济社会体制比较》2001 年第 4 期。

[86] 谢宗藩：《新中国信托制度演化路径探析》，载于《上海经济研究》2017 年第 1 期。

[87] 杨娟：《我国慈善信托所得税优惠制度探析》，载于《财经问题研究》2017 年第 8 期。

[88] 杨明国：《中国农村土地流转信托研究——基于"宿州模式"和"益阳模式"的比较分析》，载于《财政研究》2015 年第 2 期。

[89] 杨玉丰、鲁长瑜：《新形势下我国信托业面临的风险及对策》，载于《经济纵横》2017 年第 4 期。

[90] 杨如彦、李自然：《认证中介的效率基础：信托市场监管规则选择的例子》，载于《经济研究》2004 年第 12 期。

[91] 严瑞麟：《我国信托业务发展的制约因素及经营倾向》，载于《金融研究》1988 年第 2 期。

[92] 余力、邓旭升、李沂：《我国集合信托产品定价规律研究——基于 CAPM 与 Bayesian VAR 模型的分析》，载于《当代经济科学》2013 年第 1 期。

[93] 苑改霞：《有关信托的文化剪影与现实景深之迷梦审思——〈信托多棱镜〉书评》，载于《经济问题》2016 年第 7 期。

[94] 鄢斌：《中国农地信托中的权利失衡与制度重构》，载于《中国土地科学》2016 年第 1 期。

[95] 张悦：《信托若干概念辨析》，载于《商业研究》2002 年第 7 期。

[96] 钟杰、魏海丽：《信托制度、信托金融与我国经济可持续发展的探索》，载于《现代经济探讨》2013 年第 6 期。

[97] 臧公庆、龚鹏程：《农村耕地流转信托模式及机制构建研究》，载于《现代经济探讨》2015 年第 3 期。

[98] 仲崇文、李稀慧、高福波：《发达国家信托业发展的做法及启示》，载于《经济纵横》2015 年第 10 期。

[99] 周树立：《对我国金融信托业的回顾与展望》，载于《金融研究》1990 年第 12 期。

[100] 张强：《我国信托投资立法探讨》，载于《南开经济研究》1989 年第 4 期。

[101] 周祥生：《银行信托分业管理与金融体制改革》，载于《国际金融研究》1995 年第 11 期。

[102] 周路：《解决信托公司脱钩问题的几点想法》，载于《国际金融研究》1995 年第 7 期。

[103] 张华建：《关于信托业清理整顿后的经营问题》，载于《世界经济文汇》1999 年第 4 期。

[104] 周小明：《中国信托业的主要问题及对策》，载于《国际经济评论》1997 年第 2 期。

[105] 周瑞文、熊小平：《日本证券投资信托业的发展及其给我们的启示》，载于《现代日本经济》1993 年第 2 期。

[106] Alistair Byrne, Jonathan Fletcher, Patricia Ntozi. An Exploration of the Condi-

tional Timing Performance of UK Unit Trusts [J]. Journal of Business Finance & Accounting, 2006, 33 (5 – 6).

[107] A. D. H. Crook, John Hughes, Peter A. Kemp. Housing Investment Trusts and the Returns from Residential Lettings [J]. Journal of Property Research, 1998, 15 (3).

[108] Angus W. Laing, Archie Galbraith. Developing A Market Orientation in the Health Service: A Survey of Acute NHS Trusts in Scotland [J]. Journal of Management in Medicine, 1996, 10 (4).

[109] Bob Hudson. Ten Reasons not to Trust Care Trusts [J]. Journal of Integrated Care, 2002.

[110] Christine Rinik. Data Trusts: More Data Than Trust? The Perspective of the Data Subject in the Face of A Growing Problem [J]. International Review of Law, Computers & Technology, 2020, 34 (3).

[111] Charles Chancellor. Assessing the Intention of Land Trust Representatives to Collaborate with Tourism Entities to Protect Natural Areas [J]. Journal of Sustainable Tourism, 2012, 20 (2).

[112] Charles Chancellor, William Norman, James Farmer, Ellen Coe. Tourism organizations and Land Trusts: A Sustainable Approach to Natural Resource Conservation? [J]. Journal of Sustainable Tourism, 2011, 19 (7).

[113] David Brookfield, Chen Su, Kenbata Bangassa. Investment Style Positioning of UK Unit Trusts [J]. The European Journal of Finance, 2015, 21 (10 – 11).

[114] Daniel Godfrey. Radical Plan for Investment Trust Regulation [J]. Journal of Financial Regulation and Compliance, 2005, 13 (2).

[115] Hamid Esmaeili, Morteza Kimiaei. An Efficient Implementation of A Trust Region Method for Box Constrained Optimization [J]. Journal of Applied Mathematics and Computing, 2015, 48 (1 – 2).

[116] Heng Chuan Tan, Maode Ma, Houda Labiod, Peter Han Joo Chong, Jun Zhang. A Non-biased Trust Model for Wireless Mesh Networks [J]. International Journal of Communication Systems, 2017, 30 (9).

[117] Jonathan Fletcher, Andrew Marshall. Is International Trust Performance Predictable Over Time? A Note [J]. Accounting & Finance, 2008, 48 (1).

[118] John Alban – Metcalfe, Beverly Alimo – Metcalfe, Miranda Hughes. Selection of Chairs of Primary Care Trusts [J]. Journal of Health Organization and Management, 2010, 24 (1).

[119] Jones Sarah, Sloan David, Evans Hannah E. R., Williams Sian. Improving the Implementation of NICE Public Health Workplace Guidance: An Evaluation of the Effective-

ness of Action-planning Workshops in NHS Trusts in England. ［J］. Journal of Evaluation in Clinical Practice, 2015, 21 (4).

［120］ John Baker, John Playle, Pauline Nelson, Karina Lovell. An Evaluation of the Impact of the Recommendations of the Chief Nursing Officer's (England) Review of Mental Health Nursing in Mental Health Trusts and Universities in England: Findings from Stage One, An E-survey ［J］. Journal of Clinical Nursing, 2010, 19 (17 - 18).

［121］ John Baker, Caroline Swarbrick, Malcolm Campbell, John Playle, Karina Lovell. A Follow-up Evaluation of the Impact of the Chief Nursing Officer's Review of Mental Healthnursing in Mental Health Trusts and Universities in England: Comparisons of Two E-survey ［J］. Journal of Advanced Nursing, 2012, 68 (3).

［122］ Joan Ballantine, John Forker, Margaret Greenwood. Earnings Management in English Nhs Hospital Trusts ［J］. Financial Accountability & Management, 2007, 23 (4).

［123］ Kenbata Bangassa, Chen Su, Nathan L. Joseph. Selectivity and Timing Performance of UK Investment Trusts ［J］. Journal of International Financial Markets, Institutions & Money, 2012, 22 (5).

［124］ Karen L. Benson, Robert W. Faff. A Performance Analysis of Australian International Equity Trusts ［J］. Journal of International Financial Markets, Institutions & Money, 2003, 13 (1).

［125］ Raleigh Veena, Sizmur Steve, Tian Yang, Thompson James. Impact of Case-mix on Comparisons of Patient-reported Experience in NHS Acute Hospital Trusts in England. ［J］. Journal of Health Services Research & Policy, 2015, 20 (2).

［126］ Samuel Agyei - Ampomah, J. R. Davies. Excess Volatility and UK Investment Trusts ［J］. Journal of Business Finance & Accounting, 2005, 32 (5 - 6).

［127］ Mohamed Zairi, Mike Cooke, John Whymark. Best Practice Organisational Effectiveness in NHS Trusts ［J］. Journal of Management in Medicine, 1999, 13 (6).

［128］ Michael P. Haselhuhn, Jessica A. Kennedy, Laura J. Kray, Alex B. Van Zant, Maurice E. Schweitzer. Gender Differences in Trust Dynamics: Women Trust More Than Men Following A Trust Violation ［J］. Journal of Experimental Social Psychology, 2015, 56.

［129］ Mario Levis, Dylan C. Thomas. Investment Trust IPOs: Issuing Behaviour and Price Performance Evidence from the London Stock Exchange ［J］. Journal of Banking and Finance, 1995, 19 (8).

［130］ Ming Wen, Namratha R. Kandula, Diane S. Lauderdale. Walking for Transportation or Leisure: What Difference Does the Neighborhood Make? ［J］. Journal of General Internal Medicine, 2007, 22 (12).

［131］ Michael Bleaney. Past Returns and Investment Trust Discounts ［J］. Journal of

Business Finance & Accounting, 2004, 31 (9 - 10).

[132] Mary Watkins PhD, MN, RN, RMN, Ray Jones PhD, FFPH, Laura Lindsey BSc, Rod Sheaff PhD. The Clinical Content of NHS Trust Board Meetings: An Initial Exploration [J]. Journal of Nursing Management, 2008, 16 (6).

[133] Mohamed Amine Rguibi, Najem Moussa. Hybrid Trust Model for Worm Mitigation in P2P Networks [J]. Journal of Information Security and Applications, 2018, 43.

[134] Mohamed Zairi, John Whymark, Mike Cooke. Best Practice Organisational Effectiveness in NHS Trusts, Allington NHS Trust case study [J]. Journal of Management in Medicine, 1999, 13 (5).

[135] Ming Wen, Namratha R. Kandula, Diane S. Lauderdale. Walking for Transportation or Leisure: What Difference Does the Neighborhood Make? [J]. Journal of General Internal Medicine, 2007, 22 (12).

[136] Nele Aernouts, Michael Ryckewaert. Beyond Housing: On the Role of Commoning in the Establishment of A Community Land Trust project [J]. International Journal of Housing Policy, 2018, 18 (4).

[137] Olof Johansson - Stenman, Minhaj Mahmud, Peter Martinsson. Trust, Trust Games and Stated Trust: Evidence from Rural Bangladesh [J]. Journal of Economic Behavior and Organization, 2013, 95.

[138] Ondotimi Songi. Defining A Path for Benefit Sharing Arrangements for Local Communities in Resource Development in Nigeria: The Foundations, Trusts and Funds (FTFs) Model [J]. Journal of Energy & Natural Resources Law, 2015, 33 (2).

[139] Ou Yigui, Hou Dingpi. An Interior Trust Region Algorithm for Solving Linearly Constrained Nonlinear Optimization [J]. Journal of Applied Mathematics and Computing, 2006, 21 (1 - 2).

[140] Ou Yi-gui. A Filter Trust Region Method for Solving Semi-infinite Programming Problems [J]. Journal of Applied Mathematics and Computing, 2009, 29 (1 - 2).

[141] Paul Halpern, Oyvind Norli. Canadian Business Trusts: A New Organizational Structure [J]. Journal of Applied Corporate Finance, 2006, 18 (3).

[142] Qunyan Zhou, Chun Zhang. A New Nonmonotone Adaptive Trust Region Method Based on Simple Quadratic Models [J]. Journal of Applied Mathematics and Computing, 2012, 40 (1 - 2).

[143] Rachel Macdonald, Ilfryn Price, Phil Askham. Excellent Patient Environments within Acute NHS Trusts [J]. Journal of Facilities Management, 2009, 7 (1).

[144] Sue Tappenden. The Family Trust In New Zealand and the Claims of 'Unwelcome Beneficiaries' [J]. Journal of Politics and Law, 2009, 2 (4).

［145］ Sungmin Ryu, Yanghoon Lim, Heesook Hong. Volatile Environments and Inter-firm Governance: Does Trust Matter? ［J］. Journal of Business To Business Marketing, 2009, 16 (4).

［146］ Spiros P. Gounaris, KarinVenetis. Trust in Industrial Service Relationships: Behavioral Consequences, Antecedents and the Moderating Effect of the Duration of the Relationship ［J］. Journal of Services Marketing, 2002, 16 (7).

［147］ Spilsbury Karen, Stuttard Lucy, Adamson Joy, Atkin Karl, Borglin Gunilla, McCaughan Dorothy, McKenna Hugh, Wakefield Ann, Carr – Hill Roy. Mapping the Introduction of Assistant Practitioner Roles in acute NHS (hospital) Trusts in England ［J］. Journal of Nursing Management, 2009, 17 (5).

［148］ Sue Jackson. Organisational Effectiveness within National Health Service (NHS) Trusts ［J］. International Journal of Health Care Quality Assurance, 1998, 11 (7).

［149］ T. Dehghan Niri, M. Heydari, M. M. Hosseini. Two Nonmonotone Trust Region Algorithms Based on An Improved Newton method ［J］. Journal of Applied Mathematics and Computing, 2020 (prepublish).

［150］ Xiaojing Zhu. On A Globally Convergent Trust Region Algorithm with Infeasibility Control for Equality Constrained Optimization ［J］. Journal of Applied Mathematics and Computing, 2016, 50 (1 –2).

［151］ Yoshikatsu Shinozawa, Andrew Vivian. Determinants of Money Flows into Investment Trusts in Japan ［J］. Journal of International Financial Markets, Institutions & Money, 2015, 37.